LIDERANDO DESDE
EL CORAZÓN

José Manuel Arana

Liderando desde el corazón

Dirección general: Daniela Clavijo

Editor: Germán Sánchez Hernández

Líder de proyecto: Lucero Longino Barranco

Apoyo editorial:

Arantzatzú Rizo

Arianna Jiménez

Carolina Laureles

Itzel Rodríguez

Corrección de estilo: Sandra Berríos

Diseño:

Arturo García Segura

Gerardo Terán

Luz Nájera

Portada: fotografía de un parque en Polonia, derechos reservados de Yuly Ley

www.tack.mx

contacto@tack.mx

Primera edición: © 2023 Tack Editorial / José Manuel Arana Escobar

Impreso en México / *Printed in Mexico*

ISBN: 978-607-99760-6-4

AGRADECIMIENTOS

A mis padres, quienes me dieron la vida, me criaron y me transmitieron sus valores y enseñanzas con todo el cariño y el amor, y nos educaron dándolo todo. Por sus sacrificios y confianza en ver por nuestro futuro y por sus tantas vivencias, así por todo el apoyo en la vida. Por esa vida tan sana que nos tocó gozar en El Burrión. Siempre de forma incondicional y con los recursos que tuvieron a la mano dieron lo mejor para la familia. Los amo y los admiro por esa visión que tuvieron de mandarnos a Estados Unidos a estudiar, siendo la base de un gran cambio en el destino de mi vida, abriendo nuevos mundos, idiomas y culturas a muy temprana edad. A mis hermanos les agradezco todas las vivencias, los admiro mucho a cada uno. Por todos los momentos juntos y esa gran convivencia familiar, los amo.

Agradecimientos

A Yuly. Estoy muy agradecido con Dios por haber puesto en mi camino a Yuly, mi esposa, una mujer sensacional a quien admiro y que me ha impulsado en todo momento. Ella me ha hecho ser una mejor persona y un mejor ser humano. Este libro es solo una parte de lo que hemos vivido a través de los años, mudándonos de país en país, y ella tomando el toro por los cuernos mientras yo estaba trabajando e inmerso en el cambio de rol. Son demasiadas las aventuras y las experiencias que hemos caminado juntos. Con inmenso amor y admiración, dedico estas palabras a mi esposa, amiga, compañera, y todos los roles que juegas en la vida. Por tu amor, dedicación, resiliencia, tolerancia, enseñanzas y todo el amor con el que haces las cosas y la gran alegría y la pasión que le imprimes a todo lo que haces con una gran sonrisa, te amo, te amo, te amo con todo el corazón. Eres lo máximo, te admiro y agradezco el caminar lado a lado contigo.

A nuestros hijos David, José Daniel y Alejandro, que son mara-villosos y nos dan sentido de vida. Los amo con todo el corazón y son una gran inspiración en mi vida. Les ha tocado ser testigos de estas experiencias y aventuras, y los ha forjado para cultivar sus caminos. Cada de uno de ustedes tiene su personalidad, su forma de ser, su forma de ver la vida; así como sus metas y pasiones que cada uno va cultivando y cosechando. Gracias por inspirarme y apoyarme a lo largo de mi vida y por enseñarme a ser papá.

Agradecimientos

A don Álvaro Ley y doña Norma Zevada, mis lindos suegros, quienes siempre han estado al pie del cañón, gracias por su apoyo incondicional. Durante la vida han estado presentes en muchos momentos y con todo el cariño y el amor hemos compartido experiencias y vivencias a través de la vida. Estas aventuras quedan registradas en el corazón y forjan el carácter de la familia. A mis cuñados y a mi familia política por su aceptación, inclusión, amistad y cariño.

A mis amigos de la infancia, compañeros de escuela. A mis compañeros de Dow, Tyson, GIS y NADRO, a todos les agradezco sus lecciones, consejos y aprendizajes. A mis mentores.

Agradecimientos

A todos mis familiares, familia política, amigos de crianza, mis compañeros de trabajo de todas las empresas donde he estado, a mis amigos de las diferentes escuelas donde estuve les agradezco su cariño, su apoyo y su generosidad. Estas relaciones fraternas me han hecho una mejor persona.

ÍNDICE

PRÓLOGO

Cuando mi padre, José Manuel Arana, me invitó a escribir el prólogo de su libro, debo confesar que sentí un gran honor, pero, a la vez, demasiada responsabilidad. Es mi papá y el ser que más admiro como persona, aunque también tiene una valiosa trayectoria que ha forjado en el mundo de los negocios desde empresas mexicanas y globales; además, se ha ganado el respeto y la admiración de muchos empresarios, ejecutivos, académicos, trabajadores, padres, familia –"leones rasurados verdaderos"–. Todos ellos fácilmente podrían escribir acerca de él; sin embargo, creo que puedo dar una perspectiva distinta, como hijo, desde mis primeros recuerdos y a lo largo de los años.

Liderando desde el corazón, el libro que tienes en tus manos, no es más que la esencia de mi padre: un hombre sencillo que si bien aparece en los medios en traje y corbata, y participa en juntas de consejo de grandes empresas, siente un gran orgullo por su origen.

Aprendió desde chico a cuidar la esencia de la vida y no distraerse con los detalles. Uno de los mejores consejos que me ha dado en diferentes momentos de mi vida es: "Solo sé tú". Si uno regresa a sus orígenes y se conecta con sus valores, genera mucha tranquilidad y lo ayuda a ser coherente y a mantenerse en el mismo camino.

Mi padre es un hombre que, con base en mucho estudio, esfuerzo, dedicación, trabajo, optimismo y el reconocimiento de compañías globales –sumado a sus valores–, se embarcó en la travesía de dirigir empresas y humanizar las relaciones de los equipos de trabajo, hasta lograr un verdadero liderazgo emocional, espiritual y de resultados de negocio.

Estoy seguro de que todos los que lean *Liderando desde el corazón* entenderán cómo alguien con bases y valores consiguió penetrar, escalar y alcanzar el éxito en grandes compañías nacionales y trasnacionales, no solo por sus conocimientos, su experiencia y su técnica, sino también por saber conectar con las personas.

Esa es precisamente la esencia de José Manuel Arana y, para mí, su superpoder es la capacidad de generar un vínculo humano con un gran empresario o un ejecutivo, y a los 15 minutos, sentarse a comer junto con un obrero de una fábrica o un agricultor que viene del campo, y sacarles una risa después de una buena plática. La conexión es una cualidad que no tiene cualquiera, sobre todo, con esta gran amplitud, y se aplica desde el corazón.

Tuve la gran fortuna de vivir en varios países desde chico y graduarme de una excelente universidad. Siempre pensé que lo académico y los números serían los elementos más importante en los negocios, pero ahora sé que no es así. Mi carrera profesional aún es corta; aunque puedo decir, con mucha certeza y convicción, que la verdadera fortaleza para ser un líder tiene que ver con la forma en que te vinculas con las personas por medio de la empatía y la compasión, y esa fortaleza no se aprende en las universidades o en las principales escuelas de negocios, tampoco en las capacitaciones que brindan las empresas, se trae en el interior.

Muchos años después caigo en cuenta que desde niño vi, oí, percibí y experimenté muchos ejemplos de eso, al observar a mi padre manejar situaciones en casa y hoy siendo uno de los ejecutivos más importantes del país, así como al ver a mi abuelo materno, un gran empresario y modelo a seguir para todos.

Me ha tocado conocer a muchos profesionales que conectan muy bien con la gente, pero casi siempre es una audiencia muy específica. Los muy técnicos conectan bien con ingenieros o con profesionales de su ámbito. Los académicos tienen excelente química con sus pares. Los artísticos se entienden bien con las personas de su medio a través de temas más subjetivos, sensoriales y visuales.

De la misma forma, cuando se trata de un director general o un empresario reconocido, generalmente, tiene un círculo muy cerrado y su comunicación es con sus pares y su equipo de líderes. Incluso, puedo asegurar que la mayoría busca mantener bajo perfil por cuestiones profesionales, laborales, personales o hasta de seguridad porque así se los ha impuesto la sociedad. Rara vez he visto a alguien con la habilidad que tiene mi padre de poder empatizar con cualquier persona dentro de una compañía, sin importar el puesto, edad, creencias o religión, siempre viendo la esencia pura y las buenas intenciones –lo que realmente importa–.

Me sorprende que el caso de mi papá, ese "liderar desde el corazón" esté basado en la sencillez y la humanización de sus equipos de trabajo. Una fórmula que genera tremendos resultados duraderos porque cambia la esencia y humaniza, y que es conocida para mí, pero, a la vez, es imponente porque me considero muy diferente.

Estoy convencido de que esto es por sus orígenes. Nació en El Burrión, una pequeña localidad en Guasave, Sinaloa, de la cual se siente sumamente orgulloso. Hoy, tiene más de cuatro mil habitantes, mientras que en la infancia de mi papá eran menos de la mitad, ni siquiera alcanzaba la denominación de pueblo.

Era un origen muy cercano a los pocos habitantes que ahí vivían y bajo condiciones difíciles de imaginar para muchos de nosotros, de gratitud por lo que sí hay, en lugar de un enfoque en lo que no. Por ejemplo, había que aprovechar las horas de luz porque aunque mi abuelo instaló una planta generadora, se apagaba a cierta hora y eso dio una perspectiva muy distinta de la vida.

En El Burrión, las personas realmente se conocían, creaban lazos y vínculos sinceros que iban más allá de un simple saludo. Eran relaciones de verdad, que no estaban fincadas en 'el ruido' ni en lo 'decorativo', que estaban hechas de franqueza; eran ligas sencillas y limpias, que a todos generaban paz y tranquilidad, porque eran muy profundas. Hay una gran cantidad de historias, anécdotas y recuerdos, y eso fue una verdadera bendición.

Por eso hoy, José Manuel Arana rara vez olvida una cara, un nombre o detalles de lo que le cuenta una persona. Aunque en ocasiones dice que empieza a fallarle la memoria, es capaz de conectar con todos a un nivel profundo en cuestión de segundos, algo que, para él, es sencillo, pues sabe escuchar.

José Manuel Arana predica con el ejemplo y por eso pienso que este libro hará su parte. Él es alguien que nunca olvida quién es y de dónde viene, incluso cuando su vida cambió y decidió hacerle caso a su papá para estudiar en Estados Unidos, luego, en Monterrey (en el Tec de Monterrey) y después, cuando aceptó un trabajo en Dow Chemical gracias al cual pudo vivir en Culiacán, Miami, São Paulo e Indianápolis.

Y así, de país en país, regresar a El Burrión y a Guasave, dos o tres semanas, ya fuera en vacaciones o en los pocos tiempos libres que tenía, él podía evitar olvidar quién era y se recargaba de realidad para no perder su esencia. Era el aterrizaje que su ser necesitaba y que le demostraba a dónde pertenecía.

Años después, la familia que formó con mi mamá Yuly –y que me incluye junto con mis dos hermanos– no fue nada convencional. Nos tocó vivir de forma dinámica, con varias mudanzas y cambios de residencia. Aunque yo nací en Culiacán, tenía solo dos años cuando nos mudamos a Miami, seis cuando nos fuimos a São Paulo y cerca de 10 en Indianápolis.

En todos los cambios que hacíamos, la explicación siempre era positiva (gracias al gran optimismo de mi madre) y sencilla, con un gran toque y enfoque de transparencia. Nos planteaban las razones, metas y objetivos por los que era necesario movernos; de esta manera, nos enseñaron a entender los retos, las oportunidades, a formar equipo y la importancia de saber adaptarnos y ser flexibles.

Tal vez en esa época no lo entendía como hoy, sin embargo, hacer esas transiciones y cambios de vida nos instruyó para saber aprovechar todos los momentos y ser productivos siempre. A escuchar y atender a las personas en el tiempo presente cuando las tenemos, pues después las cosas pueden cambiar.

Durante la semana, mi papá tenía poco tiempo para estar con nosotros, pero el que asignaba para ello siempre fue muy provechoso. No pasaba un día que no cenáramos juntos, así que a pesar de que al levantarnos por las mañanas no alcanzábamos a verlo, se las ingeniaba para estar por la tarde. Incluso, fue mi entrenador de futbol durante varios años.

Nunca se permitió perder ese vínculo ni se lo permite; es más, hoy puedo decir que está presente en todo momento. Siempre aparecen en la pantalla de mi celular estos mensajes: "¿Qué hay?, ¿cómo va todo?". Si lo hace con sus equipos de trabajo, con sus trabajadores, amigos y conocidos, cómo no hacerlo con su familia. Es constante y decidido, y gracias a eso, tenemos un sentido de pertenencia entre los cinco miembros de la familia.

Vivir como expatriados fue duro, y creo que lo fue más para mis padres; por eso, para él, era muy importante regresar siempre a la esencia, tal vez no tanto para nosotros, que queríamos ir de vacaciones a otros lugares, pero como ya vivíamos en esos 'otros lugares', lo lógico para mi padre era que fuéramos con él a vivir ese 'reencuentro'.

Hoy, no se me hace extraño leer algunos de estos conceptos en su libro: 'de poner en el centro a las personas', 'acompañamiento', *engagement* –que no es lo mismo que compromiso–, 'liderar con un sentido humano y desde el corazón', ya que él siempre se enfocó en la relación con la gente y en cómo la forma de actuar con ellos hace que las cosas funcionen.

No por tener estos conceptos arraigados en su *management* deja de lado la estructura, el análisis, los resultados y el conocimiento. Eso es lo que lo hace un líder completo e integral, pues así como tiene esa parte de 'liderar desde el corazón', también es un presidente ejecutivo fuerte, decidido y firme, que no claudica.

Establecer objetivos y metas requiere de un compromiso de cumplimiento, debido a que los límites siempre son importantes en cualquier escenario. Durante el tiempo que me tocó ver cómo mi padre se desempeñaba en diversas empresas, me di cuenta de que así como trabaja de forma humana transmitiendo a su gente la misión, la visión y la estrategia, también exigía el cumplimiento de las metas. ¡Vaya si no lo sabremos mis hermanos y yo!

José Manuel Arana sabe cómo 'liderar desde el corazón' sin perder la firmeza que debe imperar en un director general de compañías globales que buscan brindarle el mejor servicio o producto a su cliente, mantener un equipo fuerte y bien cuidado, y obtener buenos rendimientos para sus inversionistas. Sabe poner a la gente en el centro, operar de forma humana, sin perder la estructura y la disciplina laboral.

Deseo que con este libro puedas aprender de él el respeto al trabajo, a los horarios y a las metas, dándole a la gente a tu alrededor un acompañamiento real y valioso para que las personas no se vean solo como un número en la nómina, sino como parte de un árbol, que es la empresa. Como parte de un ecosistema espiritual, empático, colaborativo y de alto desempeño, así liderarás también desde el corazón.

David Arana,
Ciudad de México,
Febrero, 2023.

INTRODUCCIÓN

Hace más de 10 años, tuve la idea de escribir un libro de liderazgo que inspirara a otros no solo para ser mejores líderes en su trabajo, sino también para ser mejores personas. Mi inspiración nació del deseo profundo de compartir experiencias de vida. En mi caso, me ayudaron los comentarios que recibí de muchos colegas y compañeros que me motivaron para narrar estas historias que considero dejan un aprendizaje de gran valor. Con esta idea en mente, comencé a elaborar las primeras notas –algunas en papel y otras, en la computadora– a fin de compartir diversas situaciones que he vivido alrededor del mundo en los últimos cuarenta años. Para empezar, puedo decir que habitar en otro país –que no es el tuyo– es, por sí misma, una gran experiencia que logras disfrutar mientras desarrolles la habilidad de aprender rápido, aceptar y adaptarte al cambio.

Vivir una experiencia multicultural ha sido una gran bendición, pues me ha ayudado a formarme y a crear una cultura en cada empresa en la que he colaborado. La manera de hacer negocios, de conducirte e, incluso, las palabras que utilizas, todo tiene una connotación; esto significa que debes adaptarte rápidamente para entender por qué una cultura es, de cierta forma, lo que es. Por ejemplo, al estar tan fuertemente arraigada la jerarquía en las empresas en Asia, la comunicación es en una sola vía; en cambio, los estadounidenses son muy abiertos.

En este libro hablaré sobre la cultura debido a que es el ADN y la base de las organizaciones. De hecho, es una de las cosas que la competencia no te puede copiar, ya que es la que te hace ser diferente y único, y es la forma en la que consigues perpetuar y sostener el buen desempeño, el crecimiento y la innovación. Considero que la cultura es difícil de construir y muy fácil de destruir porque implica imprimir comportamientos –cómo piensas y cómo actúas– para generar una repetición de ellos en la compañía, empezando por los valores. Además, crear cultura es una de las grandes responsabilidades del CEO que logra por medio de un equipo de trabajo en armonía, conjuntando todas las estrategias de lo que se comunica, se dice y, sobre todo, de lo que se hace. Para ser más precisos, el hacer es lo que el CEO hace todo el tiempo, e incluye la manera en la que las personas lo ven haciendo y decidiendo en el día a día.

La cultura está ligada al liderazgo y este, a las personas, confirmando que los colaboradores son lo más importante en una organización. La cultura y las personas se vinculan al liderazgo con los ejemplos del día a día. En el caso del CEO: ser puntual, prepararse para una reunión, darle seguimiento a los acuerdos o tener conversaciones informales con las personas –para ser visible dentro de la organización y navegar por la operación para conocerla a fondo–. A mí me funciona desayunar con la gente e interactuar activamente en sus lugares de trabajo; es una oportunidad para que cada uno tome la palabra y, de esta manera, reforzar el tema de la comunicación y la cultura.

Hoy, en el mundo de los negocios, si bien las empresas pueden tener y acceder a la misma tecnología, maquinaria, equipo o sistemas, su desempeño es diferente, y la principal razón de eso es la gente. Los colaboradores tienen diferentes herramientas, experiencias, actitudes, nivel de compromiso, conocimientos y *engagement*; todo ello hace que las compañías sean distintas. También pienso que es fundamental señalar que los elementos más importantes que la gente debe tener son la actitud y el hambre de aprender y adaptarse al cambio. He entrevistado, reclutado, contratado y desarrollado mucho talento durante toda mi carrera, y la experiencia me indica que estos elementos son clave para que las personas no solo trabajen, sino contribuyan a mejorar tanto a la compañía como su calidad de vida.

Comúnmente, los individuos tienen un propósito en la vida; saben lo que se espera de ellos, tienen metas claras y disfrutan lo que hacen. Puedes ver el entusiasmo y la pasión en sus ojos. Pero percibirlo realmente depende de si escuchas, observas y sientes; eso lo he aprendido con el paso del tiempo. En las sesiones de retroalimentación que tengo con la gente que colabora conmigo, aprovecho para preguntarles: "Si tú fueras mi mentor, ¿cuáles serían las cosas que yo debería desarrollar en mi trabajo y en mi liderazgo?". Parte de esas respuestas las compartiré en este libro para juntos aprender de ellas.

Sé que tengo mis debilidades y áreas para mejorar. Gracias a ello, llegué a la conclusión de colocar a las personas en el centro de todo y las considero como parte central de la estrategia. La gente es el foco donde se gestan los objetivos, procesos y recursos, de manera que todas sus acciones crean valor como resultado del esfuerzo, impactando a todos los grupos de interés.

También debo decir que me gusta utilizar historias y metáforas para liderar y comunicar mis pensamientos. Creo que este método es una forma muy efectiva de aprendizaje porque la gente lo recuerda y, mejor aún, lo pone en práctica. La metáfora del árbol, por ejemplo, la uso para explicar la importancia de la observación y la escucha activa, así como para definir el concepto de liderazgo. Imagina un árbol de maple rojo, con un tronco lineal y ramas laterales que van siendo cada vez más grandes de arriba hacia abajo; las ramas están llenas de hojas con cinco puntas en forma de corazón de diferentes tamaños y tonos rojizos que varían conforme se distribuyen en el árbol; esta especie en particular anuncia la llegada del otoño. Me gusta la analogía del árbol porque está en continua renovación y aprendizaje, y las estaciones marcan estos grandes cambios año con año.

La raíz es la parte fundamental y el cimiento; aunque no se ve, es muy importante que se desarrolle, pues es de donde el árbol extrae el agua y los nutrientes; representa los valores y comportamientos, es decir, la cultura de la organización y lo que la hace trascender en el tiempo. El tronco es el sustento de toda la estructura y el transporte de los nutrientes; entre más sólido sea –gracias a la experiencia de la compañía–, podrá resistir y superar crisis y condiciones adversas. Las hojas son la fuente de energía –al procesar el CO_2, el agua y la luz del sol–, que es esencial para que el árbol crezca y se reproduzca. Esa energía alimenta la raíz y todos los componentes del árbol, completando el proceso.

Las hojas son como las personas: entre más alto estén en el árbol, más alto están en la organización. Si lo analizamos un poco, notaremos que las hojas de las ramas de abajo suelen ser más grandes, duras y resistentes; mientras que las de arriba son más blandas y cambian más rápido. Sin embargo, la mayoría solo puede ver con su lado de arriba, por lo que, únicamente, ven a los jefes; al no voltear hacia abajo, se les olvida que tienen una responsabilidad con el resto de los colaboradores y con el desarrollo del negocio, perdiendo de vista la realidad del contexto y por qué existen y cuál es su propósito.

En la actualidad, cada vez hay menos hojas con la capacidad de ver hacia arriba, abajo, lo que les permite tener una mejor visión porque consiguen observar de forma periférica y contemplar la dinámica completa de la organización, así como su forma y su estructura. Son como los líderes en las organizaciones: poseen la habilidad de ver, escuchar y sentir a la gente que está abajo, a un lado y arriba de ellos. Estas hojas son especiales porque con esas cualidades pueden influir positivamente en otras y proveerles sombra, confort, guía, liderazgo y esperanza. Estas hojas están en toda la estructura del árbol de arriba abajo. Otra característica que las hace relevantes es que son los puntos de contacto de realismo. Al generar confianza con las personas, ellas comparten abiertamente la información hasta el punto de descubrir las causas que originan las diversas situaciones que se viven en la compañía y se enfocan en soluciones y no en problemas.

Metafóricamente, la alta dirección de la empresa está hasta arriba del árbol de maple, lo cual a veces le impide al CEO voltear hacia abajo y ver dónde está parado e identificar quién o quiénes lo sostienen. Quiero aclarar que los líderes no necesariamente están relacionados a un cargo jerárquico, más bien son las personas más despiertas y conscientes y las que tienen más sensibilidad, empatía y comunicación; son muy positivas y propositivas, son las que más escuchan y también son escuchadas. Además, saben realmente lo que sucede en un equipo de trabajo.

Es importante que los miembros de la organización desarrollen la capacidad de tener ojos en la parte inferior y en la superior –como las hojas del árbol–; solo así podrán visualizar la estructura hacia arriba y entender una directriz estratégica que, normalmente, viene desde la parte superior hacia abajo para ejecutarla, pero también comprender la relevancia de ver hacia abajo tanto a la gente y hacia afuera, a los clientes, proveedores, etc., como la operación diaria. Quizá lo más difícil es sentir en comparación con ver (muchos vemos) y escuchar (en ocasiones, solo escuchamos lo que nos conviene). Sentir es la intuición que te lleva a desarrollar una habilidad de medir el sentimiento. Muchas veces, las palabras dicen una cosa, aunque la expresión facial y toda la comunicación no verbal muestran otra; por lo tanto, si solamente te quedas con lo que ves y escuchas, no logras realmente conocer lo que está sucediendo y, en consecuencia, no consigues resolver la situación o el problema que enfrentas. Uno de los roles más importantes del líder es tomar decisiones y, entre mejor tenga claro el diagnóstico, más certeras serán las soluciones.

En general, las hojas son interdependientes, es decir, estamos interrelacionados con los demás porque juntos somos parte de un mismo ser, ya sea una empresa o la familia. Así, cada hoja depende de que las otras hagan su trabajo para sintetizar la energía y que esta llegue a todas y hasta la raíz. En este sentido, la esperanza es fundamental, ya que es la expresión verdadera de la fe, y esta es la fuerza interna que genera pensamientos, comportamientos y acciones positivas, creando *momentum* y energía para mover a la compañía hacia los objetivos, metas, misión y visión establecidos.

Estoy convencido de que esta poderosa historia acerca de las hojas del árbol puede transformar organizaciones, familias y comunidades para alcanzar el bien común. Los aspectos interesantes de la hoja radican en que las habilidades de escuchar, ver y sentir la parte de arriba, de abajo y a los lados pueden ser aprendidas y desarrolladas. Para lograrlo, las personas tienen que estar conscientes de que no todo lo que sucede a su alrededor es sobre ellas mismas, sino sobre alguien más y que estamos al servicio de otros. El ego nubla tu visión y te hace pensar que todo lo que haces es por y para ti. Lo que trato de dejar claro es que las hojas del árbol deben tener una gran humildad para efectivamente observar, escuchar y sentir.

La ironía de la vida es que cuando nos dan un ascenso en el trabajo, nuestro ego crece y distorsiona nuestra habilidad de ver, escuchar y sentir. Recuerdo mi primera promoción en Dow Chemical en 1987, cuando me mudé de México para ocupar el cargo de gerente de Investigación de Mercado en las oficinas centrales de América Latina, en Miami, Florida. Debo aceptar que este cambio de venir del área de ventas en el campo y pasar a un corporativo en Coral Gables, vestir de saco y corbata diario, tener sala privada y asistente, generó un impacto en mi ego, bajó mi nivel de humildad y perturbó mi paz. Rápidamente empecé a poner más atención en aspectos del ego que antes no les daba importancia, como la ropa, el reloj, el automóvil o la casa donde vivía. Como se dice, perdí el piso o, coloquialmente, me subí a un ladrillo y me mareé.

Mi familia y yo vivimos en Miami durante cinco años; Yuly y yo aprendimos a adaptarnos a una nueva realidad sin ayuda doméstica y lejos de nuestros familiares en México. En ese momento, teníamos a David, nuestro hijo mayor, que era muy chico; José Daniel y Alejandro nacieron en Miami. El tener hijos cambió totalmente mi visión de la familia y del trabajo. Esta nueva experiencia generó en mí un mayor sentido de responsabilidad y preocupación. Aunque pronto me di cuenta de que no estaba escuchando ni viendo, y mucho menos, sintiendo como lo hacía antes, tanto en casa como en el trabajo.

Cuando te sientes superior a otras personas –bajo la excusa de tu ascenso–, es cuando las ves hacia abajo, las consideras menos y tú te percibes mucho más importante que otras personas. Las nuevas responsabilidades que adquieres traen algo de poder y de decisión, el problema es que, paulatinamente, esta condición te vuelve soberbio, y la soberbia es una barrera. Esto escala cuando empiezas a reflejar lo mismo en casa: escuchas menos, estás presente menos tiempo. Como se dice de manera coloquial: te vuelves un sangrón. Y si esa no es tu personalidad, comienzas a desentonar. El primer paso para revertir este comportamiento negativo es aceptar que traes un cristal empañado, lo que te imposibilita escuchar, observar y sentir.

El motivo por el que comparto la anécdota de esta primera promoción laboral es para explicar que, si uno no es capaz de ver este cambio, en su justa dimensión, será muy difícil poder apreciarlo después. En esta fase en la que te conviertes en una hoja cualquiera y dejas de ser una especial, en la empresa nadie te dice cómo es que te estás comportando porque la gente no te conoce o tiene miedo de hacerte ver la situación. En mi caso fue distinto, pues Yuly me observaba y me decía que estaba cambiando, perdiendo la esencia de quién era yo y que ya no era humilde; por lo tanto, decidí empezar a observar mi comportamiento, a verme y escucharme.

Poco a poco, me di cuenta de que estaba actuando como las hojas que solo ven hacia arriba. Con mucho esfuerzo y constancia, comencé a hacer cambios que me devolvieron mi esencia para que mi auténtico yo regresara, es decir, volver a ser la persona que vivía en México y que apenas unos meses atrás había obtenido una promoción. En ese momento, estaba aprendiendo las funciones de la hoja: transformar la luz del sol, el CO_2 y el agua en energía para alimentar el árbol y las otras hojas. El estar consciente de mis funciones en el trabajo, en casa y en la vida empezaron a hacer y tener sentido. Llegué a la determinación de que somos importantes para nuestras familias y también para las organizaciones; somos valiosos y somos creadores de energía, y que esta debe ser el combustible que las compañías necesitan para crear valor tanto para los colaboradores como para los grupos de interés y los accionistas.

Todos podemos desarrollar la humildad, siempre y cuando estés consciente de que el primer ascenso que obtengas no te hará perder la cabeza ni sentirte superior a los demás. Quizá jerárquicamente lo eres, pero no tienes por qué señalar las diferencias ni recalcar la nueva posición que ocupas. Puedo asegurarte de que, a medida que tu ego aumenta, la gente no será sincera contigo al conversar y dejará de apoyarte, bajando el nivel de compromiso de las personas hacia la compañía y hacia ti. ¿Cómo no desviarte de tu propósito? Establece tus intenciones y no te quedes aislado. Durante el tiempo que vivimos en Miami, por lo menos dos veces al año viajamos a México a visitar a la familia. Era algo muy importante para Yuly, y poco a poco aprendí el valor que tenían estas visitas; hoy, lo agradezco porque eso nos ayudó a cultivar nuestras raíces y nos dio un sentido de pertenencia y confort, así como un sentimiento de balance de vida.

Me queda claro que, cuando somos esas hojas que solo pueden ver hacia arriba, tenemos una visión limitada de nuestro trabajo, de la familia y de la vida. Esta realidad incompleta afecta nuestra percepción del entorno y nos hace sentir que solamente nosotros tenemos la razón y el resto no. Recuerdo que cuando preparamos el lanzamiento de un producto en Colombia, toda la organización estaba muy entusiasmada y feliz con el proyecto, sobre todo, porque el objetivo era aumentar las ventas.

En ese momento, yo era el responsable de la investigación de mercado, que implicaba conducir los estudios con los agricultores para escuchar su voz. A partir de recorridos por los campos de cultivo, recopilé datos y comentarios y los presenté a los líderes de la empresa; pero conforme los directivos leyeron la información, minimizaron algunos aspectos del desempeño del producto, siendo estos relevantes para el usuario final.

No obstante, lanzamos el producto, el cual, si bien ofreció beneficios para los productores, hubo algunos elementos que no les agradó del todo. Con esta experiencia, la empresa entendió que no debíamos prometer cosas sin sustento y, en cambio, ser más claros y transparentes en ciertos aspectos del producto de menor desempeño. Este cambio fue muy bien recibido por los clientes y mejoró su credibilidad y su confianza hacia nosotros, pues mostramos la verdad y fuimos realistas.

Antes de dar paso a los capítulos que integran *Liderando desde el corazón*, quiero aprovechar para compartir tres mensajes importantes. Primero, no tengas la expectativa de llegar a ser CEO porque, si no sucede, te puedes desmotivar; mejor, trabaja en lo que haces hoy para construir el mañana, por ejemplo, tu próximo cargo o responsabilidad. Segundo, disfruta la vida bajo una experiencia 360, tanto en lo profesional, como en lo familiar y personal. Tercero, debes estar convencido de que sí puedes crear una influencia positiva en tu familia y en la organización, aunque no tengas la jerarquía de directivo; para lograrlo, participa activamente en los equipos de trabajo, no te quedes callado y siempre levanta la mano para aportar tu opinión tus ideas. Y lo más importante: ponte a jalar (PAJ) y resuelve tus problemas (PAJ/RTP).

Gran parte de lo que ha sucedido en estos últimos 40 años y que comparto en este libro es el resultado del trabajo del equipo directivo y de la gente, no es un logro solamente mío. Hay muchas personas que consiguieron buenos resultados; mientras que también me tocó vivir algunas cosas no tan positivas.

Introducción

Al final, al tomar decisiones en las empresas, afectas a las personas, y en algunos momentos, vas en contra de cierta resistencia o corrientes que no están a tu favor. Es normal, ya que no todo en la vida es color de rosa, y de eso estoy muy consciente.

—◆—

Capítulo 1

Estrategia = más vale una buena ejecución

U na de las historias que viene a mi mente cuando hablo acerca de estrategia es un viaje que hice a Londres en 1997. Mi familia y yo llegamos a vivir a Indianápolis en 1994, cuando fui promovido como director de Recursos Humanos de Dow Chemical para Estados Unidos. Dos años después, la compañía ratificó su confianza en mí –basada en los buenos resultados conseguidos– al nombrarme director global de Estrategia de Negocios, posición que ocupé hasta 1999, cuando nos mudamos a Brasil.

Esta experiencia profesional al frente de la estrategia de negocios de la organización fue muy especial, ya que junto con mi equipo estábamos a cargo del desarrollo del proceso de la estrategia que todas las unidades del corporativo tenían que implementar. Para lograr esta meta, visitamos varios países; recuerdo muy bien que tuve la oportunidad de interactuar con los ejecutivos de cada sede, quienes compartieron la idea que tenían sobre el proceso de la estrategia y cómo la describían desde su perspectiva. Yo los escuché atento para comenzar a escribir las iniciativas estratégicas y los objetivos; así como un plan de ejecución para toda la compañía –que contemplaba recursos económicos, de capital, de inversiones y de dirección, entre otros puntos clave–. Esa es, sin duda, la parte más importante del proceso.

El equipo itinerante estaba integrado por tres personas, cada uno en representación de un área geográfica: uno de Europa, otro de Asia y yo iba por parte de las Américas. El rol de los tres era definir tanto el proceso de desarrollo de la estrategia, como la implementación. De hecho, estos dos conceptos siempre tienen que ir juntos: 20% es desarrollar y 80% es implementar, esa es la fórmula para alcanzar los mejores resultados de manera sostenible. Pienso que más vale tener una mala estrategia bien ejecutada, que una buena estrategia mal ejecutada. Porque si no la implementas, no generas un efecto o un impacto, tampoco soluciones, cambios o nuevos proyectos. Si la estrategia se queda en el papel –como sucede en muchas empresas– debido a que no hubo labor de ejecución, ¿cómo esperar que haya resultados? Por lo tanto, la única manera de conseguirlo es hacer las dos cosas con excelencia: desarrollo e implementación.

Doctorado en Londres

La visita a Londres ya estaba programada. El vuelo que teníamos asignado saldría el 1 de septiembre; era directo de Indianápolis a Londres. Al llegar al aeropuerto, el personal de la aerolínea nos comunicó que el vuelo había sido cancelado y, sin dar mayores explicaciones, nos reubicaron en otro que saldría al día siguiente. No tuvimos otra opción más que regresar a casa. Cuando entré, Yuly se despertó sorprendida y preocupada, y me preguntó qué había pasado, así que le conté. Tras nuestra plática, encendimos la televisión y, al ver las noticias, me quedó claro por qué cancelaron mi vuelo: Lady Di –la princesa Diana– había muerto unas horas antes en un accidente automovilístico en París.

Al día siguiente, volvimos al aeropuerto y finalmente nos asignaron un vuelo. Sin embargo, ahora no sería directo, sino que haríamos escala en Nueva York para luego tomar otro avión con dirección a Londres. Al llegar a Nueva York, nos llevamos una gran sorpresa. Por error, la aerolínea nos reubicó en el Concorde –el famoso avión comercial supersónico capaz de reducir a la mitad el tiempo del recorrido–. Después de discutir durante algunos minutos, uno de los representantes de la línea aérea accedió y nos quedamos en el vuelo con la misma tarifa que habíamos pagado –que, por cierto, era mucho menor que la del Concorde–. En lo personal, en ese momento aún no sabía que sería una experiencia que me haría comprender muchas cosas y que hoy puedo decir que lo que viví en ese viaje fue como si hubiese cursado un doctorado en estrategia.

Antes de abordar, nos llevaron al majestuoso lobby de British Airways –exclusivo para el Concorde– que tenía una hermosa alfombra roja. Ahí permanecimos durante algunos minutos mientras disfrutábamos de las interpretaciones del pianista que amenizaba el lugar. Si la emoción y la sorpresa de estar ahí ya era grande, esta aumentó cuando al entrar al avión me di cuenta de que frente a mí, en la primera fila, estaba Elton John. Compartiríamos el vuelo con él, pues viajaba a Londres para cantar en la ceremonia del funeral de la princesa Diana. La canción que interpretó fue 'Como una vela en el viento' (*Candle in the Wind*). En menos de dos horas y media aterrizamos en el Aeropuerto Internacional de Londres-Heathrow. A diferencia de mis compañeros de viaje –que lo primero que hicieron fue trasladarse inmediatamente al hotel para descansar–, decidí ir a la plaza principal, que estaba llena de gente y flores por las exequias de Lady Di.

Tuve la dicha de vivir esa experiencia, de percibir y sentir el amor, la admiración y el dolor que la muerte de la princesa Diana había provocado en miles de personas que se volcaron a las calles y plazas. El mundo entero tenía los ojos puestos en Londres por la muerte de Lady Di, y yo estaba ahí. Fue entonces cuando comencé a reflexionar y a preguntarme por qué la gente seguía tanto a Diana y por qué la veían como líder. Empecé a conectar la manera de ser de Lady Di con el tema de estrategia que precisamente íbamos a desarrollar con el equipo de Londres. Ella era una mujer con un propósito y un sentido en su vida, y la gente era su prioridad; ayudaba a todos, tenía un plan y un objetivo; también un sentido claro de dirección. Enfrentó muchos retos y eliminó barreras para superar situaciones dentro de la familia real. Siguió sus sueños, escogió y peleó las batallas que quiso. Todo eso que había sido Lady Di, lo veía en los rostros de miles de personas que me encontraba a mi paso por la plaza. De esta manera, me percaté de la gran contribución que esa mujer había hecho y del gran liderazgo que supo manejar.

La princesa del pueblo era una líder y una persona con una gran capacidad para adaptarse al contexto y siempre lucir. En su vida enfrentó un sinnúmero de dificultades y cambios, incluyendo su situación social, divorcio y acoso por parte de algunos medios de comunicación. Fue una sobreviviente de la bulimia y de la crítica constante del público y la familia real; aun así, mantenía una actitud positiva. Además, tenía la cualidad de la empatía, que demostraba en su labor altruista. Su gran habilidad era entender a la gente que la rodeaba y eso lo demostró desde su niñez. Superó muchos retos, los cuales, debido a su estatus, se hicieron públicos. Si bien los medios la seguían y acechaban, haciendo de su vida un libro abierto, ella no dudaba en brindarles una sonrisa.

Todos los líderes enfrentan desilusiones y desastres en algún momento de su vida. Los mejores logran superarlos y aprenden de sus errores. Diana era una gran observadora de su entorno, entendía a las personas y tenía múltiples puntos de vista. Será recordada como una persona dadivosa y agradable, y su amigo Elton John, cuando cantó *Candle in the Wind*, describió a la princesa de Gales como una vela: "Puede ser que esta se haya apagado, pero su luz sigue encendida e inspirando a mucha gente a través de la compasión que mostró siempre". Hago muchos paralelos de la vida de Diana con el desarrollo de una estrategia, pues creo que para tener una buena estrategia en el mundo de los negocios debes escuchar, ser un buen observador, tener una lectura correcta de los competidores y conocer las barreras y los retos que están frente a ti para encontrar la forma de solucionarlos. Diana supo hacer muy bien todas estas cosas en su día a día.

El arte de la implementación

Ser líder implica que siempre debes saber dónde estás parado y hacia dónde quieres ir; de ese modo, será más fácil construir el camino que te ayude a alcanzar tus objetivos. Uno de los primeros pasos es desarrollar la estrategia y el segundo es la ejecución, que es la habilidad de hacer que suceda. Una vez que decides hacia dónde quieres ir, debes implementar todas las iniciativas estratégicas. Para lograr una ejecución ejemplar, es necesario tener buenos líderes en tu equipo directivo, que a su vez integren a personas que tengan una visión y un sueño, ya que ellos son los que tendrán la habilidad de hacer realidad la estrategia.

Otro punto fundamental en la implementación es saber traducir la estrategia a cualquier audiencia; el reto es utilizar las palabras adecuadas para que la gente de todos los niveles de la organización la entiendan y la hagan suya. Desde operadores, coordinadores y gerentes hasta directores, grupos de interés y miembros del consejo de administración. Cada audiencia habla un lenguaje diferente, por lo que hay que segmentar los medios de comunicación de tal manera que el mensaje llegue correctamente. En este sentido, puedo decir que compartir historias o anécdotas para comunicar la estrategia es una de las alternativas más efectivas.

Durante el viaje a Londres, mi mente estaba ocupada en definir cómo le daríamos claridad a las ideas generadas para convertirlas en iniciativas estratégicas de una forma sencilla y rápida, para luego comenzar a priorizarlas. Aquí también es clave reflexionar sobre los recursos que se requieren para implementarlas y, después, determinar los 'cómo' en la ejecución. En cuanto al establecimiento de objetivos, estos deben ir alineados, desde los que fija el CEO y el equipo directivo en lo individual –que constituyen la base– hasta los que tengan los demás colaboradores y que estén en línea con el cumplimiento de la estrategia. Pero no es solo la parte de escribirlos, sino de monitorearlos para verificar si realmente se están ejecutando. Ahí es donde entran los KPI (*Key Performance Indicators*), los cuales funcionan para dos cosas principalmente: para enfocarte en lo que vas a medir y para ver si estás consiguiendo un progreso. No hay que perder de vista las mediciones porque estas van alineadas a la iniciativa estratégica y al objetivo personal.

De regreso de Londres a Indianápolis (10 de septiembre de 1997), veníamos muy entusiasmados porque completamos el proceso de desarrollo y ejecución de la estrategia global. Le dimos el nombre de DYDE (Desarrollo y Despliegue de la Estrategia). En lo personal, soy un firme creyente de la segunda D, es decir, *Deployment*. Considero que la mejor traducción de *deployment* al español es 'ejecución', pues su connotación es más amplia al asociar recursos económicos, de capital y de dirección. Nuestra meta era tanto desarrollar un proceso, como entregar una estrategia global a los directivos. Por eso, mi equipo y yo interactuamos con los líderes de todos los países integrantes de la organización, para que junto con ellos pudiéramos construir una estrategia global.

Creo que lo que muchos de los colaboradores esperaban era un proceso de desarrollo de estrategia sencillo porque es muy común que termines con una gran cantidad de información y que gastes mucho tiempo en el análisis sin lograr claridad. Para que esto no suceda, hay que ser prácticos. De ahí que los líderes tienen que ser congruentes entre lo que dicen y lo que hacen. Al traducir esto a la estrategia, debemos encontrar formas de llegar al corazón de las personas para que la ejecución de la estrategia se lleve a cabo. Cuando tocamos el corazón de la gente, ganamos su apoyo. Así, a medida que los directivos logramos contestar la pregunta "¿qué hay para mí?", tocamos el corazón de las personas y sembramos la confianza, ya que en ese momento serán conscientes de que sí es posible conquistar y llegar al objetivo.

He trabajado con muchos equipos alrededor del mundo facilitando los talleres de desarrollo e implementación de estrategia. Mi visión de este proceso ha cambiado a raíz de las experiencias en algunas de las empresas en las que he trabajado –Dow Chemical, Tyson y Grupo Industrial Saltillo (GIS)–; esto me ha ayudado a simplificar el proceso que voy a compartir en este libro. Siempre empiezo a formar un equipo que tenga las capacidades de dirigir el desarrollo de la estrategia y que pueda ejecutarla. Gente que tenga la voz del cliente; personas que entiendan los números y sepan medir los resultados y el avance para poder monitorear la ejecución. Este equipo multicultural funciona mejor cuando está integrado por personas con características diversas.

Liderando un negocio desconocido

En mi vida profesional, he tenido la oportunidad de establecer la misión, la visión y los valores de algunas organizaciones, así como desarrollar e implementar la estrategia en varios de los roles que me ha tocado fungir. Por ejemplo, recuerdo que aún vivía en Indianápolis en 1999, cuando los directivos de Dow Chemical me propusieron asumir el cargo de presidente de la división de Semillas y Biotecnología en Brasil. Charlie Fischer era el CEO de la compañía y estaba liderando el 'reseteo' de la estrategia debido a que el negocio estaba cambiando a consecuencia de la introducción de la biotecnología en la agricultura.

Al aceptar el cargo y, sobre todo, el reto, me estaba enfrentando a una gran disyuntiva, pues debía estar seguro de que quería ser líder de un negocio que no existía y que lo único que teníamos era el papel de los rotafolios donde estaba escrito: "Debemos entrar a Brasil al negocio de biotecnología". Los directivos trataban de convencerme y me decían que yo ya había trabajado en el desarrollo de la estrategia e, incluso,

◆

que ya había vivido antes en ese país, por lo que era la persona indicada para liderar esta nueva unidad de negocios. "Además, hablas el idioma, entiendes la cultura y tienes el liderazgo para lograrlo", me argumentaban. Tenía el apoyo de los líderes de la organización y una chequera con muchos millones para invertir y comprar empresas –pero aún no había estrategia–.

Iniciativas estratégicas de la organización

Para cada iniciativa estratégica –no hay que tener más de cinco– debemos desarrollar objetivos funcionales y asignarlos a cada una de las direcciones (comercial, financiera, TI, etcétera), incluyendo los KPI y las metas específicas a alcanzar (qué, por qué, cómo, cuándo, quién, dónde). Esta es una herramienta que asegura una buena ejecución de las iniciativas estratégicas.

EMPRESA Iniciativas estratégicas			
Objetivos funcionales	Año 1	Año 2	Año 3
Director general			
Director de Operaciones			
Director financiero			
Director de TI			

En ese momento, mi mente y mi corazón pensaron: "¿Otro cambio para la familia? Tengo una oferta para regresar a Brasil a liderar un negocio que no existe y del que no tengo idea ni experiencia". Así, busqué el apoyo de mi familia y empezamos a tener conversaciones al respecto en nuestro hogar. Yuly siempre me ha apoyado en todo, considerando que no ha sido fácil mudarse de país a país y comenzar de nuevo. Sin embargo, ella siempre ha tenido la mejor actitud y puedo asegurar que gracias a su ayuda es que soy quien soy. Al final, con el consenso familiar, tomé la decisión de aceptar el reto. Pero antes de mudarnos a Brasil, viajé por todo Estados Unidos para entender el negocio de semillas y biotecnología –en el que Monsanto era la compañía dominante–.

Si bien aprovecharía mis habilidades, conocimientos y experiencias en procesos de estrategia para conseguir el objetivo en esta nueva encomienda, tuve un shock como primera reacción, ya que no era un experto en biotecnología. De hecho, había muy pocos expertos en esta área en aquella época. Lo segundo que pasó por mi mente fue que tenía más preguntas que respuestas; veía que la compañía carecía de colaboradores que pudieran guiarme o brindarme su ayuda al respecto. Y un tercer punto que me faltaba por definir era: ¿cómo integrar a mi equipo?, ¿dónde encontraría el talento? De lo que sí estaba seguro es que necesitaba un buen abogado y un buen financiero. Una vez que sumé a estos dos elementos, nos enfocamos en construir un equipo de fusiones y adquisiciones (M&A, *Mergers and Acquisitions*), con expertos en finanzas, administración, área jurídica, mercado, soporte técnico, etcétera.

A partir de que Dow Chemical decidió invertir en biotecnología aplicada a los cultivos de maíz y soya, y yo acepté encabezar esta misión en Brasil, era obvio que la compañía necesitaba tomar decisiones y elegir caminos distintos. Conforme adquirimos las siete empresas (entre 1999 y 2007), percibí que cada una tenía diferentes talentos. Esto me confirmó que fue una buena decisión no formar un staff completo desde el inicio, porque a la mayoría de las personas que trabajaban en las compañías que fuimos comprando las promovimos a posiciones clave y críticas dentro de su respectiva organización. De esta manera, en lugar de traer personal del corporativo hacia cada uno de los negocios, los colaboradores eran del propio negocio –excepto el abogado, el financiero y yo–.

Lo que aprendí de estrategia durante esos años en Brasil es que todo inicia y termina con gente. Primero, el equipo que formamos; después, muchas horas trabajando juntos y consolidando una relación excelente. Fue una etapa difícil; comprar siete empresas implicaba muchos riesgos, como leer a las personas, ya que no las conocíamos. En cada una de estas adquisiciones hacíamos un alto en el camino para reiniciar el proceso de desarrollo y ejecución de la estrategia, reintegrar a los equipos de trabajo y rediseñar la organización, así, cada año. A medida que acumulaba experiencia en el área de estrategia y conseguía el objetivo, no me quedaba la menor duda de que lo que había logrado era gracias a la gente y a la cultura.

También significó aprender a navegar en la ambigüedad, es decir, cuando pese a que no dispones de suficiente información para decidir, debes tomar decisiones. Y ahí es donde entra el corazón y tu intuición para tú mismo definir. En este caso: ¿cuál es el camino?, ¿hacia dónde ir?, ¿apostar por la compra de la empresa o dejar la oferta y retirarte porque el precio es muy alto?, ¿qué implicaciones (fiscales, legales o laborales) posteriores tiene cada decisión? Porque adquirir una compañía no es solo cuestión de precio; conlleva traerte todo el paquete y las implicaciones del pasado de la empresa.

Quizá piensas que pagaste un precio barato, aunque no contemplaste deudas, *liabilities* (pasivos) o contingencias, que pueden llegar a ser más caras que el propio precio que estás pagando. Otra parte es contemplar la tecnología –por cierto, no soy un experto en esta materia–. Para ello, el líder debe identificar las áreas técnicas y los recursos externos que requiere; de este modo, podrá evaluar mejor el valor de una compañía y tomar la decisión que más convenga.

Esos ocho años me proporcionaron muchas herramientas y pude ser como las hojas especiales del árbol de maple rojo que ven hacia abajo, hacia arriba y hacia los lados de la estructura. Además, algo que me mantuvo siempre con los pies en la tierra fue viajar por todo Brasil, para visitar tanto a clientes como a agricultores. Debía hacerlo, pues conocer a la gente en cada lugar de trabajo, en cada campo y plantación, me dio una visión más completa del negocio. Muchos de los productores de semillas son miembros de familias, ellos son el negocio y el negocio son ellos; es su *modus vivendi*, su credencial, con lo que los identifican y con lo que crecieron, es el patrimonio que les heredó el padre o el abuelo. Pude entender las diferencias culturales y geográficas, así como identificar los atributos y beneficios que los clientes buscaban. Comprendí lo que los competidores ofrecían y los *gaps* que agregaban valor al mercado.

Comunicación efectiva de la estrategia

Con la adquisición de la primera empresa en Brasil, entendí que era muy importante tener un plan de comunicación bien articulado, fácil de comprender y desplegar para llevar la estrategia a todos los niveles de la organización. Un día, manejando de São Paulo a Ribeirão Preto, vi un espectacular en la carretera que era muy claro de leer y entender. Esto me inspiró para desarrollar un personaje en forma de caricatura para comunicar nuestra estrategia. Al día siguiente, empezamos a trabajar con la agencia de marketing y comunicación, y juntos creamos a Emilio –la palabra 'maíz' en portugués es *milho*–. El objetivo era que la gente se identificara con un personaje amigable, de vestimenta casual y que podía hablarle a todos los miembros de la organización.Emilio estaba en todos los medios de comunicación, espectaculares, revistas, pósters, videos, folletos, pancartas, etcétera. Estas campañas internas eran continuas, consistentes y con mensajes muy alineados a la estrategia. Estoy seguro que Emilio fue el factor que nos dio el éxito, pues fue muy bien recibido al ser un elemento nuevo y totalmente neutral para toda la gente de las compañías que fuimos comprando.

Durante el proceso de elaboración de los primeros borradores de la estrategia tuve dificultad para visualizar el futuro. Era el año 2000 y debía imaginar cómo serían las cosas en 2015. Sabíamos que la tecnología iba cambiando el mercado de forma radical, de un momento a otro. También había que contemplar la adaptabilidad. Pero antes del lanzamiento de los productos, ¿cómo podríamos explicarle a un cliente que los cultivos cambiarían, que tendrían propiedades diferentes y que no podían imaginarse que generarían rendimientos exponencialmente superiores a los que ofrecían en el presente? Al final, las decisiones tomadas y las acciones en conjunto ayudaron a que, para 2007, Dow obtuviera la segunda mayor participación de mercado en semillas y biotecnología en Brasil, solo detrás de Monsanto.

El proceso de desarrollo de la estrategia

Empieza con la gente. Este diagrama muestra el proceso de desarrollo de la estrategia que inicia con un análisis del entorno (competidores, mercado, riesgos, ventajas y desventajas), que permite establecer claramente la posición de la empresa en el mercado relevante y que, por medio de apalancar las capacidades, define los campos donde vamos a concentrar los esfuerzos para el crecimiento. Con base en las áreas específicas en las que nos enfocaremos, se desarrollan las iniciativas estratégicas que definen el enfoque de los recursos y de las personas. El hecho de hacer el recuadro de Ejecución de un mayor tamaño es debido a la importancia de obtener resultados mediante una muy buena ejecución. Durante la implementación de las Iniciativas Estratégicas medimos y monitoreamos los resultados obtenidos para poder hacer correcciones o definiciones de algún cambio pertinente.

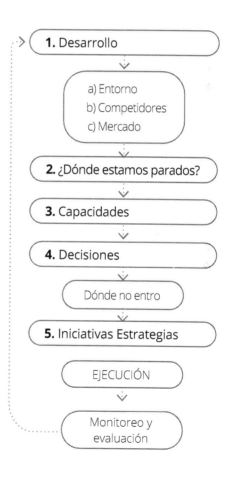

1. Desarrollo
   a) Entorno
   b) Competidores
   c) Mercado
2. ¿Dónde estamos parados?
3. Capacidades
4. Decisiones
   Dónde no entro
5. Iniciativas Estrategias
   EJECUCIÓN
   Monitoreo y evaluación

Otra experiencia similar relacionada con la toma de decisiones y hacer cambios importantes fue la que tuve en Tyson Foods en 2007. Aquí el reto como director general de la compañía en México era cambiar el modelo de negocio, enfocándonos en nuevos mercados en los que no participábamos. Entre las categorías destacaban los productos totalmente cocinados, cuyo costo de producción era alto. En consecuencia, su precio en el mercado era elevado, lo que provocaba que solamente pudieran llegar a un segmento (A y B) muy pequeño de la población en México. Esa situación dificultaba poder producir volumen, ya que este se concentra en los segmentos C y D, no en A y B.

En esta ocasión, el elemento determinante fue el desarrollo de un plan de implementación magnífico y la creación de equipos muy sólidos que involucramos desde el inicio del proceso. Pudimos mantener un *engagement* muy alto por parte de los colaboradores. Para ello, utilizamos un proceso en el que desarrollamos muchos proyectos derivados de la estrategia, cada uno tenía la letra V (de Visión) y un número: V1, V2, V3, V4, V5, etcétera. En cuatro años, completamos 97 proyectos. Cada uno contaba con equipos multifuncionales, recursos asignados y entregables muy claros.

El equipo de liderazgo de la empresa estaba muy involucrado; teníamos un integrante del equipo directivo en cada proyecto como padrino –esto, en particular, le dio mucha confianza a la gente, pues se sentían escuchados, importantes y, sobre todo, que formaban parte de un proyecto relevante–. Los proyectos seguían la metodología Six Sigma –una de las grandes fortalezas de ejecución–, donde cada uno estaba alineado a la estrategia y al P&L. Yo coordinaba el equipo directivo, mientras que la finalidad de asignar un padrino era que el proyecto tuviera visibilidad y credibilidad dentro de la organización, asegurando que los recursos destinados se invirtieran en lo que se debían invertir.

Una de las herramientas para comunicar la estrategia con éxito en Tyson fue el uso del *Placemat*. Básicamente, lo que hicimos fue colocar fotografías, íconos, logos y dibujos con textos muy fáciles de leer en una hoja de papel parecida a un mantel de restaurante de comida rápida. Las preguntas que contestábamos con esta herramienta eran: ¿quién?, ¿qué?, ¿cuándo?, ¿por qué?, ¿cómo?, ¿dónde? Tuvimos avances impresionantes utilizando el mantel impreso por los dos lados, para que la gente pudiera leer cada sección y memorizar los elementos de la estrategia. Algunos trabajadores lo doblaban y se lo llevaban a su casa para leerlo con calma. El hecho de tener el mantel visible diariamente en el comedor nos ayudó a lograr, por ejemplo, a que la gente se enterara sobre cuáles eran algunos de los productos que elaborábamos y cómo se llamaban en el mercado.

Energía enfocada en la cultura

Estoy convencido de que los líderes deben enfocar su energía en la cultura. Eso viene muy asociado al estilo de liderazgo de la persona y a sus creencias. Por lo que, cuando lideras desde el corazón a una organización, ves una empresa llena de almas, corazones y mentes. El cuerpo es solo el vehículo por medio del cual la gente llega a su centro de trabajo. Pero hay líderes que son más materialistas y únicamente se enfocan en el estado financiero y en el número, en lugar de analizar cómo llegar al número. Para mí, el número es una consecuencia de, es el resultado de, es la sumatoria aritmética del esfuerzo individual de cientos o miles de empleados que consiguieron un número. El problema es que si solo ves los números, no visualizas a la organización ni a las personas.

La solución es *Manage by walking around* o gestionar caminando. ¿Qué quiere decir 'caminando'? Ir a cada centro de trabajo y entender qué es lo que hace la gente en la planta, en el área comercial, en el departamento de finanzas y contabilidad, o visitando a un cliente. A mí me gusta ir solo o con un directivo más. Aprovecho para caminar por los pasillos y platicar con la gente; algo muy informal. Por ejemplo, voy con un vendedor a visitar a los clientes, pero sin su supervisor. En respuesta, la gente se siente retada; incluso, puede haber un quiebre de confianza al inicio porque dicen: "Acaso, ¿no confía en mí?".

Para obtener retroalimentación, al término de la visita normalmente hay una reunión con los líderes de ese centro de trabajo en grupos pequeños –no más de ocho personas–. El objetivo es generar una conclusión y una estrategia. Si bien tú tienes un tablero de información y casi ya sabes lo que vas a ver en la visita, lo que te falta por completar es el porqué; el número ya lo tienes, lo que estás buscando es la razón.

Todo esto ayuda a sembrar la confianza en las personas que muy probablemente nunca tuvieron la visita de un directivo en su lugar de trabajo. Si haces bien la tarea, tomas nota y resuelves temas, y tus colaboradores ven que existen soluciones y que tu intención es ayudar, esa confianza empieza a crecer automáticamente.

Yo defino la cultura como la personalidad de la organización; es cómo nos comportamos cuando los jefes no están; cómo hacemos las cosas, cómo reaccionamos y resolvemos problemas; cómo creamos expectativas y creencias. La cultura son los comportamientos sociales y psicológicos de la organización. La definición de cultura es el estudio de la mente, actitud, carácter, comportamiento, psique, alma, mente, espíritu, ego e intelecto de las personas. Por lo tanto, tienes que estar presente en el piso (caminando) para poder crear cultura. No te das cuenta de lo que sucede en realidad si todo el tiempo permaneces en tu oficina de CEO; hasta ahí no llegan las cosas, debes salir a buscarlas. Y si finalmente llegaran, sería muy tarde para involucrarte porque te encontrarías ya frente a una situación de crisis.

Si consideramos que la cultura es la psicología de una organización, a través del tiempo hemos perdido varias palabras clave en la definición de psicología, como 'alma', 'yo', etcétera. La mayoría de las universidades y las empresas se enfocan en el ser humano basado en su mente y no consideran que también tiene espíritu y alma. No podemos separar uno del otro, vienen en el mismo paquete. Hoy, la mayor parte de las compañías tienen, además de los valores, algunas competencias definidas, que son una buena forma de establecer una serie de comportamientos en diferentes áreas, que al final todo eso se convierte en la cultura entre valores y competencias. Aunque más importantes que estos dos últimos son las formas en que la dirección se comporta; desde la puntualidad, la eficiencia y la agilidad hasta el trato entre compañeros.

La cultura es difícil de copiar porque la emulan los directivos y comienzan a imitarla los subdirectores y toda la estructura. Entonces, si alguien quiere irse a otra compañía y llevársela, resultaría un poco complicado debido a que es como llevarse la orquesta completa. Es decir, si un CEO se mueve de un lado a otro, no se lleva la cultura. Podrá iniciar un proceso de transformación, pero no se la lleva. Entra a una cultura nueva en un ecosistema de personas que vienen actuando y comportándose de alguna manera de lo que es esperado y lo que es aceptable y lo que creen que espera el *management*.

Cultura en equipo

En Grupo Industrial Saltillo (GIS) creamos el Decálogo GIS como herramienta y guía para establecer el marco estratégico. Está compuesto por misión, visión, cinco valores y tres pilares. A mí me tocó liderar el desarrollo de este decálogo junto con el equipo directivo de la empresa. Es un documento público que se ha compartido con todos los grupos de interés (*stakeholders*) y es el mapa de la cultura y la filosofía de gestión de GIS. En él encuentras la expresión de:

1. Quiénes somos: Misión.
2. Quién queremos ser: Visión.
3. Cómo nos comportamos: Valores.
4. Cómo implementamos la estrategia en el día a día: Pilares.

Estrategia mapa *placemat*

Esta herramienta permite simplificar, de una forma pintoresca, el contenido de la estrategia para que lo comprendan todos los niveles de la organización con dibujos, gráficos, logos y frases cortas, que indican en cada una de las seis áreas (por qué, qué, quién, cuándo, cómo, dónde) el rumbo y enfoque que la organización esté buscando. Esto tradicionalmente se imprime en un mantel de papel para usarse en los comedores del personal. El contenido, los diseños y los gráficos pueden modificarse cada cierto tiempo para reeditar el mensaje; el esqueleto es el mismo, pero lo que cambia son las frases y el diseño. El objetivo es hacerlo de la manera más chusca y fácil posible para permear en todos los niveles de la organización y lograr un buen entendimiento de la estrategia.

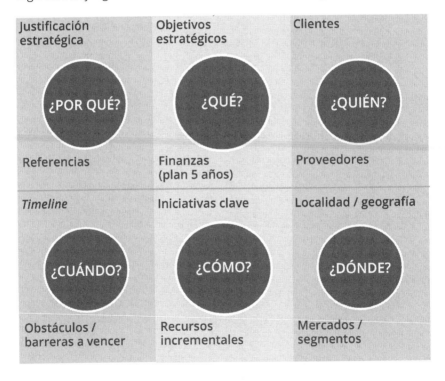

Pienso que hay dos cosas muy importantes sobre el Decálogo GIS que hay que tomar en cuenta. La primera es que se construyó con el equipo directivo en conjunto en varios retiros que realizamos, demostrando desde el inicio que el grupo estaba muy *engaged*. Lo llamamos 'Decálogo' con la finalidad de crear una referencia fácil para la gente. Así, cuando lo mencionábamos, rápidamente sabían que hablábamos acerca de la dirección, de la empresa y de la cultura que queríamos imprimir, porque tenía los elementos de misión, visión, los valores o las competencias y los tres ejes o anclas. Cada eje era precisamente la dirección y la prioridad que le íbamos a dar. Eran las 3C de la fórmula: Concretar, Cultivar y Crecer. Esos eran los tres pilares: concretar era ejecutar; cultivar a la gente es toda la parte del desarrollo humano; crecer, porque había metas de crecimiento y segmentos de mercado muy específicos.

En el caso del pilar Cultivar, este contempla los elementos: cuerpo, mente y espíritu, reconociendo que la organización está compuesta por personas. Con ello, confirmamos que esta parte era muy importante, porque ahí incidimos por primera vez en el tema espiritual. En ese hilo conductor de cultivar, establecimos que para la empresa era relevante el desarrollo del cuerpo, de la mente y del espíritu. Además, si podemos hablarle al corazón de la gente, podemos crear un alto nivel de *engagement* y un alto grado de compromiso, derivando en un alto grado de *momentum* (el camino para el crecimiento) y entusiasmo. Así, un documento muy sencillo de una sola página con un nombre como 'Decálogo', lo podías repetir 100 veces en todos los foros y te servía como guía para integrar algún elemento de las 3C en tus objetivos. En este sentido, llegamos a organizar una entrega anual de premios (Óscares) para reconocer a los colaboradores que habían generado un resultado en alguno de los tres ejes.

Por otra parte, una de las experiencias que tuve en Tyson Foods y que desde ese momento opera y apoya el desarrollo de la cultura es el programa de capellanía, el cual se enfocaba en el desarrollo del alma y del espíritu. La compañía cree en Dios y lo tiene en su misión y es parte de sus valores. En Tyson de México teníamos 28 capellanes que se dedicaban a apoyar la salud mental y la moral por medio de consultas personales confidenciales, ayudando emocionalmente a los colaboradores a enfrentar problemas de la vida –financieros, domésticos, etcétera–. Los capellanes daban apoyo para construir la cultura porque se enfocaban en el ser humano como persona y no como un número más.

Decálogo GIS

Este es un ejemplo de comunicación sencilla de los elementos clave de la estrategia de una empresa.

DIRECCIÓN

Misión:
Crear valor económico, generando oportunidades de progreso y bienestar para todas las personas e instituciones con quienes interactuamos.

Visión:
Ser una organización global, que genere valor a través del desarrollo de empresas líderes.

Orientación al cliente

Innovación

Integridad y responsabilidad

Valores GIS

Desarrollo sustentable

Desarrollo humano

PILARES

Concretar:
- Cero accidentes
- Excelencia operativa
- Ejecutar con excelencia
- Salud financiera

Cultivar:
- Cuerpo, mente y espíritu
- Talento
- Servicio y trascendencia
- Retención y puntualidad

Crecer:
- Mejora continua
- Ventas y utilidades
- Responsabilidad social
- Imagen y posicionamiento

Cuando empecé a entender el programa, me di cuenta de la importancia de cierta forma de legado que las compañías dejan en este mundo o las personas dejamos a través de un programa como este. Y es preocuparte justamente por ese individuo, por esa persona, por esa alma, por ese ser que tiene una serie de necesidades específicas, que también pueden cambiar con el tiempo. Fui testigo, en más de una ocasión, de cómo el programa pudo salvar a las personas de un intento de suicidio –empleados o familiares–.

El programa no tenía mucha resonancia en México. Entonces, hicimos un relanzamiento para que la gente supiera que existía esta alternativa; elaboramos literatura, publicamos internamente una gran cantidad de folletos en diversas partes de la compañía y empezamos a dar pláticas informativas para explicar en qué consistía. En respuesta, la gente empezó a interesarse y, lo más interesante, fue que comenzamos a darle forma a los entregables. Como era un tema confidencial, no podíamos documentar necesariamente la asociación de la persona al evento porque se perdería la confidencialidad. Pero lo que sí podíamos hacer era saber cuántas personas lo usaban. Para ello, hicimos un *benchmark* que reflejó un 5% de utilización, lo cual era muy bajo. Sin embargo, llegó a casi 70% en menos de 24 meses, y pasamos de 15 a 30 capellanes en total, cubriendo incluso turnos nocturnos.

A medida que iba acumulando experiencia en el área de estrategia y conseguía los objetivos, no me quedaba la menor duda de que lo que había logrado era gracias a la gente y a la cultura. Todo inicia y termina con gente. Mientras que la cultura está ligada al liderazgo y este, a la gente. Así que la conclusión es que los colaboradores son lo más importante en una organización.

—◆◆—

CAPÍTULO 2

El poder de la intención

Una noche, mientras escribía este libro y de fondo escuchaba música, reflexioné sobre la siguiente frase que era parte de la canción: "Y él nos dio vida en su perfecta voluntad...". Esto me hizo reflexionar que la intención tiene que ver con la voluntad. Según una de sus definiciones, la intención es el estado mental que representa el compromiso, el propósito y la 'voluntad' de actuar en el futuro. Además, involucra la planeación, la previsión y el motivo.

Hace unos años, desarrollé una teoría que me gustaría compartir y que permite conectar la mente con el corazón. Primero, debemos comprender que todos estamos integrados por un sistema de creencias, el cual está influenciado por el medio ambiente, es decir, por todo lo que viene del exterior. Aunque también por lo que somos en nuestro interior y que aprendimos de nuestros padres, y todo esto tiene que ver con el alma.

Yo nací en una familia católica; desde ahí aprendí ciertos rituales repetitivos y creencias, que van pasando de generación en generación y que, de alguna manera, te van diciendo lo que es bueno y lo que es malo. Si repites algunas de estas prácticas miles de veces, se vuelven en algo subconsciente. Por ejemplo, si en una familia les gusta hacer sobremesa y conversar, probablemente esto se mantendrá por siempre. Entonces, todos esos actos te van formando en los hábitos, y toda esta forma de ser se va registrando más en el caso del alma, en tu mente y en tu corazón. Sin embargo, pueden convertirse en creencias tan marcadas que llegan a ser limitantes.

Si reconocemos que las intenciones las establecen tanto la mente como el alma, podremos entender cómo las personas fundamentan sus propósitos. A medida que la gente construye sus intenciones en el trabajo y en su vida personal, muchas cosas empiezan a suceder. Por ello, las intenciones son el combustible que mueve el vehículo que se llama 'futuro'; son esas frases con las que describimos lo que nos gustaría ver en nuestra vida y en nuestro trabajo. A medida que establecemos nuestras intenciones y las visualizamos, debemos dejar de lado las creencias que las limitan para liberar nuestra mente y nuestra alma, permitiendo que la fe cumpla su objetivo. Hay que aspirar a la luna para que al menos lleguemos a las estrellas.

Creo que se habla muy poco de la intención. Se habla de actitud, pero de intencionalidad, poco. Y yo lo separé porque es como la mira telescópica. Es como el enfoque hacia algo que tú estás proyectando, visualizando o queriendo alcanzar, y que previo ya eliminaste una serie de otros *targets*, puntos o áreas a las que querías llegar. Descartas todo ello porque tal vez no es lo mejor ni para ti o para la empresa ni para lo que estás haciendo. Así que redefines un poco tus acciones en función de eso. Por ello, la mayoría de las veces –y estas son las leyes del universo– cuando siembras algo bueno, lo más seguro es que venga algo bueno. No quiere decir que no pienses en la compañía ni quieras tener ganancias o aprovechar las oportunidades. Lo que digo es que no solamente debemos pensar en la empresa porque es muy cortoplacista. Además, la compañía está incrustada en un ecosistema y tú eres parte de. Tú no eres el mundo, tú eres únicamente una parte muy pequeña de un proceso.

Intenciones personales y de la empresa

Una vez que defines el propósito de una empresa, es necesario comunicarlo de manera activa a los colaboradores, para que ellos puedan establecer sus intenciones, ver la forma de cómo conquistarlas y, a la vez, se alineen a las de la compañía. Mi experiencia me dice que al dar libertad a la gente para definir su propósito y sus intenciones, y conectarlos con los de la compañía, deriva en un mayor compromiso y motivación para que se genere valor. Pienso que este proceso normalmente se da en los retiros (*offsites*) o en las reuniones donde la gente es un poco más desinhibida.

El primer paso es no tener demasiadas cosas anotadas en una agenda que no lograste ni siquiera contemplar. Lo mejor es incorporar en algún momento –ya sea en la oficina o de preferencia fuera de ella para que no haya distracciones– un ejercicio para que las personas compartan su propósito ellos mismos. Hace algunos años, leí un libro de Rick Warren llamado *El propósito de vida* (*The Purpose Driven Life*), en el que define: ¿qué es un propósito?, ¿cómo construirlo?, ¿cómo integrarlo? ¿para qué sirve? Además, lleva al lector por un ejercicio muy sencillo para conocer su propósito de vida; desde cómo construirlo hasta cómo entenderlo e integrarlo. Me ayudó mucho, debido a que fue un complemento a la hora de aplicarlo y encajarlo con los propósitos empresariales.

Es importante señalar que tanto el líder, como los directivos y colaboradores deben comprender el rol que cada uno juega en la organización, así como clarificar el papel que tienen a nivel personal. Esto, para empatar ambos roles y, de esa forma, alcanzar la visión y los objetivos de la empresa de una manera más clara; de ahí el valor que generan los *offsites*. Otro elemento fundamental es contar con decálogos escritos, ya que estos ayudan a que la gente conozca cuál es la visión y la misión de la compañía, y que esa sea la forma en la que las cosas sucedan en todas las áreas y a todos los niveles. Es como mapear los propósitos y, a partir de ahí, dejar que avancen. Como cuando estás en un curso de manejo y sabes que a donde muevas la cabeza va a ir el auto; por lo que, si te distraes, se pierde el objetivo.

¿Cómo afrontamos los problemas?

El proceso que el ser humano tiene para digerir o reaccionar ante situaciones que se nos presentan en la vida profesional o personal, donde hay problemas o situaciones adversas a las cuales reaccionamos negativamente. Estos comportamientos negativos o destructivos lo único que hacen es romper las relaciones o destruir, herir y fragilizar las relaciones interpersonales, y cuesta mucho trabajo reconstruir estos puentes por no tener la habilidad de controlarnos.

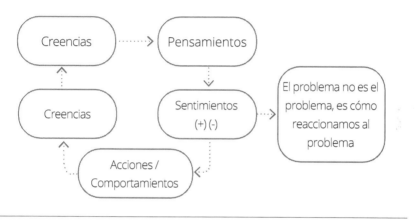

Entonces, cobra relevancia el hecho del enfoque, de tener bien claro hacia dónde vas y de depositar ahí tu 'energía'. Con este término me refiero a las horas, la actitud, la manera de conducirte en el día a día con entusiasmo para concretar, convencer, decretar y hacer. El cuerpo humano está lleno de energía y uno sabe leerla. Por ejemplo, muchas veces dices: "Como que está pesadito el ambiente, ¿no?". ¿Qué es el ambiente en realidad? No es que la pared o la mesa generen energía, sino más bien son las personas. Por eso, el propósito y la intención están ligados al enfoque, el cual tiene que ser claro y conciso. Donde esté el enfoque, ahí debe depositarse toda la energía. Esa es la responsabilidad que tenemos como líderes: definir el propósito de la empresa y, después, comunicarlo de manera activa a todos los colaboradores para que puedan establecer sus intenciones, alinearlas y conquistarlas.

Las intenciones positivas traen resultados positivos. El ser humano está compuesto por 27 trillones de células; cuando cada una entiende su rol y sus funciones, es cuando entran en armonía y el cuerpo se siente bien. Lo mismo sucede en las organizaciones: cuando toda la gente entiende su rol, se siente parte de la visión y comparte objetivos, es cuando se obtienen buenos resultados. Es como tocar en una gran orquesta: si todos los instrumentos están en armonía, sintonizados y afinados, la melodía suena perfecta.

Asumiendo que la estrategia está bien comunicada y que la gente entiende su rol, el próximo paso es considerar los objetivos personales, que deberán estar alineados a la estrategia. En ocasiones, definimos los objetivos con el propósito de ligarlos a la compensación, olvidando que lo más importante es la capacidad de desempeñar acciones que generan resultados para la empresa y para la gente. Las herramientas de gestión de desempeño son instrumentos que nos ayudan a enfocar objetivos y acciones, pues permiten documentarlos y hacer revisiones periódicas de ellos.

A menudo, olvidamos la intención y el propósito de comprometer a la persona desde el corazón. Una vez que nos enfocamos en un propósito común y mostramos a la gente la intención verdadera, todos colaboran de mejor manera y el resultado se potencializa. Cuando la gente cree que todo es posible y utiliza todos los dones que Dios le ha dado en sincronía con la intención, se logran cosas que impactan en el crecimiento. A veces no se consigue, pero no pasa nada, no hay que perder el foco; hay que volver a arremangarse la camisa, apretar el cinturón del pantalón y seguir avanzando; y si es necesario replantear el objetivo, hacerlo. Buscar nuevas alternativas, reformular, conversar con el equipo para saber dónde estuvo el punto ciego y volver a arrancar.

Cuando la intención causa efecto

Atraemos en lo que nos enfocamos; si nos orientamos en una escena ideal de cómo nos gustaría visualizar el futuro de la vida, del trabajo o de algún proyecto, la energía acelera la generación del resultado esperado. Recuerdo que tenía la intención de desarrollar el mejor equipo directivo cuando acepté el reto de asumir la posición de director general de Tyson Foods México en 2007 –luego de más de 25 años en Dow Chemical–. Así que me enfoqué en cada uno de los integrantes del equipo, en sus capacidades y áreas a mejorar, en lo individual y en lo colectivo. Iniciamos con el propósito en una reunión *offsite* y juntos construimos nuestra misión, visión, y definimos los objetivos. Desarrollamos acciones específicas para el crecimiento a nivel general y, a medida que ejecutamos las acciones y las cumplimos, el equipo se convirtió en un grupo de alto desempeño. Creo que la clave fue que yo creí y confié en cada uno de ellos.

Nos dábamos el tiempo para organizar reuniones *offsite* (tipo retiros) al menos dos veces al año, que nos daban espacios clave y nos permitían –al salir de la rutina– asegurar el progreso en la implementación y en el alineamiento del equipo. Los resultados empezaron a mejorar. El sentido de pertenencia, cercanía, confianza y *engagement* penetró en toda la organización. Cuando las personas ven un equipo directivo unido, permea e influye en toda la organización. Conforme el equipo avanzaba, los beneficios para el negocio empezaron a aparecer. El alineamiento, la colaboración y el trabajo en equipo comenzó a permear hacia toda la compañía. Cuando la gente ve un equipo directivo unido, esa filosofía empieza a recorrer los pasillos y a filtrarse por todos los conductos hasta llegar a todos los integrantes de la empresa.

A este equipo le llamábamos MLT (*Mexico Leadership Team*). Éramos una orquesta; disfrutábamos trabajar juntos; resolvimos muchas situaciones complejas y conflictos, y cumplimos nuestras metas. Creo que uno de los ingredientes que nos hizo cumplir con nuestro propósito fue que aprendimos a resolver problemas de manera positiva. No evitábamos el conflicto; al contrario, lo poníamos sobre la mesa y lo discutíamos sin la carga emocional, centrándonos en la solución sin personificarlo. Es chistoso porque creamos una frase clave para indicar cuando alguien se estaba enojando o saliendo de control en una reunión. La frase era *why the rito*, esto significaba: "¿Por qué estás tan enojado?". Cuando eso pasaba, yo insistía en que nos enfocáramos en 'la pelota' y no en 'el jugador'. De ese modo, separábamos el problema de la persona y podíamos tener conversaciones maduras; a medida que el enojo se transformaba en propuestas y compromisos, el equipo encontraba soluciones positivas en las que estábamos de acuerdo y nos enfocábamos en su implementación. Quiero destacar que para que un equipo sea de 'alto desempeño' es fundamental que pueda resolver conflictos de forma positiva –aunque en el 80% de los casos no lo consigue, es como una barrera o un techo que no pueden superar–.

Entendiendo percepciones diferentes

Uno de los aspectos que aprendí a través del tiempo –liderando organizaciones desde el corazón– es que cuando me enfoco en la persona, en su corazón y en sus intenciones, puedo entender mejor las situaciones. Frecuentemente, la gente tiene diferentes puntos de vista y percepciones, que generan malentendidos y que los llevan a tener conflictos y a separarse. Sin embargo, conforme entendemos y respetamos las diversas percepciones, es que podemos validarlas y encontrar soluciones positivas. Esta metodología es muy poderosa y, aunque toma más tiempo, es muy efectiva y los resultados son perdurables.

Esto, debido a dos elementos. El primero es que debemos aceptar que dos personas leen un evento de forma diferente, por lo tanto, van a tener dos versiones. Por ejemplo: puede llegar el director comercial a decirme una cosa sobre un problema específico, y luego, el director de operaciones; cada uno cuenta una historia diferente. Y lo segundo, que es lo más importante, es: ¿cómo logras despersonalizar el evento?, ¿cómo haces para enfocarte en el balón y no en el jugador? Considerando que el balón es la descripción de la situación y de la problemática. Aunque normalmente los comentarios vienen asociados a la persona: "Es que el gerente de compras dijo e hizo bla, bla, bla". Incluso, tú preguntas: "¿Y eso fue lo que dijo?". A lo que te responden: "Bueno, más o menos". Desde ese punto no cuentas con información precisa acerca de lo que, supuestamente, alguien dijo u opinó.

Por lo que, cuando hay conflictos o discrepancias entre líderes, sobre todo, gente de alto perfil, en realidad se trata de luchas de poder también, que vienen envueltas en capas que debes quitar para descubrir qué es lo que está ahí adentro. Una vez que llegas hasta lo más profundo, tal vez veas que el tema no tiene nada que ver con el punto que se discute, sino con otra cosa que, finalmente, hizo explotar el problema. Frente a estas situaciones, el líder siempre debe pensar que hay dos, tres, cuatro o más historias sobre una misma problemática. Esta es una cuestión del ser humano: si hay dos personas, ya hay dos percepciones.

Las personas siempre ven las situaciones y los problemas a partir de un enfoque propio, con limitaciones y juicios preexistentes. He aprendido que hay ocasiones en las que calificar algo como 'bueno o malo' puede llegar a ser destructivo. Las percepciones son observaciones editadas por nuestra forma de pensar. El enfoque de 'bueno o malo' te lleva a la culpa o al culpable, y conduce a enfocarnos en quién está mal y quién está bien, lo cual nos ubica en una posición defensiva, y eso nos hace utilizar toda nuestra energía solo para probar que tenemos razón y no para solucionar la situación. A veces, uno está buscando el *good guy* y el *bad guy*, y en realidad no es así. Las situaciones que se presentan no determinan si alguien está actuando con el bien o con el mal. Vamos a partir de que la intencionalidad es buena, porque si la intención es hacer daño, ya estamos hablando de otra cosa. Pero en las buenas intenciones hay malas interpretaciones, hay mala comunicación, lo que dijo una persona no lo entendió igual la otra. Yo quise decir esto, tú entendiste aquello. Entonces, pienso que el primer paso es dejar que los dos individuos conversen a solas y hablen del tema. Si no lo pueden resolver, hablemos los tres y veamos juntos cuál es la situación y cómo podemos resolverla.

Cuando aprendí a reconocer que cada persona ve las cosas de forma diferente, mis reuniones empezaron a ser distintas, pues buscaba siempre que salieran a relucir los hechos y no las percepciones. Muchas veces escucho a la gente decir: "Yo creo, yo pienso, yo asumo". Yo les pregunto: "¿Cuáles son los hechos?". De esta manera, poco a poco los vamos separando de la interpretación. Este ejercicio de escuchar y observar es muy poderoso, debido a que te permite estar abierto a cualquier resultado; no así cuando termina en una discusión. Por eso, es importante cerrar una reunión con el compromiso de avanzar con el plan de acción. Cuando el equipo cree que el resultado es para el bien común, tenemos el mejor desenlace.

Desde el momento en que estás hablando de relaciones interpersonales implica que participan varios individuos. Por lo tanto, hay que estar abierto, escuchar y no filtrar las cosas. Imagina un embudo: si lo tomas al revés, por la parte pequeña, eso es estar muy cerrado e impedir que entre el contenido. En cambio, si lo tomas de la parte amplia, entrarán más palabras e ideas a tus oídos y a tu cabeza, para poder digerirlas o eliminarlas hasta que realmente pienses en la situación que estás tratando de resolver. Una de las cosas más difíciles para el líder es conciliar, resolver y armonizar equipos directivos porque todos se sienten estrellas. Y bueno, diría 'nos sentimos', porque, en algún momento, el CEO también se siente una estrella inalcanzable. En este sentido, el poder es dañino porque ciega; te hace tomar el embudo por la parte pequeña y, en consecuencia, ignorar una serie de cuestiones y empiezas a asumir sin hechos ni datos. Es más, te alejas de los hechos y de los datos. Cuando una persona es demasiado egocéntrica, difícilmente alguno de sus colaboradores le dirá algo contrario a lo que piense, aunque sí esté sucediendo. Entonces, imposibilita el flujo de la comunicación, sobre todo, de las mala noticias. Aquí, la mejor herramienta para balancear el poder es la humildad.

También estoy convencido de que aunque tengamos recursos limitados, con lo que contamos podemos hacer milagros.

Para ello, tengo un dicho: "Con un limón podemos hacer limonada". El significado es que no importa el tamaño del problema que tengamos, pues con voluntad se puede hacer algo grande y multiplicarlo. Me gusta compartir esta historia con las personas, ya que está relacionada con encontrar su propósito y entender sus intenciones. Como líderes, somos nosotros los que, de forma indirecta, hacemos que las luces del árbol de Navidad se enciendan. Con esta metáfora lo que trato de explicar es que todos somos un foco y que estamos relacionados con otras personas por medio del cable; dependemos de otros para recibir y transmitir energía. Los focos forman parte de una extensión que está sobre el árbol de Navidad. Este provee soporte para las luces. Si bien tenemos el árbol y la extensión con los focos, si no hay energía para que prendan, no encenderán. Los buenos líderes son el enchufe y, al momento de poner este en el contacto, todos se llenarán de luz y color. La luz es la energía interna que tenemos y que requiere de buenos líderes para que prenda; aunque si no existe automotivación, estima y confianza propia, nuestra vida y nuestro trabajo no estarán iluminados.

Me encanta esa metáfora porque parto de la idea de que tiene diferentes colores. Hoy, la mayoría de las luces que fabrican para decorar el árbol de Navidad son blancas, pero en el pasado eran de colores. Entonces, interpreto los diferentes colores como diferentes personas, seres y funciones dentro de una organización; es decir, todos están representados. También me gusta compartirla porque ejemplifica el rol del líder, quien provee un medio ambiente de trabajo por medio de iniciativas, pláticas, foros, entre otras acciones, para que esa luz encienda. Sin embargo, al final, ya en la definición técnica, el líder no motiva, sino que proporciona un ambiente para que la persona se motive y se automotive, se autodirija y se autogestione. Eso es lo que lo hace sustentable en el largo plazo. Para mí, esa luz significa poner en acción todo el plan cultural, incluyendo sus objetivos. En NADRO –empresa mexicana de la industria de salud que dirijo desde 2019– le llamamos El faro, lo que, de cierta forma, era el decálogo. El prender la luz del faro es como hacerlo vivir, traerlo a la vida.

Cuando las personas creen en ellas mismas es cuando tienen el foquito prendido. Esto es semejante a conectar con el espíritu, con el corazón y con uno mismo. Es una conexión muy poderosa y duradera. Los líderes no tienen que estar presentes en todo para que las cosas funcionen, pero sí ser los que hagan la conexión. No sé si llamarle combustible, pero el *engagement* precisamente mueve voluntades. La labor del CEO, gran parte de su jornada, es mover voluntades, las cuales, definitivamente, son lo que perdura. Si puedes dialogar para poder influenciar en la voluntad de las personas, has hecho en el día una gran hazaña y una misión. En el caso del CEO, él mismo logra mover su voluntad, anclado en su propósito de vida, principalmente. Si, por ejemplo, mi propósito es desarrollar a las personas y eso lo estoy plasmando en este libro, el elemento que me motiva es visualizar a un lector. Con un lector que aprenda algo de lo que comparto en el contenido, el libro cumplió su propósito.

De forma recurrente, comparto esta historia con las personas para explicarles que cuando no pueden engranar con su propósito es como si un carrito de fricción se detuviera. Cuando los gerentes están presentes, la gente hace su trabajo. Pero si tomas el carrito con la mano, lo haces para atrás y lo liberas, se detiene en un lapso después. Las personas no dan lo mejor de ellos cuando el método de gestión es abusivo y el resultado es que no creen en la gerencia. Estos métodos arcaicos de la Revolución Industrial son antiguos y obsoletos.

A mí me gusta vender, ya sea ideas, proyectos, ilusiones o imaginaciones; vender algo que no existe y que hay que construirlo; ilusionarme con algo nuevo y vender el desarrollo de la gente. Porque cuando un consejo de administración o el dueño de una empresa no creen que eso es importante, vas cuesta arriba. Es decir, te vas a desgastar demasiado y vas a hacer cosas que, para ellos, no son relevantes. Lo mejor es convencerlos para que te ayuden y para que vean la importancia. Por eso, el carrito de fricción tiene mucho significado desde el punto de vista de que las personas, cuando están contentas, convencidas, en el cargo ideal y con objetivos claros, no necesitamos supervisarlas constantemente. Eso es lo que hace que el carrito no necesite darle fricción otra vez. Ese es el verdadero tema: cómo el carrito sigue y sigue solo, sin la supervisión. En la Revolución Industrial, todo era supervisión y jerarquías, tenías que estar encima de la gente porque era mano de obra. Hoy, la mayor parte de las personas somos mente de obra. De hecho, hasta el operador más básico de una planta o de un centro de distribución necesita saber de robótica o de programación; hay muchos elementos digitales en su trabajo, ya no es solamente cargar o mover una palanca. Yo digo que evolucionamos de mano de obra a mente de obra, así que es la mente la que hay que desarrollar.

Liderazgo para *millennials*

Las nuevas generaciones, especialmente, los *millennials*, responden más al porqué. Esto quiere decir que los líderes deben usar más su corazón para entender los comportamientos de las nuevas generaciones y aprender a liderar, motivar y comunicar mejor la estrategia. Los *millennials* quieren ver la presencia de los líderes junto a ellos, no quieren escuchar los típicos discursos retóricos corporativos que no resuenan con ellos y no entienden. Los cambios generacionales requieren que los líderes usemos la mente y el corazón, y que, en ocasiones, mostremos nuestra vulnerabilidad. También debemos mostrar los errores cometidos y, de esta forma, los usemos como método de aprendizaje. Los líderes necesitan usar su lado humano, creencias, propósito e intenciones para poder llegar a la mente y al corazón de las personas y prender sus foquitos llenos de energía. Mi consejo es: no trates de gerenciar a los *millennials*, ¡lidéralos!

Cuando hablamos de propósito con los *millennials*, debemos considerar que, para ellos, el trabajo debe tener significado, ser retador y generar un aprendizaje. Ellos se comprometen con causas significativas. Por ello, cuando en tu equipo tienes a miembros de esta generación, es importante capturar dentro de tu misión, visión y valores, causas para otros, no solamente objetivos o metas económicas y monetarias. La realidad de las cosas es que las nuevas generaciones buscan a las empresas y no las empresas a las nuevas generaciones. A medida que los líderes invierten en clarificar el propósito y cambian la cultura de gerenciar a liderar, ayudarán a atraer y retener talento. El viejo contrato social de empleador–empleado está roto; hoy, las carreras no son de por vida en la misma empresa.

Las jerarquías han sido reemplazadas por redes y sistemas de soporte, y la burocracia, por la innovación. Sin embargo, su parte positiva es que ayudan a tener un orden y son necesarias en algunos momentos. Cuando los equipos multidisciplinarios de trabajo están debidamente formados bajo una jerarquía, esta apoya, facilita y deja trabajar a los equipos. También creo que los procesos ayudan a eliminar ciertas estructuras, porque, normalmente, la jerarquía es vertical, mientras que los procesos son horizontales. Por ejemplo, en NADRO creamos una frase: "Todo NADRO, todos somos NADRO"; con eso queremos decir que todos estamos en el mismo equipo.

Bajo este panorama de estructuras horizontales e innovación en las empresas, a continuación comparto cuatro consejos para recordar cuando lideras *millennials*:

1. **Estar listo para escuchar su voz, pues no tienen miedo de hablar.** Si bien pueden ser hirientes, es necesario estar preparado para enfrentar este nuevo talento.
2. **Escucha su propósito.** Invierte tiempo y descubre cuáles son sus motivaciones y qué los mantiene despiertos. Te sorprenderás qué motivaciones tienen.
3. **Reconócelos.** No están en el trabajo solo por un sueldo, quieren ser vistos, reconocidos e incluidos; así como ser bien tratados. Sé un aliado de ellos.

4. **Desarrolla programas sólidos de mentoría.** Los *millennials* quieren descubrir cosas nuevas por ellos mismos y sentir que están contribuyendo a la organización. Tienen el espíritu emprendedor bien desarrollado. Los mentores son clave en su desarrollo; si creen que están aprendiendo y contribuyendo, se quedarán en la compañía. Involúcralos en los proyectos que puedas.

Es por eso que liderar desde el corazón es importante. Escuchar, observar y sentir son ingredientes clave para apoyar la pasión y el propósito de las personas. "Los dos días más felices de tu vida son el día que naciste y el día que supiste por qué....", señala el escritor Mark Twain. El propósito no son las cosas que haces, sino el motor dentro de ti. Tu propósito en la vida es encontrarlo –agrega Twain– y dar todo tu corazón y tu alma por él. Como decía el pintor y escultor Pablo Picasso: "El significado en la vida es encontrar tus dones, el propósito en la vida es regalarlos". Si por algún motivo no puedes definir tu propósito, entonces define tu pasión, esta te llevará a definir tu propósito. "Sigue tu pasión y se convertirá en tu propósito, y algún día será tu profesión", dice Gabrielle Bernstein, activista espiritual.

—◆◆—

CAPÍTULO 3
Humildad y carisma

Quiero compartir una experiencia de humildad que viví a partir de mi llegada, en 2014, al Grupo Industrial Saltillo (GIS), en donde teníamos una iniciativa llamada Academia de Liderazgo, un concepto que desarrolló el director de Recursos Humanos. Era una serie de eventos que organizábamos durante el año, precisamente, para capacitar, desarrollar y reconocer a los colaboradores o a los equipos de trabajo. Participaban grupos de unas 200 personas o más, de diferentes áreas y niveles jerárquicos –eran el *top* 200 de 6,000 colaboradores–. Al entrar al recinto, en un salón grande, los miembros del equipo directivo les dábamos la bienvenida y la mano a los participantes; para ello, nos formábamos haciendo una valla, como un equipo de futbol. Algunos años después, supe que uno de los directivos estaba en total desacuerdo con esta actividad; al parecer, no se sentía cómodo y pensaba que le estábamos quitando autoridad al tener que saludar personalmente a todos los asistentes. Sin embargo, conforme pasaron los años, a medida que comprendió el valor de la humildad, de hacer contacto con las personas y el impacto positivo que esto crea, fue cuando cambió su perspectiva.

Pienso que es importante hablar acerca de la humildad porque es uno de los atributos que está en el ADN de los líderes. Es una cualidad de desprendimiento, sencillez, modestia y suavidad que permite una escucha activa –fundamental para liderar desde el corazón–. Su origen proviene de la palabra 'humilitas', un sustantivo relacionado al adjetivo 'humilis', que puede ser definido como humilde o conectado a la tierra, y derivado de 'humus', que es tierra –o, como yo digo: alguien con los pies en la tierra–.

Pero las personas que se jactan de ser humildes pueden llegar a tener tanto orgullo que no son tan humildes en realidad. Y la razón es que es una de las cualidades más distorsionadas porque en la sociedad es vista como debilidad y también es poco ejercida, ya que estamos muy acostumbrados a la figura del líder como el más fuerte, energético y mandón. En mi experiencia, ser humilde es prueba de fortaleza. Algunos líderes tienen miedo de ser humildes porque creen que dan la percepción de ser débiles. Cuando ves a un líder rudo, duro y orgulloso como pavo real, lo más seguro es que sea inseguro o que tenga baja autoestima.

El motivo por el que incluí este capítulo es porque considero que la humildad es un ingrediente clave para liderar desde el corazón; es multicultural y multidimensional, e incluye el autoconocimiento y elevar la conciencia, apertura y perspectiva de profundizar en uno mismo. Por ejemplo, un japonés te saluda haciendo una reverencia, que puede ser *eshaku* (saludo), *keirei* (inclinación) o *saikeirei* (reverencia de respeto), y utiliza las dos manos para entregarte su tarjeta de presentación; mientras que tú nunca debes escribir sobre esta tarjeta, pues para ellos es 'su cara'. En cambio, los estadounidenses son menos formales y más relajados. Conforme visites varios países, descubrirás estos rituales y formas de ser locales. Para ello, tendrás que modular tu humildad y no sentirte molesto ni menos que los demás para poder adaptarte a las diferentes condiciones. No caigas en lo común de pensar: "Yo soy el jefe y vengo del corporativo a un país, así que no tengo por qué adaptarme a los demás". Si no hablas la lengua local, aprende algunas frases y contempla o sigue ciertas costumbres o protocolos, sobre todo, que vean que haces el esfuerzo.

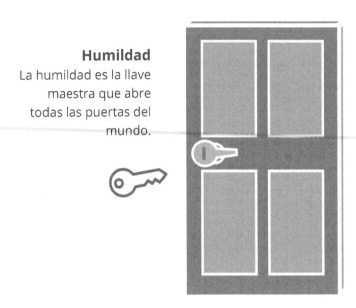

Humildad

La humildad es la llave maestra que abre todas las puertas del mundo.

Además, es importante en la escucha, la observación y en el sentir. El tener humildad es salirte del triángulo jerárquico de una empresa, y hablar con una persona de individuo a individuo, de ser humano a ser humano. Si bien en la práctica es muy difícil, sí se puede lograr una escucha activa y una observación de muchas cosas para sentir y, de este modo, comprender realmente qué está sucediendo cuando se presenta un problema o una situación, o en el diagnóstico de cualquier cosa o en las acciones de un proyecto.

¿Cómo te sientes?, ¿cómo va el trabajo?, ¿qué podemos hacer para que tu labor sea más efectiva? Estas son solo algunas preguntas que puedes plantear a tus colaboradores y que ejemplifican el llamado *Leading by asking questions*. Esto te permite tener acceso a información que, de otra forma, no la obtendrías, pues al conquistar la confianza de las personas, te comparten las cosas abiertamente y esto te ayuda a liderar de forma más congruente.

La humildad mejora la efectividad del liderazgo y es una cualidad parecida a los cimientos de un edificio, ya que es la base para impactar positivamente a las personas y al negocio. Lo que sucede en algunas empresas es que las jerarquías refuerzan en los directivos tanto el poder y el poder de decisión como la responsabilidad. Muy probablemente ese *reinforcement* va en contra de la humildad. Como se dice coloquialmente: 'Te la vas creyendo', que tienes todo el control o que todas las decisiones están en tus manos, y en realidad no están en ti, más bien están en un equipo de trabajo. Entonces, el CEO debe comprender que no todo gira en torno a él, sino alrededor de la organización y del ecosistema en el que se desenvuelve –integrado por clientes, proveedores, personal, etcétera–. ¿De dónde sacar una válvula que desinfle todo ese ego del CEO? La humildad es, precisamente, esa válvula desinfladora.

Siguiendo con esta analogía, la humildad es la base y absorbe el peso de toda la estructura del edificio. Uno de los roles del líder es absorber el peso y la ambigüedad, la tensión y el estrés, y los libera sin afectar en lo emocional. El líder es como una esponja que absorbe y libera este estrés, filtrándolo para no afectar al equipo. De hecho, conservo un cuadro en mi oficina, que me dieron en Grupo Industrial Saltillo (GIS): tiene una esponja amarilla –para absorber la ambigüedad y las cosas que me preocupan–, un espejo –para observarme a mí mismo y ver que ahí empieza todo–, y la palabra 'liderazgo'. Así, antes de criticar a alguien de otro departamento, me veo en el espejo y llego a una conclusión: "Más vale que en lugar de hacer mucho ruido por lo que veo en los demás, primero arregle los problemas que hay en mi área". Cuando trabajo con mi equipo, les pido que absorbamos la ambigüedad generada por las malas noticias, conflictos o problemáticas para que, al soltar esta energía, venga ya purificada. Esto, en el sentido de bajar el mensaje en acciones específicas y en planes concretos de solución de problemas, y no de usar el látigo. Si es el caso, hago un jalón de riendas para que cada quien se responsabilice de su parte y se ponga en acción.

La esponja

Carisma y humildad son dos características del liderazgo que permiten tener un diagnóstico lo más cercano posible a la realidad, donde dependiendo de la problemática a la cual se enfrente, el líder debe absorber gran parte de la ambigüedad y el estrés, para poder enfocarse en la solución del problema en cuestión. Y el espejo es como una analogía que significa que el líder se tiene que ver a sí mismo, para que su propia madurez filtre esa carga que a veces viene de los jefes o del entorno –que son cargas muy negativas–; así, puede enfocarse en las soluciones de los problemas. La esponja significa la capacidad de un líder de absorber todo eso para después enfocarse. Todo empieza con la humildad de quitarse 'lo jefe'.

En tanto, el carisma es diferente a la humildad: es la invitación al diálogo, a la inclusión. Yo veo el carisma como la llave para que muchas cosas se abran, y una de ellas es que alguien se anime a platicar contigo. El carisma es, de cierta manera, ponerte a las órdenes de las personas, empezando por el gesto de tu cara –de amabilidad, no con el ceño fruncido– y por medio de ciertas acciones –como tener abierta la puerta de tu oficina–. O bien, al terminar una reunión en lugar de irte y desaparecer de la sala, mejor te quedas unos minutos a conversar con el equipo. Todo eso es un conjunto de actividades que demuestran tu carisma. El carisma es también la capacidad que tiene una persona para atraer, cautivar e influir en los demás por su presencia, su palabra o su personalidad.

◆

También es una habilidad que consiste en cómo tú, sin hacer mucho y por tu propia personalidad, agradas a los demás y, al conseguirlo por el hecho de estar conversando, esa persona quiere tener más interacciones contigo. Hay quienes dicen que es energía y que es algo que se siente; yo coincido con esta afirmación, pues todos tenemos un campo energético medido científicamente –donde vibras alto o bajo y se siente y se refleja–. Pero estas personas (carismáticas) con su capacidad de sonreír y de no tomar tan en serio la vida despiertan una admiración que se lee como: "Oye, ¿cómo él o ella puede estar sonriendo y de todo saca algo positivo de una forma muy fácil y natural?". Entonces, creo que eso es lo que hace que una persona carismática atraiga. Al final, el liderazgo es influenciar en las voluntades de los demás, de tal manera que el individuo reflexione, recapacite y esté convencido de lo que tiene que hacer, y que lo haga con pasión.

Humildad en la práctica

Aprovecho para compartir una historia relacionada a esta cualidad. Yo nací en El Burrión, que es un pequeño pueblo de unos 2,000 habitantes en Sinaloa, con mucha gente de bajos recursos económicos, pero ahí aprendí que las personas son personas sin importar su nivel socioeconómico. Somos iguales independientemente de cómo luce nuestra cuenta de banco o nuestra riqueza material. Aprendí a apreciar su valor basado en su corazón: *Net-worth* vs. *Heart-worth*. Recuerdo que la gente era muy feliz y jovial, no obstante su situación económica –algunos, con casa de cartón o piso de tierra–. Comprendí que la felicidad no está en el dinero; todos somos seres humanos y podemos tener una conversación muy profunda sobre anhelos, planes y sueños. Esa convivencia –por lo menos, a mí– me hizo ver esto como algo muy natural: poder ver a la persona como ser humano y no por lo material que posee. Después de todo, ser feliz es estar en paz contigo mismo; por lo tanto, empieza contigo, no está en alguien más.

Mis vecinos eran mis mejores amigos. Eran gente humilde, muy respetuosos y se cuidaban entre sí. Aprendí que las posesiones materiales no proveen felicidad a largo plazo. Vestir con ropa de marca no te hace mejor o peor persona. Eres quien eres y quien quieres ser. Comprendí que hay alguien más grande que yo (Dios) y que la historia que vivo no es sobre mí solamente.

Humildad personal

- Muestra gran modestia, rechaza la adulación pública, nunca se jacta.
- Para motivar, actúa fríamente y confía en normas que inspiren.
- Canaliza la ambición hacia la compañía, no hacia ti mismo; escoge sucesor para lograr aún mayor éxito en la siguiente generación.
- Mira por la ventana, no al espejo retrovisor, para asignar el mérito por el éxito de la compañía a otros, a factores externos y a la buena suerte.

Un día iba de camino a la escuela y uno de mis vecinos estaba explicándome un problema de matemáticas; él estaba muy emocionado, ayudándome a entender el problema y la solución, y yo solo quería que me dijera el resultado. Valoro mucho esta experiencia de mi vecino, quien me enseñó resiliencia y humildad. Él era muy bueno en matemáticas y quería ayudarme legítimamente. Me gusta recordar esta anécdota porque, en gran medida, solemos buscar el resultado antes de vivir el proceso, antes de vivir el día a día. Es decir, hay una jornada, un paseo o un viaje que, si no lo vives, al llegar a la meta no necesariamente te trae la felicidad total.

Por lo que, vivir sin disfrutar es eternamente vivir infeliz o sin paz. Mientras mi vecino se esmeraba por explicarme, yo solamente pensaba en obtener una calificación de 8, 9 o 10, *that's it*. Pero él quería que yo aprendiera. Es como la historia del pescador: yo quería el pescado, no quería aprender a pescar.

En el trabajo me gusta saludar a la gente de seguridad y de limpieza, a la recepcionista y a todas las personas que me encuentro en el camino; el trato es igual para todos porque los veo con el corazón. Todos tenemos una jornada en esta vida, una historia que contar, un rol en la vida, estamos viviendo nuestro currículo espiritual para ser mejores seres humanos. Todos –subrayo 'todos'– tenemos lecciones que aprender en la vida.

Recuerdo que en Grupo Industrial Saltillo (GIS) me gustaba ir a las 5 o 6 a.m. a casa de algún trabajador de la fábrica para acompañarlo durante su trayecto a la planta en transporte público y vestía el mismo uniforme que él llevaba –algo parecido al programa *Undercover Boss*–. Entrábamos a la fábrica juntos y yo seguía su misma rutina durante varias horas para aprender su oficio. Atesoro estas experiencias porque me enseñaron mucho y, de esta manera, comprendí la realidad de la empresa que dirigía.

Entre más alto está tu puesto en la organización, más filtros hay y, por lo tanto, posees menos comunicación directa con la realidad que vive el resto de los colaboradores. La información va cambiando como el teléfono descompuesto y se distorsiona a medida que viaja por varios niveles hacia arriba. Este es uno de los motivos por el que los líderes tenemos dificultades para gestionar. Hacemos nuestro diagnóstico con información distorsionada. Tenemos una visión parcial y limitada de la realidad.

Saludar a todos

Los líderes debemos ser visibles; por lo que, en este andar (liderando), tienes que ser una persona amable y que interactúa con los demás, alguien que se da el tiempo para tener conversaciones informales con la gente, sin ninguna agenda estructurada, sino establecer conversaciones de pasillo de forma rutinaria.

> No importa el cargo que ocupes, saluda, sé humilde y educado.

Para mejorar la comunicación entre los diferentes niveles de la organización, hay que eliminar las barreras innecesarias que se han creado a través del tiempo. Por ejemplo: en una ocasión percibí que algunos integrantes del equipo no llegaban a tiempo a la reunión del comité directivo y les pregunté el motivo; ellos me dijeron que tenían que registrar su ingreso en la recepción de planta baja para poder subir y, en ocasiones, había mucha gente. Hasta ese momento, sinceramente, yo no sabía que sus credenciales no podían activar el elevador para subir al último piso. Ese mismo día, liberamos el acceso para todos los colaboradores de la compañía. Confieso que me sentí mal porque no había notado esta situación; me sentí responsable, sobre todo, poco congruente con el diálogo y con mis acciones. No estaba haciendo lo que decía; son estos pequeños detalles que ponen barreras de comunicación

Por otro lado, una de las cosas que admiraba en Tyson Foods era que todos vestíamos la misma camisa caqui. Este hecho, por simple que parezca, eliminaba las jerarquías y nos hacía vernos iguales. También es cierto que a algunos directores no les gustaba usar esta prenda, se sentían menos como persona. Sin embargo, admiro mucho a John 'Don' Tyson, ex CEO y presidente de la compañía, por mantener esta tradición.

Conforme he visitado los distintos centros de trabajo, he tenido la oportunidad de observar las diferencias innecesarias que los gerentes o directores creamos. Por ejemplo: cerré uno de los comedores en Tyson que era para uso exclusivo de los directivos, pues pienso que reforzaba aún más las diferencias entre los directores y el resto de las personas. En cambio, mejoramos las condiciones de los comedores de todos los centros de trabajo, incluyendo la calidad de la comida que se servía. Si bien una vez más hubo algunos directores a los que no les gustó esta iniciativa –al sentirse menos–, al final, todos los empleados –sin importar el rango– comíamos en la misma mesa y en el mismo comedor.

Ser un líder humilde de verdad

Pienso que la humildad es un atributo que es muy difícil de imitar, ya que es algo que reside en el alma y en el corazón del líder, no se puede falsificar; al final, la gente se da cuenta. Creo que el ser una persona educada o que no pierde el piso con los cargos que va asumiendo tiene un origen en la educación que recibiste en casa. La humildad está muy relacionada con el comportamiento y con la comunicación no verbal. Si tú entras a una sala de reuniones o vas caminando por un pasillo en la oficina y no saludas a nadie, porque todo lo enfocas en ti y en tus problemas, debes considerar que las personas no saben que vas pensando en otras cosas y su interpretación puede ser algo como: "Oye, qué sangrón este director, ¿no? No saluda ni voltea a ver a nadie. Pareciera que estamos pintados en la pared". Las proyecciones que emanas son muy diferentes a la realidad de lo que puede estar sucediendo. Además, el líder no se da cuenta, es decir, no percibe ese tipo de comportamientos y gestos, o el pasar y no saludar, ya que trae cientos de pensamientos en la cabeza.

Camisa caqui de Tyson Foods

El fundador de Tyson buscó eliminar las jerarquías por medio del uso de un uniforme que consiste en una camisa caqui con el nombre de la persona y el logo de la empresa; de esta manera, desconoces el puesto que cada quien ocupa. Esta práctica promueve la equidad y la inclusión.

Las personas perciben si eres transparente y honesto versus hacerles creer que eres humilde. Por eso, asocio la humildad con la capacidad de escuchar, observar y sentir porque están muy ligados entre sí. Cuando pienso como CEO que no todo es acerca de mí, entonces soy capaz de efectivamente escuchar, observar y sentir. Un punto importante es esforzarte por no solo saludar a tus colaboradores, sino conocerlos y, de preferencia, de nombre. Para conseguirlo, no es necesario tener una memoria privilegiada; toda esta información la tengo concentrada en un libro muy útil llamado 'Talento clave', con varios datos de los miembros de NADRO: ¿cuánto tiempo tiene laborando en la compañía?, ¿qué carrera estudió?, ¿qué experiencia profesional tuvo antes de entrar a NADRO?, ¿si tiene movilidad geográfica para ser promovido o no?, ¿qué puestos futuros puede ocupar?, así como sus calificaciones de desempeño y algunas mediciones de potencial interno.

En las culturas que he conocido por mi trabajo (América Latina, Estados Unidos, Europa y Asia), he visto el significado y los rituales de lo que implica la humildad en cada una. Sin embargo, me di cuenta de que el común denominador es la escucha. Además, ser humilde en los negocios internacionales significa que todos somos personas y todos tenemos valores, antecedentes y comportamientos. Cuando viajas por el mundo, confirmas que ser humilde es aprender de la cultura de cada país o región, así como respetar las tradiciones y las formas de vivir sin juzgar si está bien o está mal; es lo que es y viene de la crianza y de la educación que las personas han recibido.

Respetar y entender abre puertas en los negocios alrededor del mundo. Al final, todos los negocios son conducidos por personas. Por ello, los invito a leer y a aprender sobre la cultura antes de visitar un país o una región; tampoco está de más aprender algunas frases en el idioma local que ayuden a romper el hielo al iniciar una conversación. Otra recomendación es no utilizar expresiones idiomáticas, ya que no quieren decir nada en otra lengua e, incluso, te puedes meter en problemas con las traducciones. Tomar todo esto en cuenta refuerza la idea de que la flexibilidad en el estilo de liderazgo para adaptarse a diferentes culturas, dependiendo del origen, es algo que maximiza la efectividad del líder.

En una ocasión, hice un comunicado general en una de las empresas que dirigí, para informar que una persona ya no trabajaría más en la compañía debido a que no encajaba en la cultura. Esta acción mandó una clara señal de que la cultura importa y que los valores son parte de la cultura; por lo que todos debemos comportarnos como estos lo indican. El comunicado también reforzaba el mensaje de que si alguien daba buenos resultados, pero no respetaba los valores o la cultura, estaría fuera de la organización.

¿Quién es un líder carismático?

El carisma es como las olimpiadas del líder; es eso que está después de todo lo que consideraste: "Ah, ¿entonces todavía tengo que ser carismático? O sea, no, yo no soy así". Y la mayoría –yo opino– no son carismáticos. Creo que, hoy en día, la exigencia es mayor por los cambios generacionales. Esta semana estuve con un grupo de CEO, y me puse a reflexionar un poco sobre ¿cómo son estas personas?, ¿cómo son aquellas? Mi conclusión es que no depende de la edad. En el otro extremo están los líderes emprendedores de entre 20 y 30 años, quienes probablemente aún no tienen dimensionadas estas habilidades en la empresa; y te encuentras de todo, gente muy carismática y muy agradable, aunque también personas que si no te conocen, no te saludan ni tampoco hacen el esfuerzo por conocerte.

Carisma viene del griego *charisma*, que significa 'don'. Los griegos aplicaban esta palabra a sus dioses. Los líderes carismáticos no necesitan la estructura, el cargo, el poder o la autoridad, son los que son. Enfocan su atención en la persona, haciendo que esta sienta que es importante. También ponen atención en el entorno y en el ambiente de trabajo, y son muy buenos para entender la dinámica y el clima laboral. Son persuasivos y hacen muy buen uso de la comunicación verbal y no verbal.

Esta cualidad del líder significa:

1. Don natural que tiene una persona para atraer a los demás por su presencia, su palabra o su personalidad.
2. Talento divino en beneficio de la comunidad.

Los líderes carismáticos se comunican en un nivel emocional profundo y conectan con el alma y el corazón de las personas. Uno de mis modelos a seguir es mi esposa Yuly, quien viene de una familia carismática, pero que no presume de ello. Yuly ve a las personas por lo que son en su corazón y en su alma, y como seres humanos; tiene una gran sensibilidad y lectura de las personas solo con verlas, es excelente conversando y compartiendo de forma humilde y uno de sus dones es escuchar y observar.

En nuestra vida social nos encontramos con todo tipo de personas y es difícil lidiar con aquellas que solo presumen de su situación económica y únicamente hablan de yates, autos, relojes y ropa. Algo que es importante es la congruencia entre lo que uno dice y hace. Algunas veces me doy cuenta de que actúo de manera incongruente y cambio en el acto, corrigiendo ese comportamiento. Es bueno tener un cable a tierra que te dé una dosis de realidad.

En lo personal, creo que el carisma es algo natural en un CEO. No obstante, es muy difícil de expresar y de ver porque, a través del tiempo, el CEO crece con muchos golpes y en lo que menos está pensando es en ser carismático. Es muy amplia la gama de problemáticas que hay que enfrentar y no puedes ser experto en todo. Entonces, si bien es una cualidad natural, la tienes que desarrollar y, sobre todo, estar consciente de ella. El capítulo 4, 'Mentalidad centrada en el alma', habla precisamente acerca de la importancia de la autoconciencia y de conocerte a ti mismo, de lo contrario, no puedes avanzar. Todos quieren tener el salario del CEO, pero no sus problemas. Es más, yo diría que la mayoría desconoce el 90% de estos problemas; el equipo directivo –el que integra el segundo nivel– tal vez conoce el 50%; y quienes le reportan directamente al CEO pueden llegar a conocer solo el 70 por ciento.

Un CEO que admiro como persona por su carisma y su humildad es Donnie Smith, quien estuvo al frente de Tyson Foods entre 2009 y 2016. También lo admiro por su congruencia y por liderar con el ejemplo, sin miedo a mostrarse vulnerable. De él aprendí lecciones tanto en el campo profesional como en el personal al compartir una historia de vida y de sufrimiento cuando su hijo vivió una situación de adicción a las drogas. Esto sí que tocó mi corazón y me di cuenta de que Donnie es congruente con su trabajo, su vida personal y su fe. Los invito a ver algunos videos de él disponibles en internet, porque las letras no son suficientes para mostrar cómo es en realidad este líder y el alto impacto que genera.

Tyson Foods

Mensajes para reforzar aún más la cultura en diversos puntos de la organización –como las plantas procesadoras y las oficinas– y minimizar el favoritismo o algunas otras barreras que impiden tener un buen clima laboral.

EN (Tyson) EXISTE LA *IGUALDAD*

- EN TYSON SOLO NUESTROS ROLES NOS DISTINGUEN.
- EN TYSON (NO) HAY JEFES, SOLO LÍDERES.
- EN TYSON (NO) HAY SUBORDINADOS, HAY MIEMBROS DE EQUIPO.
- NUESTROS VERDADEROS JEFES SON EL CLIENTE Y EL CONSUMIDOR.

Puedo decir que Donnie Smith es una persona extremadamente carismática. Para alguien que no está acostumbrado a convivir con este tipo de personalidad, podría parecerle exagerado e, incluso, preguntarse: "Oye, ¿este está actuando?". Sin embargo, una vez que lo conoces, ves que verdaderamente es así, emotivo.

Recuerdo que al iniciar las reuniones de trabajo, Donnie se estiraba, comenzaba a hablar y, de repente, contaba un chiste; tomaba el micrófono y, frente a una audiencia un tanto seria en una junta trimestral de directores, lograba romper el hielo. Él aprovechaba su participación en diversos foros para compartir sus problemas personales o domésticos, demostrando que era un ser humano –como todos los que estábamos presentes– y que por ello haría todo lo posible porque los miembros de la compañía estuviéramos bien. Su estilo de gestión era muy *people oriented*: siempre ponía a las personas en primer lugar.

Otra persona que admiro por su sencillez y su humildad es Salvador Alva, expresidente de PepsiCo para América Latina. Para empezar, eliminó el uso del saco y la corbata, así como muchos protocolos del mundo corporativo del pasado. En su último cargo como presidente del Tec de Monterrey cambió la cultura y la visión de futuro de la educación. Si lo comparas con Donnie, es mucho más ecuánime y es menos expresivo, pero destaca su inteligencia emocional, su carisma y su cuidado por la gente. Yo lo conocí porque cuando se retiró de PepsiCo tenía una oficina cercana a la mía en Tyson y convivíamos mucho antes de que él asumiera el cargo de rector del Tec de Monterrey.

Salvador Alva era como mi mentor. Las lecciones aprendidas con él reforzaron mi lado humano de liderar. Le compartía mis planes e iniciativas y él me daba consejos de acciones específicas en la parte de comunicación y para eliminar todo lo que separa a las personas en las jerarquías, como lugares de estacionamiento asignados a ciertos directivos. Una vez en la presidencia del Tec de Monterrey, Salvador emprendió varios cambios importantes que generaron un alto impacto y reacciones de todo tipo: eliminó el uso de la corbata –90% de las personas estuvieron en contra– y modificó el logo de la institución para hacerlo más sencillo –porque él tenía una visión hacia adelante de simplicidad–. También es autor de algunos libros, uno de ellos se llama *Tu vida, tu mejor negocio*, en donde te hace reflexionar precisamente sobre ti. De hecho, en una ocasión me invitó al Tec de Monterrey para darle una charla a su staff directo. Recientemente, lo vi usando una camisa con logo tal como los demás la utilizan, confirmando que es un líder carismático y humilde que ha trascendido en las organizaciones que ha liderado.

Otro líder que me impactó es Francisco Garza Egloff (Q.E.P.D.), CEO de Arca Continental y consejero y presidente del Comité de Prácticas Societarias de Grupo Industrial Saltillo (GIS). De él destaco su gran carisma y su pasión por las personas, además de su vida espiritual.

Agradezco a Dios por ponerme a tantas personas en mi camino y pido disculpas por no nombrarlas a todas, quizás ese será tema de otro libro.

Para reflexionar uno mismo

La humildad y el carisma son precisamente dos de las capacidades, características o cualidades –o hasta dones– de una persona que está en una posición de liderazgo y que fomentan o facilitan el trato humano. Porque, al final, el trato humano es lo que hace que se genere la confianza y que exista una conexión entre personas, y no necesariamente solo a través de los medios de comunicación digitales que existen hoy.

Este capítulo 'Humildad y carisma' es como abrir un lente de una cámara gran angular casi a 360 grados. En este sentido, hay una herramienta llamada La ventana de JoHari, la cual te permite darte cuenta de que no lo sabes todo y ayuda a autoconocerte. No hay humildad sin autoconocimiento. Por lo que el líder tiene que trabajar mucho consigo mismo.

Ventana de JoHari

Es la ventana mágica que permite conocerte mejor siempre y cuando estés abierto a conocerte mejor. Para poder determinar tu Área desconocida –lo que ni yo ni los demás conocemos sobre mí– es necesario contar con herramientas de retroalimentación, como el 360. Sin embargo, el Área ciega es el área más difícil de aceptar porque no tenemos conciencia de estos comportamientos que afectan nuestro desempeño como líderes. Es aquella área que los demás ven en mí, pero yo no la veo, y debido a que yo no la veo es más difícil aceptar que tengo un área de oportunidad. El líder consiente y acepta la retroalimentación del Área ciega con el objetivo de minimizarlo para apalancarse en sus grandes habilidades.

	Lo que conoces de ti	Lo que desconoces de ti
Lo que desconocen de ti	**Área pública** Lo que yo conozco sobre mí y los demás conocen de mí	**Área ciega** Lo que los demás conocen de mí y yo no conozco
Lo que conocen de ti	**Área oculta** Lo que conozco sobre mí y no cuento a los demás	**Área desconocida** Lo que ni yo ni los demás conocemos sobre mí

La ventana de JoHari es un término que surge de las primeras letras de los nombres de sus autores: Joseph Luft y Harry Ingham. Este modelo busca realizar una aproximación al fenómeno de la comunicación y analizar la dinámica de las relaciones interpersonales.

Asimismo, intenta explicar el flujo de información desde dos ópticas o puntos de vista:

1. La exposición: cuánto se muestra a los demás.
2. La retroalimentación: cuánto se acepta de los demás.

De esta manera, se muestra la interacción entre dos fuentes de emisión: el yo y los demás, definiendo lo que los autores denominan "espacio interpersonal", el cual dividen en cuatro áreas (I. Abierta, II. Oculta, III. Ciega, IV. Desconocida), que representan diferentes situaciones que se presentan en el proceso de transferencia de información entre los protagonistas y que impactan directamente en la calidad de su interacción, sus actividades y sus sentimientos.

En función del grado de conocimiento existen:

- 2 áreas que yo conozco: I y II.
- 2 áreas que los demás conocen de mí: I y III.
- 2 áreas que yo desconozco de mí mismo: III y IV.
- 2 áreas que los demás ignoran de mí: II y IV.
- 1 área que yo conozco de mí, pero que los demás ignoran: II.
- 1 área que los demás conocen de mí, pero que yo ignoro: III.
- 1 área que ni yo conozco de mí ni los demás conocen de mí: IV.

Yo no soy perfecto, tengo muchos defectos y cuestiones por resolver. De algunas estoy muy consciente y quizá la vida todavía me enseñará otras cosas que otros ven y yo aún no, para después buscar alternativas para mejorarlas. Esta aventura nunca termina. Por eso venimos a este mundo, a perfeccionarnos y a trascender, a contribuir a terceros. Y luego, pues nos vamos.

—◆◆—

Capítulo 4

Mentalidad centrada en el alma

En una ocasión, mientras caminaba en una de las fábricas más antiguas de la compañía, noté lo que llamaría 'diferencia en el alma'. A medida que observaba, escuchaba y sentía lo que la gente me compartía, noté el brillo en sus ojos. Fui capaz de ver a través de sus ojos y noté que conectaban su corazón con las actividades que desempeñaban, disfrutaban lo que hacían y tenían muy claro por qué lo hacían. Se apoyaban el uno al otro y se cuidaban entre ellos para realizar tareas seguras y mantener el más alto desempeño con la más alta calidad. Sin duda, un gran ejemplo de un equipo de trabajo que me enseñó en la práctica qué es la química humana y la armonía del trabajo.

El líder de la fábrica tenía el factor humano en el centro de su estilo de gestión, trataba a las personas con respeto y cuidado, escuchando e invitando a todos a colaborar con nuevas ideas. Este líder había sido capaz de delegar el poder al más bajo nivel en el piso de la fábrica y le dio a los colaboradores la libertad de tomar las decisiones e implementar acciones para resolver los problemas del día a día. Cada uno consultaba y le pedía ayuda al resto de sus compañeros –sin miedo o temor de hacerlo–. Uno de los métodos que utilizaban para comunicarse era por medio de grupos en WhatsApp; planteaban preguntas por especialidad cuando surgía algo urgente y, en cuestión de minutos, se enfocaban en ello. Los colaboradores asumían responsabilidades y/o esperaban a que llegara el jefe para resolver el problema, creando confianza entre ellos y apoyo incondicional.

Esta nueva cultura se forjó derivada del liderazgo de la fábrica. Es de los pocos lugares donde la gente hacía tiempo extra, para ir a darle mantenimiento a las instalaciones de la planta (paredes, baños, bardas, etc.), y terminaban comiendo todos juntos. Sin saberlo, los trabajadores seguían el método japonés de las 5S, que busca mejorar el entorno laboral mediante cinco pilares: Clasificación (Seiri), Orden (Seiton), Limpieza (Seiso), Estandarización (Seiketsu) y Disciplina (Shitsuke). Cabe destacar que esta fábrica antigua fue una de las más productivas, rentables y limpias de toda la empresa. Esto me enseñó que los fierros nuevos no necesariamente están asociados a la alta productividad porque, en realidad, la gente hace la diferencia. En otras fábricas más nuevas no hay este índice de productividad.

Para mí, el caso de esta fábrica fue la validación de una teoría que tengo desde hace muchos años: primero es la gente y después son las máquinas. Porque si estos colaboradores no tuvieran la conciencia del trabajo, la sincronización de la cadena de producción y el mantenimiento continuo de los equipos para tenerlos al 100, nada operaría como yo lo vi. Ahí constaté que el equipo humano bien liderado, con respeto y dignidad, es más ágil y exacto que cualquier máquina.

Al poco tiempo, acondicionamos una fábrica completamente nueva, con tecnología de punta y equipos sistematizados. ¿Cuál fue mi sorpresa? No conseguimos la misma productividad que en la fábrica antigua, ya que de nada sirve contar con lo último en innovación tecnológica o tener la mejor maquinaria si no tienes a las personas; ellas hacen la diferencia. ¿Qué hicimos? Llevamos gente de la vieja fábrica –algunos con más de

30 años de trabajo– a la nueva para poder coordinar la labor de entrenamiento y capacitación. Finalmente, la nueva logró superar a la vieja planta gracias a la parte humana y a la tecnología. Aunque concluimos que sin el elemento humano no lo hubiésemos conseguido.

El alma inseparable de la persona

En este capítulo, quiero hablar sobre cómo la impresión o el efecto de una gestión está basado en la forma de ser de las personas. Aquí es donde la mayoría de los libros de *management* –pienso– no conecta la parte espiritual –al decir espiritual, no necesariamente es algo relacionado con la religión–. A eso me refiero cuando aseguro que, al llegar a su lugar de trabajo, las personas no dejan el alma afuera.

Generalmente, este tipo de frases están ausentes en los libros y cursos sobre liderazgo empresarial, porque pareciera que hablar del alma es tratar temas de espiritualidad, lo que hace vulnerables tanto a las compañías como a las personas. Aunque es todo lo contrario, pues las personas que hacemos las empresas estamos integradas por cuerpo, mente y alma. Es común que cuando a las manos de un líder o directivo llega un texto que habla del alma, este quede olvidado en el cajón o en alguna gaveta; al ser algo intangible, el líder piensa que es un tema que no tiene relevancia ni nada que ver con el mundo de los negocios.

Si partimos de la base de que las empresas son entes vivos porque están dirigidas, administradas y operadas por personas, el alma y el sentir dentro de una organización tienen todo que ver. Por ello, no podemos ignorar o dejar de lado este tema, ya que ejercer un liderazgo con 'una mentalidad centrada en el alma' no es otra cosa que estar enfocado en lo que nos hace ser personas. No es un tema espiritual, sino de lo que nos hace ser humanos en cualquier ámbito. Se trata de una capacidad que tenemos todos y que está centrada en el sentir, y el sentimiento involucra el corazón y el alma, pero debido a que esta última no se puede materializar, la forma en la que podemos aterrizarla en las empresas es a través de las emociones de sus integrantes.

Está probado científicamente que el corazón tiene memoria y que existe una correlación energética (alma/emoción) con la persona; es más, hay estudios que revelan que un corazón trasplantado, en ocasiones, alberga sensaciones y emociones del donante. Por ejemplo, el doctor Benjamin Bunzel, del Departamento de Cirugía del Hospital Universitario de Viena, en Austria, evaluó la reacción de más de 500 pacientes que recibieron un trasplante de corazón y la gran mayoría de ellos reportó haber notado cambios en su personalidad. Y es que el corazón es un receptor de adrenalina que detecta la ansiedad, el miedo, la alegría o el amor, los cuales se manifiestan por medio de una aceleración en sus latidos. Es por esta razón que es factible ligar el alma con el corazón y el sentir.

El valor detrás de los números

Los números y las cifras son el resultado colectivo de miles de horas de trabajo de miles de personas en una organización. Sin embargo, si no entiendes qué es lo que está pasando en una empresa, es muy difícil comprender qué hay detrás. Si solo es un tema de costos, de productividad, comercial o bien, no tienes el contexto, es muy complicado administrar únicamente con números.

La salud y el desempeño de una compañía se pueden medir y evaluar con base en sus resultados financieros y operativos. Para ello, existen indicadores como el EBITDA, la utilidad neta o el ROI. También están las metas financieras que se fijan cada año y que son revisadas cada determinado tiempo por los socios, accionistas y dueños. Una vez más, todos esos números son el resultado del trabajo colectivo de las personas que le dan vida a una organización.

El problema es que, pocas veces, los líderes analizamos que estas cifras –sean positivas o negativas– están relacionadas con el esfuerzo y el trabajo concentrados en 15 millones de horas de siete mil personas en al menos 340 días en un año. Por lo tanto, un buen líder difícilmente puede tomar decisiones con solo basarse en números. Es decir, eso tan tangible que puede llegar a ser el estado financiero de una empresa está relacionado con el ser de las personas, así como sus sentimientos y sus emociones.

Cuando en una junta de accionistas nos entregan el fólder con los números de la compañía, los líderes deberíamos concentrarnos en determinar que si estos son acordes con las metas financieras fijadas, es porque los empleados de las distintas áreas –desde los altos directivos hasta las personas de intendencia– hicieron bien lo que les correspondía. Por esta razón es importante tener los pies en la tierra y –como digo– salir de la oficina y bajar del piso donde está la oficina del CEO; darse la oportunidad de caminar por los pasillos; reunirse con clientes y proveedores, pues solo de esa forma el líder sabrá qué tan bien o qué tan mal van las cosas en la empresa.

También es una forma de reconocer el trabajo del otro, dar una compensación emocional y, al mismo tiempo, brindar una retroalimentación. Es como tomarle los signos vitales a una organización y esa es tarea del líder y de su equipo directivo. Si no hacemos ese contacto o conexión con la gente, será difícil tener el contexto y descubrir qué es lo que afecta a la organización. Será imposible conocer el entorno y el medio ambiente en el que nos desenvolvemos y cómo resolver los problemas que tienen que ver con otros colaboradores, directivos, clientes y competencia, bajo el marco económico, político, social y regional que tenemos alrededor.

Considero que hay que liderar desde el corazón; es decir, desde las personas, ya que ellas son el pulso de las organizaciones –y tienen una vida dentro y fuera de la empresa–. Por lo que –insisto– nuestra responsabilidad como líderes es entender qué hay detrás de esa hoja de resultados: qué implicó todo ese esfuerzo que será repartido en dividendos. A medida que como líderes nos demos la oportunidad de caminar por los pasillos, recorrer almacenes y fábricas, y hablar con clientes y proveedores, apreciaremos el origen y el porqué de los números que llegan hasta nuestras manos.

Al observar cómo trabaja la gente y cómo se relaciona, y escuchar sus inquietudes, problemas, frustraciones, alegrías y deseos –es decir, la raíz de su propósito–, podremos saber qué necesitan para que esa hoja de balances esté acorde con las metas financieras planteadas. Por eso digo que difícilmente encontramos el tema de las emociones y sentimientos en los libros y cursos de liderazgo y negocios, y mucho menos, la frase de 'La mentalidad centrada en el alma'.

La formación que recibe el líder en las escuelas de alta dirección es ver principalmente los números, y no está mal, es una cuestión de formación y hasta de legalidad el no involucrar temas que, según el común denominador, son sobre Iglesia o religión –que en nada tienen que ver con la institución, sino con el alma, los sentimientos y las emociones de las personas–, negocios y política.

Desde siempre, el hecho de mezclar la religión con los negocios y la política está prácticamente prohibido. Pero también, erróneamente, las emociones y los sentimientos, por lo general, se relacionan con las instituciones religiosas y no con las personas ni con su alma/emoción, que ninguna iglesia nos los da. Más bien, pienso que los pensamientos son a la mente lo que las emociones son al alma y al corazón porque el sentir viene de ahí.

Pensamientos que generan emociones

La mayoría de los líderes que se dan esa oportunidad de crear una conexión con la gente a través del pensamiento y de una plática, de hacerles preguntas que los hagan reflexionar y generar emociones que los hagan actuar. Porque el pensamiento es lo que te lleva a la emoción y la emoción, a la acción. El ser humano tiene alrededor de 60 mil pensamientos al día y estos producen emociones; pero si no los ordenas, te enredas en las emociones, por ello, hay que enfocarlos. Las visitas a las instalaciones de la empresa, los *offsides* o las reuniones de trabajo no son en vano, tienen un fin: generar pensamientos que provoquen emociones para que estas produzcan una reacción positiva para la organización.

Imagina un trascabo lleno de material que descarga al piso. El suelo será el primero que absorba esa carga. Es como el pensamiento, si el líder descarga ese pensamiento en las personas, estas generarán una reacción que provocará una emoción que es tal vez de superación, de alcanzar un objetivo, de conseguir una promoción. No tienes que decirlo tal cual, pero si logras que ese pensamiento llegue y se transforme en una reacción positiva, el colaborador buscará conseguirla, es decir, actuará en consecuencia.

La importancia del alma está en que si bien es algo intangible, en realidad está en lo que hace sentir y actuar a la gente, y aquí creo que las mujeres poseen una ventaja frente a los hombres. Ellas tienen una habilidad mayor para interpelar al otro, provocar una emoción y poner en acción esas palabras.

Entonces, el arte del líder radicará en generar sentimientos y emociones en su gente, los cuales se transformen en hechos y acciones que hagan a todos crecer como organización, es decir, maximizar el impacto humano en una empresa.

El espejo, un aliado del líder

Un líder debería llegar a serlo cuando tiene desarrollados todos los aspectos que lo hacen ser humano, aunque de una forma consciente: la parte física, mental y espiritual. Lo físico es lo relacionado al cuerpo y atender la parte física (nutrición, ejercicio, cuidado personal, tomar agua, etcétera). Lo mental va más con tu desarrollo profesional y con tener pensamientos positivos, por lo que se requiere de un esfuerzo tremendo para estar mentalmente saludable; en este sentido, creo que debemos incrementar la interacción humana para poder balancear nuestras cargas mentales. Y lo espiritual es todo lo que hemos comentado hasta ahora acerca del alma.

Cuando un líder tiene la capacidad de hacer un autoanálisis profundo y continuo, así como la habilidad de ser contemplativo, puede desarrollar una alta efectividad. Los elementos clave de los líderes centrados en el alma son: integridad, humildad, vulnerabilidad, compasión, empatía, generosidad, servicio, amor, cuidado, autodisciplina, autocontrol y no violencia en palabra y en acción.

La contemplación es precisamente la habilidad de poder detenerse un momento en este mundo tan acelerado. El teléfono móvil es el peor instrumento que ocupa espacios y tiempos y evita ser contemplativo, pues nos hace perder la oportunidad de ver la salida del sol en la mañana o de reflexionar en la tarde mientras observamos volar a un pájaro. Por lo general, conforme el ser humano va creciendo, pierde la habilidad de contemplación y de sorprenderse por sí mismo.

De ahí que si un CEO posee estas características, estará liderando con una mentalidad centrada en el alma. Una de las mejores formas de practicar o abstraer estas habilidades que son inherentes al ser humano es hacerlo viéndonos al espejo. Todas las mañanas, antes de lavarnos los dientes, solo hay que voltear la mirada al espejo y hacer una autoevaluación y ver lo que está reflejado en él; no solo se trata de observar nuestro rostro, sino lo que hay detrás –como en el ejemplo de los estados financieros, ser capaces de ver más allá de los números y llegar hasta la labor de las personas–. Este es un buen ejercicio de autoconocimiento.

Los líderes centrados en el alma gestionan con el corazón y no solo con la mente; no tienen miedo de mostrar sus emociones o sus vulnerabilidades para conectar con la gente. Esto no quiere decir que los líderes centrados en el alma sean suaves; también les toca resolver temas con personas con bajo desempeño, despedir personal, evaluar y resolver problemas de forma directa, tomar decisiones de desinversiones, romper alianzas, entre otros.

Si bien son situaciones particulares, el líder debe saber cómo actuar en cada una de ellas y cómo hacerlo de la mejor manera porque está involucrada la empresa y todos sus colaboradores. Por lo tanto, hay momentos en los que tienes que ser más un general de división militar y, en otros, asumir una posición más sensible, dependiendo de la situación y sus circunstancias.

Liderazgo Situacional II (SLII)

Una guía que puede ser de gran utilidad para saber qué liderazgo es el que debes poner en práctica según la situación, reto o problemática es el modelo del Liderazgo Situacional II (SLII). Este es un proceso que se utiliza para desarrollar personas por medio de un liderazgo eficaz a través del tiempo para que puedan alcanzar su máximo nivel de desempeño laboral, de acuerdo con Ken Blanchard (2000). Su objetivo es adecuar el estilo de liderazgo apropiado al nivel del colaborador en cada una de las fases de su desarrollo con relación a una meta o tarea específica.

Ken Blanchard, autor del Liderazgo Situacional II (SLII), explica que existen cuatro estilos de liderazgo y cuatro niveles de desarrollo relacionados con la tarea en el modelo SLII. La parte superior del modelo muestra los cuatro estilos de liderazgo:

- Estilo 1: Dirigir
- Estilo 2: Entrenar
- Estilo 3: Apoyar
- Estilo 4: Delegar

Estos estilos de liderazgo se empatan con los cuatro niveles de desarrollo en las funciones (D1, D2, D3 y D4) incluidos en la escala continua del nivel de desarrollo en la parte inferior del modelo.

Aunque el líder debe enfrentar situaciones difíciles, siempre tiene que asimilarlas con el fin de mejorar el desempeño de su equipo y conseguir las metas de todos. Eso es actuar con inteligencia emocional, ya que además de poseer habilidades que lo hacen liderar con el corazón y el alma, debe ser imparcial.

Compartir emociones no te hace menos fuerte ni ser menos líder; al contrario, te permite ser persona (ser humano) y mostrarte ante los otros como alguien que es igual a ellos, con sentimientos, problemas y que, a veces, es vulnerable. Esas emociones tal vez no las muestres con todos en todos los rangos y niveles de una organización, porque no es necesario y, en ocasiones, no hay ni el tiempo ni el espacio; pero sí se esperaría que al menos lo hicieras con tu equipo más directo, con el que más convives. Esto es parte de ser líder: comunicarte con tu grupo para rebasar conversaciones que no solo hablen de lo profesional, sino de lo que sientes como individuo.

En una ocasión, estaba en una reunión del consejo de administración de GIS (Grupo Industrial Saltillo), y justo me avisaron que tenía una llamada telefónica. La tomé, era mi madre diciéndome que su hermana acababa de fallecer. En ese momento, me doblé, se me salieron las lágrimas y la voz se me quebró; solo tenía un pensamiento y me inundó la tristeza. La acción inmediata que quería llevar a cabo era salir corriendo a acompañar a mi mamá.

Aunque la reunión no había terminado, le dije a los asistentes –entre lágrimas– que les solicitaba el permiso para ausentarme. Inmediatamente, todos conectaron conmigo. Como un reflejo inmediato, se levantaron de sus asientos y me dijeron si podían hacer algo por mí o si necesitaba ayuda. No sabían qué era lo que sucedía; sin embargo, me di cuenta de que todos los que estaban ahí conectaron conmigo, con mi sentir y reaccionaron. Estaba cosechando lo que había sembrado: liderar con el corazón y con una mentalidad centrada en el alma.

Tuve no solo su apoyo, sino el entendimiento, a pesar de que no sabían exactamente qué estaba pasando. Salí de la sala de juntas y el presidente del consejo me acompañó hasta mi vehículo sin decir una palabra, simplemente, para que yo sintiera que él estaba ahí, en ese momento y a mi lado. Aprendí muchas cosas de ese gran líder.

El modelo del Liderazgo Situacional II (SLII)

Esta metodología permite gestionar el desempeño y el desarrollo de las personas; sin embargo, no considera la salud mental, emocional y espiritual de la persona. El líder deberá estar muy consciente del momento de vida y de alguna situación puntual por la que, posiblemente, esté pasando el colaborador e integrarla en el uso de esta metodología. Se enfoca mucho en el qué y no necesariamente toma en cuenta los elementos intrínsecos del individuo (si tiene un problema en casa, familiar, personal, etcétera).

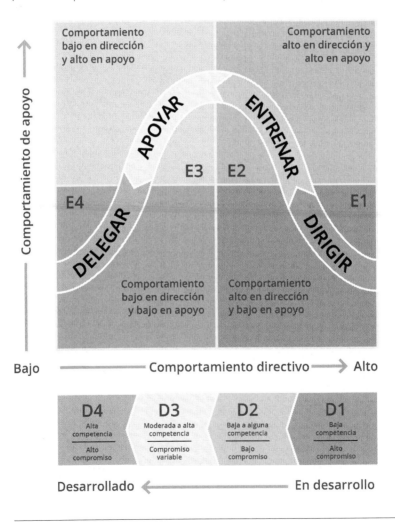

Esto demuestra que nunca debemos olvidar que el mundo de los negocios es un mundo de personas y que estas actúan desde el corazón y el alma, pues, aunque el alma sea un intangible, se materializa cuando eres capaz de empatar con lo que le sucede al otro. En determinado momento, quizá las personas no recuerden exactamente todas esas visitas que hiciste a su oficina, todas las veces que en un pasillo los saludaste por su nombre, todas esas preguntas que hacías para conocerlos o para saber cómo iba su vida. Si bien todo eso pueden no recordarlo a detalle, lo que nunca olvidarán es cómo los hiciste sentir en cada ocasión.

Los líderes centrados en el alma se enfocan en el desarrollo de su gente, de forma integral, considerando las capacidades humanas y técnicas del equipo y fomentando la ética y el carácter espiritual de cada uno. También desarrolla las competencias de relaciones interpersonales requeridas para ser efectivos y agentes de cambio de manera interdependiente en los equipos de trabajo. Así, como lo expresé desde el capítulo 1 y en el resto de este libro, todo inicia y termina con la gente.

Capítulo 5

Trabajo en equipo y colaboración

Piensa en una orquesta sinfónica, llena de músicos virtuosos con sus respectivos instrumentos y notas en orden, todos ellos capacitados y listos para tocar en armonía, atentos a las indicaciones del director. Así es como visualizo a un equipo formal de trabajo. Si alguien no está en su posición correcta en el momento correcto para hacer lo que le corresponde, ¿cómo podrían interpretar en conjunto una melodía de manera grandiosa?

Por esta razón, considero que existe el arte y la ciencia de generar una armonía sinfónica, donde cada músico debe tocar el instrumento en su debido momento y con su debido tono, sobre todo, con su debida pasión, entrega y entusiasmo. Esa es la visión y la analogía de trabajo en equipo: una megaorquesta sinfónica, muy bien dirigida, que consigue los aplausos del mundo al presentarse en un auditorio, ese es un equipo de alto desempeño.

La experiencia vivida a lo largo de mi carrera profesional –en México, Estados Unidos, Brasil, Europa, China, Argentina, Bolivia, Uruguay y Paraguay– me ha convencido de que los resultados importantes que obtuve fue gracias a los equipos que pude formar y consolidar para, a su vez, guiarlos en el cumplimiento de los objetivos. Por eso, sé lo trascendental que es la composición de los equipos formales de trabajo, los cuales colaboran, conectan y se centran en un proyecto, una iniciativa estratégica o algo que mueva a la compañía.

Los primeros pasos para la consolidación de un equipo de trabajo deben estar basados en el proyecto o cliente que se tenga en ese momento. Por ejemplo, supongamos que existe un tema de expansión de clientes nuevos en un segmento; las primeras preguntas que surgen son: ¿cómo lo vamos a hacer?, ¿por dónde empezaremos?, ¿de qué recursos disponemos?

El proceso inicia con la identificación y la selección de personas expertas en el tema. Para ello, es vital crear una hoja de cálculo a la cual llamaremos Matriz, en la que se colocan las habilidades que el proyecto en concreto requiere: experto en logística, mercadotecnia, *market researcher*, ventas u operaciones.

Este documento también sirve para que se coloquen los nombres de los potenciales integrantes del equipo para su consolidación. El número ideal de personas es de entre tres y nueve integrantes, no más. El tamaño sí importa en este escenario, ya que con más elementos es probable que surjan problemas de comunicación.

Project Charter

INTEGRANTES	LIDERAZGO	COMUNICACIÓN	PRESENTACIONES	INGENIERÍA	TÉCNICO	PROCESOS
PROYECTO: X						
ENTREGABLES: reducir 75% los defectos del proyecto						
A						
B						
C						
D						
E						

Para los PMO (*Project Management Officers*), es fundamental el desarrollo del *Project Charter*, un documento en el que plasmas el objetivo del proyecto, sus integrantes y un padrino de peso o *Godfather*, es decir, un director, subdirector o alguien de jerarquía.

La función del padrino es ayudar a facilitar los caminos y, por supuesto, asesorar al equipo ante un problema; posterior a esto, en el *Project Charter*, también se establecen los entregables y los recursos que requiere el equipo para llevar a cabo el proyecto.

El equipo formal de trabajo experimenta cierto grado de integración e involucramiento, mismo que dará la pauta para crear, innovar, resolver un problema o lanzar un producto. Al estar en un equipo, cada actor debe reconocer que ninguno tiene todas las soluciones y que, precisamente, su unión permitirá que se maximicen sus conocimientos y sus experiencias.

Dentro del equipo, siempre hay un líder o un facilitador; este actor tiene que asegurarse de que todos colaboren, participen y comuniquen. También debe controlar los egos y las envidias (reales en cualquier ámbito) que llegaran a surgir para que el equipo continúe remando hacia adelante y no se desconcentre, pierda el enfoque ni comience a remar hacia atrás.

El líder, independientemente de su nivel (supervisor, coordinador, director), requiere de estabilidad, misma que marcará la diferencia para saber si es una persona con potencial de ascenso o no; porque a medida que un buen elemento asciende, más expuesto está a colaborar en equipo. Y en ese punto es donde pone a prueba su capacidad para comunicar y establecer relaciones interpersonales, así como desarrollar nuevas habilidades, como la lectura de la gente, el sentido del carisma, la camaradería, etcétera.

En las compañías donde me he desarrollado –empresas con una cultura organizacional establecida– existe la metodología *Project Management Office*, en donde expertos, conocidos como PMO, gestionan entre 15 y 20 proyectos cada uno. Ellos enriquecen al equipo de trabajo con orden y estructura. Es en este punto donde se aplican dos herramientas importantes:

1. **Espina de pescado.** Una vez formado el equipo, la gran pregunta es: ¿cuál es el objetivo?, ¿qué está tratando de conseguir este grupo de personas? Y en la parte de

definir 'los cómo', viene el silencio; en ese momento, aparece la técnica de la espina de pescado. ¿Cómo evitas que se eliminen las ideas que son oponentes y cómo no destruir al mensajero?, ¿qué impacto tiene lo que se está comentando en torno a la problemática que estamos tratando de resolver? Esta técnica te ayuda a mapear: anotarlo en una lista de prioridades y de impacto. Por ello, considero que es más una herramienta de facilitación de un trabajo en equipo, de una colaboración o de una forma de trabajar en grupo. Porque a veces se dice que trabajar en equipo es fácil, aunque tiene muchos integrantes, una estructura y una serie de reglas. Las reglas que usábamos en Dow tenían mucho que ver con las formas de facilitación. De ahí que el líder tiende a llenar los espacios vacíos de silencio.

2. **Six Sigma.** En Tyson Foods, a partir de 2007, completamos 97 proyectos en cuatro años. Cada uno tenía equipos multifuncionales, recursos asignados y entregables muy claros (ver capítulo 1). Los proyectos seguían la metodología Six Sigma –una de las grandes fortalezas de ejecución–, donde cada uno estaba alineado a la estrategia y al P&L. Yo coordinaba el equipo directivo, mientras que la finalidad de asignar un padrino era que el proyecto tuviera visibilidad y credibilidad dentro de la organización, asegurando que los recursos destinados se invirtieran en lo que se debían invertir.

Lecciones de automotivación

La única motivación que existe es la automotivación. Nadie puede motivar a alguien más. Lo que sí puede hacer el líder dentro de un equipo formal de trabajo es crear un ambiente que le dé la oportunidad a las personas de motivarse. La motivación, en sí, no viene de la varita mágica del supervisor; entonces, ¿cómo se puede crear?

Sencillo, brindando claridad de lo que se debe hacer a través del tiempo: conforme se van ejecutando las diferentes fases del trabajo, se tiene que reconocer, hablar de ello, ver el progreso, analizar lo que ya se hizo hacia atrás y lo que hace falta, dialogar continuamente. Escuchar a las personas, involucrarlas en el proceso, interesarse por ellas. Son muchas las actividades que hacen que una persona sienta que en realidad contribuyó, porque, al final, al hablar de motivación, la gente verdaderamente debe sentir que lo está haciendo bien.

Si no hay pasión, entrega y entusiasmo dentro de la organización, quiere decir que las personas no están haciendo lo que les gusta o no están poniéndole toda la creatividad para gestionar o llegar a un entregable o resultado. En consecuencia, como líder, no estás sacando el máximo potencial de tu equipo.

Equipos de alto desempeño

He tenido la fortuna de desarrollarme y colaborar con diversos equipos de trabajo en varias empresas y países. En Dow Chemical, me llamó la atención cómo algunos conquistaban súper mega resultados. Luego de analizarlo, llegué a la conclusión de que esto se debía a tres elementos clave:

1. **Confianza.** Retomando la analogía que planteé en la introducción, partimos que la base del árbol de maple –que representa a una organización– es la confianza. Este es el elemento horizontal de todos los equipos. Asumiendo que eso existe, los objetivos se vuelven un motor de eficiencia –diría yo– porque no están desenfocados, sino centrados en lograr algo que todos entienden y que está claro para todos los elementos del equipo; de este modo, no pierden tiempo ni esfuerzo en diluirse en otras cosas que no son los objetivos que se buscan. Y eso es lo que hace que el equipo genere un buen resultado.

2. **Cohesión.** Por otro lado, tenemos el elemento al que llamo 'cohesión', y es como la magia de la formación de

los equipos. Consiste en considerar a cada uno de los elementos y darle su lugar y su valor para que sienta que sí lo están tomando en cuenta y que sí agrega valor, incluso, en las reuniones fuera del trabajo. Es en las reuniones informales donde realmente se puede llegar a conocer más a las personas y, al hacerlo, naturalmente se va generando una cohesión, pues entienden que cada uno tiene diferentes rutas, conocimientos, pasiones, y que todos estamos ahí por un fin común: ser aliados y no enemigos o competidores.

3. **Reconocimiento.** Deseo aclarar que hay una diferencia entre reconocimiento y recompensa. En este caso, no estoy hablando de dinero, sino de reconocimiento en el sentido de mostrar el trabajo y al equipo integralmente. Algunas empresas tienen un sistema natural de reconocimiento de equipos en el que cada trimestre o semestre evalúan los mejores proyectos y los comunican dentro de la organización. Así, las personas saben quiénes integran ese equipo, qué están haciendo y cuál es su objetivo. Hablar de recompensa sería limitar el concepto únicamente a una contribución económica, que, sin duda, se hace y también es válida, pero no necesariamente el equipo o los integrantes están ahí para que su motor sea la recompensa, es más el reconocimiento.

Un nuevo integrante del equipo

Los equipos son entes vivos porque las personas que los integran tienen emociones y sentimientos, pero también sus propias agendas. En un corporativo siempre habrá cambios de colaboradores a través del tiempo; por lo que debe cuidarse mucho el concepto de la integración de un nuevo miembro cuando el equipo ya está construido y trabajando a la misma velocidad; sin embargo, en ocasiones no se le da la importancia que requiere a la inducción del nuevo integrante. Como líder, debes saber que la integración y la inducción de alguien es clave para subirlo al barco y acelerar su máximo rendimiento en el equipo.

En la fase de integración hay que crear una agenda de incorporación del nuevo integrante, ¿qué implica esto? Se requiere establecer qué es lo básico que tiene que aprender alguien que va a sumarse al equipo: los objetivos, el porqué está en la posición que le fue asignada, qué proyectos están en desarrollo y qué se quiere lograr a nivel grupal. Aquí retomo el concepto de *Project Charter*: un mapa donde se describe quiénes son los integrantes del equipo, quién es el 'padrino', cuáles son los entregables, cuándo son los tiempos de entrega y qué recursos hay. Además, es esencial que los integrantes y el líder se conozcan fuera del ambiente laboral, y llevar a cabo reuniones 1 a 1 –todas las que sean necesarias– con la finalidad de que la persona tenga claro el contexto completo y sienta que ya está arriba del tren a la misma velocidad que los otros miembros.

El integrante –ya sea de nuevo ingreso o que provenga de otra área– debe tener su proceso de inmersión: recibir con claridad todas las indicaciones sobre en qué debe enfocarse para crear su propia rutina de trabajo. Hay tareas que conllevan una rutina y una periodicidad, es decir, se realizan a diario, semanal, mensual o trimestralmente.

También debe tener claro cuáles son los entregables y sus tiempos de entrega, qué rol juega dentro de cada uno y después con los clientes que están alrededor, tanto internos como externos, y cuál es la expectativa que se tiene sobre su puesto. El líder o supervisor será el encargado de proporcionar esta claridad, ese *roadmap*, ese camino definido y, de esa manera, acompañará al nuevo integrante para que este logre ser productivo.

Como líder, no puedes dejar solo al nuevo miembro, sobre todo, al inicio de la incorporación; tampoco debes invertir demasiado tiempo en el proceso de inmersión. En tanto para tener un impacto positivo al integrar a alguien a tu equipo, busca un perfil que sume no solo en cuanto a habilidades y aptitudes, sino que consciente de que mientras más claridad tenga sobre su rol –algo que es tu responsabilidad como líder–, su compromiso y su entusiasmo despertarán. Es un error pensar que sumar a alguien puede detener el crecimiento de un equipo; a través de mi experiencia, puedo concluir que es la desconfianza la que fractura todo.

Arte y ciencia de gestionar egos

Uno de los retos más importantes en las organizaciones para el CEO es su equipo de trabajo directo: las personas que le reportan y los equipos que ellos, a su vez, lideran. Esto, debido a que la mayor parte de los directivos son grandes líderes (por eso llegaron ahí) y son grandes estrellas.

El gestionar egos, estrellas, agendas y voluntades es todo un arte y una ciencia. Sin embargo, quien consigue llevar a su equipo directivo a un alto desempeño directamente lleva a la compañía a un alto desempeño y a conquistar metas inimaginables.

Sucede lo mismo en los equipos deportivos. En la época de Michael Jordan, el coach Phil Jackson fue realmente un maestro para integrar a Jordan, Pippen, Rodman, y a todas las mega estrellas. Sin duda, todo un reto manejar todos esos egos profesionales todos los días. Lo mismo sucede en las empresas: es un gran desafío para el CEO mantener esa coherencia, esa sincronía, esa amistad y esa relación de trabajo que debe construirse y cultivarse a diario, ya que –al igual que la cultura– es fácil de destruirse.

Precisamente, el gran reto para el CEO es lograr ese mantenimiento en el largo plazo, pues existen diversos conflictos entre los integrantes del equipo directivo, principalmente, por los egos o por defender a su gente o su territorio; a veces se nos olvida que estamos todos juntos en el mismo equipo. ¿Cómo hacer para que no se les olvide a los directivos y al resto de los miembros de la organización que todos somos parte del mismo grupo?, ¿y cómo logra el CEO conquistar este gran reto (de mantenimiento)?

En el caso de un equipo directivo, hay que considerar que está a cargo prácticamente de todo lo que sucede en la organización. Cada directivo es el especialista de cada área; por lo tanto, siente que conoce todo, que sabe todo, que tiene la respuesta y que solo él tiene la verdad. Entonces, cuando hay una situación en la que están dos o más directivos y sus respectivas áreas involucrados, estas personalidades fuertes chocan y eso provoca que no se escuchen unos a otros, que no vean lo que realmente está sucediendo y que pierdan el enfoque de lo realmente esencial, en lugar de mantenerse objetivos para ver cómo solucionar un tema.

En el momento en que piensas que todo lo equivocado está del otro lado es cuando empiezas a nublar tu visión y a no escuchar lo que sucede en realidad. En mi experiencia, puedo decir que esto sucede todos los días y que, en consecuencia, debes aprender a lidiar con ello. Puedes manejar los egos siendo flexible, esperando que siempre exista una discordia, para no sorprenderte ni reaccionar negativamente cuando esta se presente, sino más bien enfocarte en trabajar para entender lo que está pasando.

Un líder puede ayudarse de tres elementos que considero importantes: la escucha, el diálogo y la despersonalización. Los dos primeros se entienden perfectamente. Ante una discordia hay que mantenernos abiertos a escuchar al otro para entonces poder mantener un diálogo claro, puntual y respetuoso. El tercer punto, la despersonalización, lo considero valioso porque ayuda a que los integrantes de cualquier equipo de trabajo retomen el enfoque. Y es aquí cuando ya no podemos hablar ni de Pedro ni de Juan, hablamos de un tema de trabajo, es volver a enfocarte en el problema y no en la persona; de esta manera, despersonalizas los temas.

Los *issues* traen cosas positivas, por ejemplo, ayudan a entender cuál es el problema real y, de este modo, evitar que esto se delegue para arriba, es decir, los problemas deben resolverse entre los actores principales sin esperar que los directivos solucionen todas las discordias, que en realidad suceden por falta de escucha, diálogo y despersonalización entre los equipos.

Yo siempre le he dicho a mis colaboradores: "Para mí, es fácil tomar la decisión, pero, probablemente, sea la decisión equivocada porque no tengo todos los elementos para decidir". Lo ideal es que el equipo trabaje en una propuesta de solución; en caso de no poder llegar a resolver el problema, es cuando el líder debe actuar. Ese es el rol del director: decidir con acciones fundamentadas.

Claro que también las personas deben tener iniciativa y no esperar a que las soluciones lleguen solas. Para ello, tienen que salir de su zona de confort, ir a otras áreas e investigar las cosas y a dialogar con la gente. Si bien el directivo al tomar decisiones probablemente no tenga la solución total –porque puede ignorar algunos puntos que desconoce–, para eso está el equipo.

Recuerdo que, en una ocasión, el director de operaciones de un proyecto grande me dijo: "No sé cuándo vamos a entregar el proyecto ni cómo nos van a pagar". Yo le pregunté: "¿Ya hablaste con el director de ventas?". Su respuesta fue negativa. Sin embargo, era necesario que el director de operaciones hablara con el de ventas porque ahí estaban las respuestas. Eso es lo que muchas veces pasa al interior de los equipos: dejan de escuchar, dialogar y personalizan todo.

Equipos de alto desempeño

A lo largo de mi carrera, he conocido una diversidad de equipos de trabajo, mismos que tienen o carecen de habilidades y aptitudes. Pero antes de explicar las fases que considero definen la evolución de un equipo formal de trabajo, quiero presentar dos aspectos que determinan si un equipo puede estar capacitado para llegar a ser uno de alto desempeño.

En primer lugar, la barrera más grande que existe para llegar a ser un equipo de alto desempeño es que haya confianza absoluta. Para saberlo, la mejor prueba es que se presente una crisis o un problema muy serio porque ahí es donde se confirma si el equipo está unido o no. Por su parte, el líder siempre debe estar alerta para identificar qué hace falta para desarrollar aún más la confianza.

En segundo lugar, es la habilidad de resolución de conflictos y, para ello, se deben poner sobre la mesa. Normalmente, los equipos de bajo rendimiento hablan de los conflictos en el pasillo, en una reunión que no está destinada para tratar el tema o, incluso, los abordan con otras personas y no con el equipo relacionado directamente. No se enfrenta el tema, se le da la vuelta. Lamentablemente, el conflicto no se pone en la mesa con la finalidad de hacer una resolución positiva y saludable. En este caso, nuevamente se vuelve a hacer presente la despersonalización del conflicto, y consiste en enfocarnos en el problema y su solución, no en las personas. Estas dos cualidades son las que hacen la gran diferencia para llegar a ser un equipo de alto desempeño.

Durante mi carrera profesional he colaborado con una diversidad de equipos de trabajo, mismos que clasificaría en cuatros fases, cada una evolutiva, conocidas de la siguiente manera:

- Etapa I: equipo inicial.
- Etapa II: equipo fraccionado.
- Etapa III: equipo participativo.
- Etapa IV: equipo de alto desempeño.

Si analizamos los dos extremos, cuando un equipo se encuentra en la Etapa I, no entiende los objetivos, no sabe por qué está ahí y no resuelve las discordias de manera oportuna. Mientras que, en la Etapa IV, un equipo de alto desempeño hace tareas diarias por su cuenta y es interdependiente porque requiere poca ayuda del líder; los integrantes trabajan estrechamente con personas externas al equipo, ya que —recordemos— el equipo está ahí por una razón mayor, no son solo ellos los que van a desarrollar el trabajo, otras personas también están enfocadas en otros procesos.

La sinergia y la conexión con otras áreas deben existir porque, al concluir la parte del proceso de tu equipo, la cadena de trabajo tiene que continuar para que siga la implementación; de lo contrario, sería una pérdida de tiempo. Los integrantes de un equipo de alto desempeño también adquieren la capacidad de asumir muchas responsabilidades que, anteriormente, eran del supervisor y tienen autoridad para la toma de decisiones en su área.

Matriz de desarrollo de equipos

Este cuadro describe las fases de desarrollo de equipos de trabajo. Existen diversas metodologías para medir en qué fase se encuentra tu equipo en particular. Estas fases no solo son ascendentes, pues un equipo también podría retroceder. Las principales causas para retroceder en las fases de desarrollo incluyen la falta de resolución de conflictos, apatía de los integrantes, inclusión de nuevos miembros sin un proceso de integración, cambios radicales en el entorno que generan estrés, etcétera.

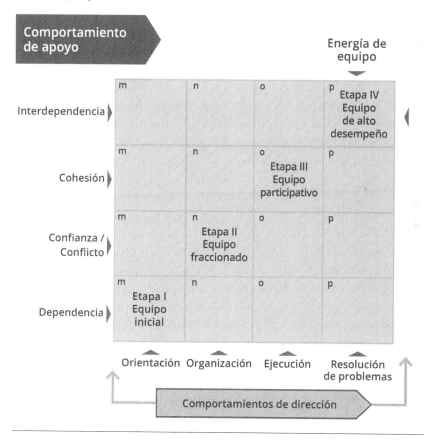

Es importante aclarar que el desarrollo y la evolución de un equipo de alto desempeño son cíclicos. Por eso, cuando se presentan situaciones externas o problemáticas que no se han podido resolver o no se ha alcanzado el resultado esperado, se puede regresar a la fase anterior. El equipo es un ser vivo: puede llegar a alcanzar el máximo rendimiento, mantenerse en esa etapa, retroceder o avanzar. Por ejemplo, cuando llega un nuevo integrante al equipo, podría pensarse que es un factor de riesgo, que puede provocar una caída general o un retroceso en la etapa, aunque no necesariamente llega a suceder eso.

La armonía dentro del equipo

Al iniciar este capítulo, hice la analogía entre una orquesta sinfónica y un equipo formal de trabajo, que debe colaborar y dejarse dirigir para crear armonía con sus notas. Aunque en la práctica esto no siempre es tan fácil de lograr, pues hay que recordar que un equipo de trabajo es un ser vivo que siente y tiene emociones. Además, a nivel interno pueden presentarse barreras acumulativas, como la apatía, o bien, ciertos problemas que se personalizan.

También es común que dentro de los equipos se generen conflictos –normalmente, relacionados con una tercera persona– que si no abordas en el momento adecuado, te harán sentir que guardas una piedrita en el zapato. Entonces, esa tercera persona y tú van acumulando ciertos *issues* y temas, provocando que, de repente, se origine una explosión por un tema menor. Y la explosión generará una discusión poco racional, sin objetividad y totalmente emocional.

La armonía dentro de cualquier equipo de trabajo viene del líder, llámese supervisor, directivo o CEO. Si no hay armonía en el líder, no se puede preservar la armonía en el equipo. Ahí está la parte de la multiplicidad del efecto exponencial. Si la armonía no existe en los directivos, no esperes que exista abajo, en otros equipos, áreas, sucursales o unidades de negocio. La armonía es producto de todo lo que hemos comentado hasta ahora, de la capacidad de un líder de escuchar, de influir, de involucrar, de solucionar, de darle lugar a las personas, de ser objetivo y de tener claro un rumbo. O sea, es todo un conjunto de elementos lo que genera esa armonía.

El impacto de la colaboración

La colaboración es lo que se da entre las personas. Es esa física cuántica –vamos a decirle así– entre los individuos para que sean productivos; es un eje clave en el alto desempeño de un equipo porque, a través de ella, cada integrante realiza su propio rol. La colaboración puede generar no solamente mayores ventas –que es un indicador importante–, sino una mejor experiencia al cliente y un impacto positivo directo en la rentabilidad de la empresa.

Por ejemplo, supongamos que un cliente acude a un vendedor para que le resuelva un problema, pero este, en lugar de ayudarlo, le responde que es culpa de otra área, ya sea servicio al cliente, operaciones o del almacén; se queja de todos y no le brinda una solución. En ese caso, el cliente va a decir: "Yo no estoy aquí para andar solucionando problemas. Yo vengo a pedirte apoyo o asesoría".

Entonces, quien esté en la primera línea debe enfrentar el problema como suyo, independientemente de lo que dentro de la organización suceda. Por lo que la colaboración consiste en el apoyo entre las diferentes áreas –sin importar de quién sea la responsabilidad–. Seguramente, un vendedor con la visión de colaborar le dirá al cliente: "Oye, ahora no tengo en existencia el producto que necesitas; sin embargo, el martes llegará al almacén, yo me encargo de que lo recibas en tu negocio".

Por el contrario, un integrante que no colabora respondería: "Mira, no sé, eso depende del área de distribución. No sé si va a tardar una semana o dos". Aunque lo ideal es que esto no suceda, en todo equipo pueden surgir problemas, los cuales, si se abordan de manera correcta, permitirá el crecimiento de las partes involucradas. Por eso, el líder es clave para que exista la colaboración.

Considero que no hay un momento preciso para poner sobre la mesa cualquier discordia que se presente, pero entre más rápido, mejor; no permitas que el problema se añeje. Para ello, la recomendación es que los actores hablen directamente; en caso de que el conflicto no pueda resolverse, el líder debe mediar la situación. El primer paso es asegurarte de que tus colaboradores se encuentren abiertos a escuchar y dialogar solos, en primera instancia; si las cosas no pueden mejorarse, interfieres objetivamente, es decir, pensando en el problema y no en la persona.

Para concluir este capítulo, quiero enfatizar que el trabajo en equipo y la colaboración es una forma de realmente multiplicar el esfuerzo individual. Donde no es la sumatoria de 1 + 1, sino la multiplicación de 10 x 10 = 1,000. Es algo exponencial porque el trabajo colectivo de un equipo puede conquistar resultados y entregables muy superiores a los que cualquier individuo en lo personal pudiera alcanzar. Por ello, el líder debe revisar qué elementos –de los ya mencionados– necesita desarrollar y fortalecer.

—◆—

Capítulo 6

Desarrollo personal

Imagina que eres un leñador, ya sea con pocos o muchos años de experiencia. Sabes cortar muy bien los distintos árboles que hay en el bosque. Para ello, te has preparado y equipado con las mejores herramientas, una de ellas es tu hacha. Conforme haces más uso de ella, va perdiendo su filo; por lo que su efectividad comienza a perderse. Así que tienes dos alternativas: mejorar y afilar el hacha para que fortalezcas aún más tu talento o esperar a que tu superior te brinde una nueva hacha, ¿qué harías tú?

La mayoría considera que es responsabilidad y deber de la empresa proporcionar el mejor de los equipos para que puedas aumentar tu desempeño; sin embargo, no necesariamente debe ocurrir de esa manera. Eso mismo deseo con este capítulo: que tu concepción sobre esta analogía empiece a transformarse para que tomes un nuevo o más completo significado sobre qué es el desarrollo personal.

Al hablar sobre este concepto viene a mi mente el sinnúmero de personas y equipos de trabajo con los que he colaborado a lo largo de mi carrera profesional. Después de conectar con diferentes corazones, mentes y personalidades de tantos líderes, creo firmemente que el desarrollo personal al interior de una empresa (independientemente de su tamaño) depende de uno mismo. Aunque claro, también está ligado a otros factores, como el rol del líder, la comunicación y la integración, por mencionar algunos elementos esenciales, sin olvidar que el crecimiento, el aprendizaje y las capacidades obtenidas dependen de ti.

Comencemos por lo básico. Hoy, estás desarrollando cierto rol en una empresa. Lo esencial en tu desarrollo personal es entender muy bien qué se espera de ti y, en función de la expectativa, los retos y los objetivos que hay que cumplir, realices un autoanálisis en el que claramente percibas tanto cuáles son tus áreas fuertes como cuáles son tus áreas débiles que deberás trabajar para exponenciarlas usando tu máxima capacidad en ese rol que estás desempeñando. Nuevamente, la claridad de tus tareas, tus funciones y los objetivos se hacen presentes en este punto; porque teniendo esa transparencia, todos tus esfuerzos se concentran en un solo lugar.

El desarrollo personal inicia con un autoconocimiento profundo; después, viene la conciencia para entonces elegir una serie de áreas de oportunidad que puedes y debes desarrollar, trabajar y, por supuesto, pedir ayuda a tu líder. Para llegar a este paso, debes ser consciente de lo que necesitas y no esperar a que la empresa o tus líderes lleven ante ti todas las respuestas, herramientas, talleres, cursos o capacitaciones.

Si en este momento que estás leyendo esto piensas que tu desarrollo personal solo lo encontrarás cuando te asciendan de cargo, en otro trabajo o en otro lugar, estás equivocado. En la posición en la que estás actualmente, siempre habrá algo que mejorar de ti y apostarle a ello te permitirá lograr ese desarrollo personal que buscas. No se trata de esperar a que llegue, sino de ir por él.

¿Te has cuestionado cuáles son tus áreas fuertes y débiles? Si eres una persona cáustica, poco abordable e irritable, pues ahí está lo que tienes que mejorar. Si te llaman "el puente roto", quiere decir que nadie te pasa. Normalmente, no tomamos conciencia ni reconocemos la serie de cosas que ven los demás de nosotros, confirmando que el desarrollo personal comienza con uno mismo y con un autoconocimiento profundo, el cual no debe verse como autocrítica, más bien, como un reconocimiento de lo que somos y de lo que necesitamos hacer nuevo y diferente para ir hacia adelante.

Existe un concepto dentro del desarrollo personal llamado *learning by doing*, que podríamos traducir como 'aprender haciendo'. Y es justo así como sugiero que uno puede crecer, desarrollarse y, evidentemente, aprender: a través de la experimentación. Lo más trascendental de esta filosofía, impulsada por Roger Schank, es que el aprendizaje sucede cuando alguien quiere aprender y no cuando alguien quiere enseñar. Por ejemplo, para aprender a andar en bicicleta, debes ser tú el que la monte y el que, en algunos casos, se caiga; solo de esta manera adquirirás experiencia. Nadie más puede aprender por ti, y mucho menos podrán enseñarte si no lo experimentas en carne propia. En el trabajo sucede lo mismo: para continuar tu desarrollo, debes ejecutar tus tareas, equivocarte y perfeccionarlas; de lo contrario, no hallarás ese desarrollo personal que deseas alcanzar.

No hay que olvidar que el proceso de aprendizaje es continuo, nunca termina. Quizá puedes creer que lo que aprendiste en la universidad fue valioso, y sí lo es, pero ya es obsoleto porque te enseñaron apenas lo básico de todo lo que requiere el área en la que vas a enfocarte. Para alcanzar un nuevo nivel de desarrollo personal, necesitas ponerte las pilas y, como individuo, asumir la responsabilidad de crecer. Esto me hizo recordar mi etapa en Dow Chemical. Mi estancia ahí –durante más de 25 años– siempre fue un continuo aprendizaje. Llegué con ciertas habilidades, aptitudes y con la intención de crecer; por lo tanto, siempre estuve abierto a aprender, permitiéndome escalar posiciones porque siempre buscaba mi desarrollo personal. Como consiguiente, los logros se dieron.

Ahora bien, la velocidad con la que debas actualizarte dependerá del entorno, es decir, de los cambios del medio en el que te desenvuelvas. Por ejemplo, a inicios del siglo XIX, no se utilizaba ningún tipo de tecnología en el campo para cultivar; sin embargo, con la Revolución Industrial se generaron cambios poco a poco, mismos que eran inimaginables. Actualmente, alguien en la industria debe conocer y manejar las últimas tecnologías; de lo contrario, no podría estar interesado en invertir en su desarrollo personal. Y hablamos de cosas tan comunes como aprender a usar un montacargas o manejar un tráiler.

Si bien ahora esas habilidades las vemos sencillas, hace décadas significaron un verdadero aprendizaje continuo para el personal de esa época –y así es en muchos ámbitos–. Hoy, el uso de la tecnología se observa en múltiples tareas, desde el almacenaje y acomodo de productos o en un *device* en el brazo hasta en lentes de realidad aumentada. En conclusión: la tecnología ha ocasionado que estemos en constante aprendizaje. ¿Y tú, lo estás?

La metodología 70-20-10

Para comprender mejor el desarrollo personal, me gustaría recurrir a la metodología llamada 70, 20, 10. Estos tres componentes son fundamentales para la agenda de desarrollo. El 70% hace referencia a una experiencia crítica; el 20% se refiere a un *coaching* o *mentoring*; y el 10%, a algún curso, libro o alguna cuestión que utilices para perfeccionar tu desarrollo.

Por ejemplo, supongamos que eres un creativo o escritor que forma parte de una compañía pequeña. Alguien en otra empresa pequeña, sin duda, realiza las mismas tareas que tú. ¿Qué debes hacer? Si quieres sumar en tu desarrollo personal, debes integrarte a una organización sólida dentro del medio en el que buscas crecer, para de este modo aprender cómo se hacen las cosas en un nivel más alto. Ese sería el 70%.

Tienes la intención de crecer y estás abierto a aprender, pero vamos a detenernos en este punto para analizarlo. A veces pasa que algunos creativos o escritores comienzan a creerse que son tan buenos que van cerrándose al aprendizaje. Ya no se acercan a un tercero porque, como tienen años de experiencia en medios reconocidos, se consideran inalcanzables y olvidan que su desarrollo personal es una constante. Tú no caigas en la misma situación.

Recuerda que el *expertise* está en ese grupo de personas que hacen lo mismo que tú y que están en otros medios. Tu objetivo debe ser entender cómo se desarrollan, qué hacen, qué han estudiado, para dónde van, de dónde vienen, cómo se han actualizado, y eso se da solamente si tú tienes esa iniciativa. Lo mismo pasa cuando te incorporas a un proyecto sofisticado que no te correspondía aprender o cuando vas a un área nueva a aprender, permaneciendo en el mismo cargo. Esas son las experiencias críticas.

Por otro lado, el *coaching* o *mentoring*, ese otro 20%, es aquel que aunque no siempre lo reconocemos, todos tenemos a ese alguien que nos da un consejo. Esa persona que cuando no sabes para dónde correr o qué hacer, le puedes platicar sobre tu situación y, al no estar involucrada en el tema, te responderá con una opinión más objetiva; tú seguramente pensarás que te estabas quebrando la cabeza por algo tan sencillo de resolver. Quizá todos tenemos a ese mentor o *coach*, aunque, lamentablemente, no cultivamos ni buscamos o reconocemos su labor. Por eso, yo recomiendo que sí debemos tener a alguien con quien podamos conversar de manera libre, clara y transparente.

El último 10% es ese curso, taller, herramienta o libro al que debes recurrir, aunque la compañía no te lo dé. Hoy, hay tanto contenido en internet, que no hay excusas para no seguir invirtiendo en tu desarrollo personal. Incluso, puedes tener acceso de forma gratuita a la mayoría de cosas que enlisté hace un momento, y también habrá empresas que decidan invertir ese 10% en ti con cursos, capacitaciones, talleres y más.

Por ejemplo, hace un tiempo, un directivo me informó sobre una persona que está en el área de operaciones. Este elemento se ha destacado por ser analítico y muy inteligente; pero, a pesar de poseer estas cualidades, no cuenta con las bases para desempeñarse como líder, pues no tiene la capacidad de influenciar a las personas. Cada año, en la compañía destinamos un porcentaje hasta del 50% para apoyar a nuestros colaboradores en un programa; por lo que él solicitó la ayuda para inscribirse a un curso *online* llamado *Power and Influence for Positive Impact*, en Harvard, y se graduó recientemente. Yo lo felicité y le dije: "Oye, qué bien que hayas incrementado tu plan de desarrollo y que no lo hayas dejado ahí". Este es un ejemplo puntual de que la empresa pone un grano; sin embargo, no debe ni puede poner todo. La compañía necesita la intención del empleado para aprender.

Ahora bien, con todo y que haya tomado un curso, no podemos verlo como una varita mágica que cambiará todo. Muchas compañías que venden cursos te hacen creer que son la panacea, y no. Aquí me gustaría hacer una reflexión. Al principio dije: "Esta persona es analítica e inteligente", y claro que lo es, pero no con tomar una capacitación ya es un líder. Si bien este curso pudo brindarle un grado de conciencia en cuanto a sus áreas fuertes y débiles respecto a su liderazgo, aún falta ver cómo se desenvuelve en su entorno real y de qué manera cambió su comportamiento y sus acciones. La próxima junta en la que yo esté con él, obviamente, voy a observarlo y, si no habla o lidera la reunión, entonces el curso no sirvió mucho. Valdría la pena rescatar que este es un claro ejemplo entre *learning by doing* y la capacitación que ofrece un curso. Un líder se forma interactuando, conociendo a su gente, teniendo tropiezos y aciertos. Un solo curso no lo hará líder.

Mi desarrollo personal no se logró de la noche a la mañana. Con solo el grado universitario no obtuve los roles que llegué a desempeñar. Tuve capacitaciones y cursos; también aprendí experimentando y cometiendo errores. Si tú me preguntas, mi meta nunca fue ser CEO. Considero que uno no debe poner esa meta en su objetivo de vida. Para empezar, nunca pensé: "Voy a hacer esto porque quiero ser CEO". Creo que desde la secundaria o preparatoria me di cuenta y fui muy consciente de que yo debía poner de mi parte, involucrarme y aprender, tanto dentro como fuera del aula, y eso mismo hizo que fuera evolucionando.

Ese es el proceso continuo a través de la vida. Tampoco quiero decir que no escribas como meta el llegar a ser CEO de una empresa, aunque creo que si yo me hubiese fijado esa única meta desde el inicio, podría haberme frustrado mucho en el camino. Lo que a mí siempre me movió fue crecer y aprender. Considero que esa pasión, esa garra, ya la llevas o no en tu ADN. Claro que me ayudó mucho que en las compañías donde colaboré tuvieran esa agenda de desarrollo, además de apoyarme y guiarme, pero lo demás yo mismo me lo proporcioné. Jamás pienses como los individuos que, tradicionalmente, esperan que la empresa sea 100% responsable de su crecimiento. Si uno se queda esperando la varita mágica del desarrollo, nunca llegará.

Diamantes en bruto en las empresas

¿Cuántas personas han pasado frente a ti sin que te dieras cuenta del potencial que tenían para escalar a otro nivel? Como líder, a lo largo de los años, pude ser un poco más sensible al percibir y observar a las personas que estaban en mi equipo de trabajo. Entendí que, a partir de mi observación, podía detectar posibles diamantes en bruto, personas con el potencial de aprender y crecer. Sin embargo, existen muchos factores que influyen para que alguien con potencial no sobresalga, por ejemplo, si es de personalidad humilde y sencilla, menos protagonista o que no cacarea sus logros. Eso provoca que la propia organización tampoco vea las habilidades con las que cuenta o las capacidades futuras que puede adquirir para hacer otras cosas mucho más allá de lo que está desempeñando. Afortunadamente, hay compañías con procesos de evaluación de personas que permiten, una o dos veces al año, hablar acerca de las capacidades de sus elementos.

El factor que puede ayudar a identificar un diamante en bruto son los resultados. Estos son los primeros que te hablarán y te dirán: "Oye, ¿por qué en esta área, en esta célula, en esta situación o en esta región están sucediendo tantas cosas buenas?". Los resultados te indican que abajo hay personas que lo están haciendo bien y son quienes mueven el pandero. Esa pauta es la que te permitirá acercarte para conocer a la gente.

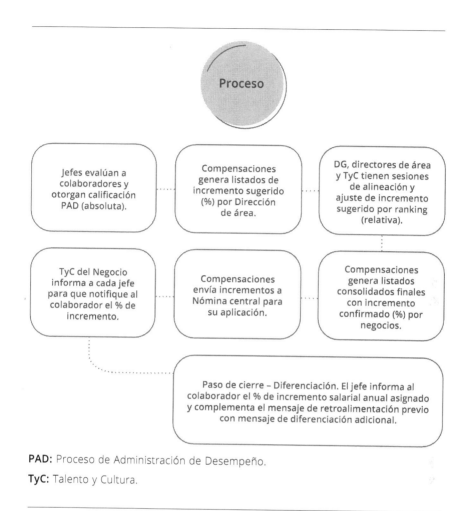

PAD: Proceso de Administración de Desempeño.

TyC: Talento y Cultura.

Y no solo eso, además de conocer a quienes están entregando buenos resultados, personas de otros equipos, clientes externos y más áreas comenzarán a hablarte muy bien de aquellos que están alcanzando grandes metas.

Como líder, es ahí cuando más debes afinar tu oído, acercarte, platicar y conocer a las personas para darte cuenta de que ganaron el respeto profesional por medio de su esfuerzo. Esos son los primeros indicadores para saber que ahí hay algo, un posible diamante.

Lo digo con seguridad porque yo también fui un diamante en bruto. Los resultados fueron los primeros que hablaron por mí, porque al tercer año de estar en la empresa recibí el premio por ser uno de los mejores vendedores de América Latina. Posterior a eso, cuando todavía ni se hablaba de computadoras, me encargué de hacer una serie de presentaciones corporativas sobre el mercado para varios clientes que visitamos. Después de un año o año y medio, me invitaron a irme al corporativo de Miami –que era la oficina de América Latina– para desempeñarme con un cargo más importante. Todo ello no fue debido a un proceso mágico, los líderes de México, mi supervisor y el jefe de mi supervisor también hicieron su trabajo al observarme, guiarme, apoyarme y hablar de mí.

¿Después de cierta edad es demasiado tarde para descubrir un diamante en bruto? No. La edad nunca será una limitante para determinar si una persona debe detener su desarrollo personal. Lo ideal es descubrir a un posible diamante a una edad temprana a fin de que logre tener una proyección y un potencial más altos, aunque no necesariamente. Si a tus 30, 40 o 60 años descubres que posees una habilidad que debe ser desarrollada y explotada, tienes que aprovechar y hacerlo.

Las nueve cajas

Existe una metodología de clasificación de colaboradores en diferentes niveles, la cual descubrí al estar en continua mejora de mi desarrollo personal como líder. Se llama Matriz de talento nueve cajas (*Nine-Box Talent Matrix*) y la puedes utilizar con la finalidad de gestionar el desarrollo del talento humano de tu equipo. Esta matriz –de tres niveles de desempeño por tres niveles de potencial– tiene dos parámetros de medición:

- Eje X. Es el desempeño y rendimiento con base en los objetivos fijados: rendimiento insuficiente, rendimiento aceptable, rendimiento excelente.
- Eje Y. Es el potencial para asumir una posición con mayores atributos a futuro: potencial bajo, potencial medio, potencial alto.

Colaborador individual

		Sí	No
1.	¿Apoya proactivamente los cambios organizacionales?		
2.	¿Muestra disposición y actitud en momentos de ambigüedad?		
3.	¿Da un excelente servicio a sus clientes internos?		
4.	¿Promueve el trabajo en equipo?		
5.	¿Completa de forma efectiva su propio plan de desarrollo?		
6.	¿Pide más retos y proyectos?		
7.	¿Dio el extra en tiempos de cargas de trabajo?		
8.	¿Se distingue por alcanzar y sobrepasar sus objetivos?		
9.	¿Ejemplifica el DECÁLOGO GIS?		
10.	¿Demuestra mayor capacidad y velocidad de aprendizaje?		
11.	¿Desarrolla a otros líderes?		
12.	¿Aprende rápido?		

La Matriz de talento nueve cajas te permite conocer el potencial de tus colaboradores actuales y, mediante su clasificación, puedes tomar decisiones más certeras en cuanto a posibles ascensos, la contratación de nuevos talentos o bien, brindar apoyo en capacitaciones. Después de hacer este ejercicio, descubrirás algunas revelaciones: "Oye, el director de compras está en la caja número 9".

Normalmente, las personas no saben en qué caja están y ese es parte del secreto de esta herramienta, porque saberlo podría desmotivarlos. Creo que esto puede causar mucha desmotivación al interior del equipo; sin embargo, para ti, como líder, representa una gran guía. Si quieres hacer cambios al interior de tu empresa, esta metodología es clave; supongamos que te encuentras con que alguien está en la caja Pez fuera del agua. Al detectarlo, puedes tomar la decisión de corregirlo de manera urgente o bien, sacarlo de la organización. Por otra parte, si alguien está en la caja Futuros líderes, debes pensar en cultivarlo para llevarlo a otros cargos, siempre tomando en cuenta cuál es su ruta y su *expertise*. La forma ordenada de saberlo es bajo este proceso de evaluación de talento.

Matriz de gestión de talento

P O T E N C I A L	ALTO	Talento desaprovechado 3	*High potential /* Alto potencial 6	*High flyer* Talento promovible 9	**10%** (6, 8, 9)
	MEDIO	Talento no demostrado / Intangible 2	Talento efectivo 5	*High performer /* Alto desempeño 8	
5% (1, 2, 3)	BAJO	Talento no demostrado 1	Talento funcional 4	Talento confiable 7	**85%** (4, 5, 7)
		D E S E M P E Ñ O			

Por lo tanto, la Matriz de talento nueve cajas es una herramienta simple y poderosa que se puede utilizar para respaldar los esfuerzos de gestión de talento y sucesión de tu organización; te permite comparar el rendimiento y el potencial de empleados y departamentos individuales, así como identificar a aquellos con potencial para pasar a nuevos roles y aísla rápidamente a los colaboradores que necesitan desarrollo.

Además, la Matriz de talento nueve cajas te ayuda a encontrar tendencias de rendimiento que podrían estar ocultas, calibrar las calificaciones y asegurar una puntuación consistente en todos los equipos.

A continuación, una descripción sobre cómo están clasificadas las nueve cajas (Fuente: employee-performance.com):

Pez fuera del agua. Persona que carece de suficientes habilidades para desempeñar su función, aunque tiene mucho potencial. Tu meta como líder es intervenir para explorar roles.

Rompecabezas. Colaboradores de bajo rendimiento que pueden o no tener ciertas capacidades. Como líder, es necesario hacer una intervención para evaluar si continúan en su rol y si pueden desarrollarse más a fin de alcanzar un mejor desempeño.

Banderas rojas. Individuo que tiene tanto bajo rendimiento como bajo potencial. Por lo que debes evaluar y abordar rápidamente al elemento de tu equipo para asegurarte de que no afecte el éxito de la organización.

Cohetes. Dentro de esta clasificación están los empleados de rendimiento moderado con alto potencial, quienes tienen la capacidad de convertirse en superestrellas una vez que dominen por completo su rol. Tu objetivo como líder es desarrollar sus habilidades y planificar su crecimiento profesional.

Futuros líderes. En esta caja se encuentran los empleados que tienen un alto rendimiento y un alto potencial. Ellos, generalmente, son buenos candidatos para promociones donde se utilice su liderazgo. Así que debes retenerlos, recompensarlos y promoverlos.

Estrellas. Aquí puedes hallar a los empleados de alto rendimiento que aún tienen la capacidad de crecer en su rol actual, pero que, probablemente, no tengan un espíritu de liderazgo. Debes recompensarlos y desarrollarlos para reconocerlos.

Mentores. Si bien tienen un alto rendimiento, su potencial es bajo. Estos colaboradores son mentores dentro de su grupo de trabajo, aunque es probable que permanezcan en su mismo rol por mucho tiempo. Tu meta como líder es retenerlos para garantizar que sus habilidades se actualicen constantemente.

Profesionales. En esta clasificación puedes encontrar a personas con un rendimiento moderado que, a su vez, han alcanzado su potencial laboral. Es necesario desarrollar sus habilidades para incentivar su trabajo.

Talento sólido. En este último nivel, el más alto, debes desarrollar a los colaboradores con un mayor potencial. Para ello, es importante que vigiles su rendimiento para que no disminuya.

Algunas de las grandes compañías con presencia no solo en México, sino en Estados Unidos o Latinoamérica, incluyen filtros adicionales para la gestión de su talento. Por ejemplo, una pregunta clave que hacen es sobre la movilidad que tienes, es decir, si estarías dispuesto a mudarte de ciudad o de país. Si la respuesta es 'no', estarás limitado a ocupar ciertos cargos. Ese es tu límite, pero tú te lo fijaste. Entonces, esos filtros para alcanzar mayores cajas incluyen muchas de las habilidades de liderazgo de las que hemos hablado y, sobre todo, tus ganas de crecer y estar abierto a crecer.

La mayoría de las personas están en las cajas de en medio, pocas están en la caja 9 y en la caja 1. Cada caja tiene un plan de acción de desarrollo. A quienes están en la 9 hay que retenerlos, prepararlos y promoverlos, y a los de la caja 1 hay que comunicarles expectativas claramente donde tendrán que demostrar que sí pueden tener mayor desempeño y si en un periodo de tiempo (tres meses) no responden, los invitamos a salir de la empresa.

Colaboradores *millennials* y *centennials*

¿Qué sucede con el desempeño y el manejo de las generaciones que actualmente se suman a la fuerza laboral? He escuchado que muchos comparan a los *millennials* y a los *centennials* con las generaciones de antes porque, precisamente, no son como antes. Se les ha catalogado de querer ahorrarse pasos en el desarrollo personal y profesional. Sin embargo, más allá de enfocarnos en lo que les falta, yo le pediría a los líderes de ahora que hicieran lo contrario y que se enfocaran en lo que sí tienen, ya que a estas dos generaciones les sobran muchas cosas y eso es lo que hay que aprovechar.

¿Qué es lo que tienen? Los *millennials* y los *centennials* tienen mucho impulso e iniciativa, misma que debemos orientar y enfocar para que contribuya en la organización. También apoyarlos en su aprendizaje a través de la experiencia, es decir, asignarles muchos proyectos cortos y de dimensiones pequeñas que puedan ejecutar, controlar y entregar; y cuando digo muchos, es muchos. Claro que continuamente hay que guiarlos a fin de obtener resultados.

Es evidente que no lograrán grandes resultados debido a que no están manejando grandes proyectos. El resultado será en función de la medida del proyecto.

Y no me malinterpreten. La recomendación de asignarles proyectos pequeños no es con la intención de ponerlos bajo una especie de 'prueba'. Si como líder necesitas poner a prueba a alguien, yo te preguntaría: ¿entonces, por qué lo contrataste desde un inicio? Lo que estás haciendo es permitirles aprender, crecer y cometer errores. Son seres humanos, trátalos como tal.

Como líder, no puedes estar en contra de las nuevas generaciones que llegan a ser parte de tu equipo. Por eso insisto: enfócate en lo que sí tienen esos nuevos elementos. Debes estar abierto a escuchar porque justamente la visión que tienen hace que cuestionen no solo el *statu quo*, sino la forma en que haces las cosas. Si realmente escuchas, quizá decidas cambiar los procesos y volver a ser más ágil.

Si los involucras y les haces la pregunta clave: ¿cómo lo harías tú?, además de retarlos a que traigan soluciones, al final, ambos ganarán. Tal vez no se haga lo que exactamente ellos recomiendan, pero te aseguro que algo nuevo surgirá, y tú como líder estarás continuando con tu desarrollo personal –que, recuerda, jamás termina–.

Un líder descubriendo talento

Si en tu propia empresa quieres implementar un plan de acción para detectar talento, lo primero que necesitas es tener una herramienta que te permita establecer y medir objetivos, tener KPI e indicadores. Con ello, sabrás dónde estás parado y, principalmente, descubrirás si las personas que ocupan ciertos cargos en realidad tienen esas competencias. Posterior a la evaluación de talento, te corresponde elaborar una agenda de desarrollo de talento que, una vez aterrizada, debes comunicarla a la gente para que conozcan cuáles son sus responsabilidades.

De esa manera, empezarán su autoconocimiento para lograr su desarrollo personal. Igualmente, la empresa tiene que comunicar que pondrá su 50%, es decir, guiará y apoyará a las personas en el desarrollo de ciertos procesos y habilidades.

El proceso es tan importante como las herramientas
Etapas

1 ⟶ 26 de abril – 7 de mayo
- **Presentación**

Presentación al comité ejecutivo, ejecutivos clave y gerentes generales de sucursal a fin de obtener su compromiso y su apoyo durante todo el proceso.

2 ⟶ 29 de abril
- **Entrenamiento a jefes de Recursos Humanos**

Entrenamiento sobre la metodología y el proceso a seguir.

3 ⟶ Mayo
- **Inicio de la comunicación**

Se realizará la comunicación con dos propósitos:
Llenado de formatos por parte de los jefes inmediatos previo a las sesiones.
- Perfil de *success factors*.
- Intereses de carrera.

4 ⟶ Junio
- **Ubicación Top 75**

Se realizarán las sesiones de calibración para ubicar a la línea de reporte directa del comité ejecutivo y gente clave.

5 ⟶ Mayo a julio
- **Sesiones de calibración**

Se llevarán a cabo las sesiones de calibración en las que el empleado con personal a cargo de un área o departamento ubicará a su personal en la matriz. Estas sesiones se realizan en un proceso jerárquico, de menor a mayor jerarquía. Dichas sesiones deberán ser facilitadas por el equipo de Desarrollo Organizacional y jefes de Recursos Humanos.

6 ⟶ Mayo a julio
- **Sesiones con las direcciones ejecutivas**

Calibración final y entrega del reporte ejecutivo con estadísticas y siguientes pasos.

7 ⟶ Agosto
· **Sesión con la Dirección general**

Se realizará la entrega de resultados y siguientes pasos del total de la compañía a la Dirección general.

8 ⟶ Agosto – diciembre
· **Seguimiento a las acciones**

Se dará seguimiento por parte de los jefes de Recursos Humanos y Desarrollo Organizacional al cumplimiento de las acciones e informarán el estatus de las mismas a los directores ejecutivos y las gerencias generales de las sucursales. El estatus se dará sobre:

· Planes de desarrollo.
· Entrevistas y planes de retención.

· Planes de carrera.
· Planes de acompañamiento.

9 ⟶ Julio – agosto
· **Retroalimentación**

Cada jefe inmediato será el responsable de dar retroalimentación a sus colaboradores cada seis meses. En esta retroalimentación no se mencionará el cuadrante en el cual se ubicó a la persona ni sus fortalezas y áreas de oportunidad identificadas en torno a su desempeño y potencial.

Apoyarte en metodologías de evaluación sirve para evaluar el desempeño de tu equipo; de ese modo, puedes dejar de pensar que tienes que estar constantemente poniendo a prueba a tu gente, en todo caso, si necesitas hacerlo, quiere decir que no confías en ellos. Guíate por los resultados de la persona y el cómo lo hace.

Competencias institucionales

Son un elemento importante para evaluar el talento, ya que se alinea la estrategia de la gente.

Metodología

1	2	3	4
Alineación	**Herramientas**	**Sesiones de calibración**	**Elaboración y entrega de reportes ejecutivos**
• Compartir objetivos, expectativas y tiempos al comité ejecutivo y ejecutivos. • Construcción de mensajes de cara a los colaboradores.	**Potencial** Formato análisis potencial **Desempeño** Formato análisis potencial **Perfil** • Estudios, experiencia previa (SF) • Formato de intereses de carrera **9-BOX** • Construcción		

Cuando evalúas, hay diferentes grados y escalas. Supongamos que tienes una escala del 1 al 5, donde 3 es muy bueno. Una persona en la escala 3 cumplió sus objetivos, alguien en la escala 2 no siempre los cumplió, pero quien está en la escala 1 es una persona que no los cumplió nunca, por lo que tienes que observarla con detenimiento para tomar una decisión de mantenerla o dejarla ir. Decide de inmediato, no esperes a que el tiempo pase. Los resultados son visibles y palpables, esa es tu manera de evaluar el desempeño de tu gente.

Recomendación final

- Evitar juicios preconcebidos al dar recomendaciones.
- Siempre basar afirmaciones o juicios en observaciones o ejemplos de comportamiento.
- Hacer preguntas abiertas.
- Pedir ejemplos.
- Brindar ejemplos.
- Basar opinión en tendencia de desempeño a través del tiempo más que en eventos aislados o los más recientes.

Entregables

1. Base de datos

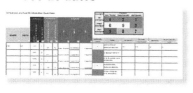

2. Estadísticas
• % de HiPos, talento no demostrado.
• % y análisis por nivel organizacional.

3. Identificación de sucesores

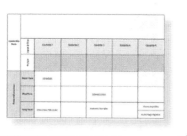

4. Fichas de talento HiPos

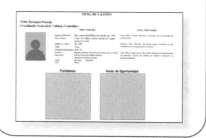

5. Planes individuales de desarrollo

6. Plan maestro de % de cumplimiento
• Listado de acciones de desarrollo por HiPo y % de avance.

Como líder y parte de una organización, lo más importante debería ser encontrar múltiples herramientas para identificar talento y, una vez que es detectado, guiarlo y acompañarlo, esperando que esa persona también tenga la intención firme de continuar su desarrollo personal, solo así podrá subir de nivel.

—◆◆—

CAPÍTULO 7

Organizaciones con sentido humano

Cuando comencé a escribir este libro, pensé en hacer un capítulo para hablar acerca de la importancia del ser humano en las organizaciones, de poner siempre a las personas en el centro de todo, pues son quienes marcan la diferencia. No solo son los que le dan 'alma', sino que, a través de esta y de su trabajo, hacen que se formen organizaciones de alto desempeño con estructuras financieras sólidas, que ofrecen buenas condiciones a sus colaboradores, dividendos a los accionistas y que cumplen o superan sus metas.

La idea es, precisamente, trabajar con ese ser humano, que también enfrenta una serie de retos fuera del centro de trabajo, así como fases de su ciclo de vida, las cuales son muy diferentes a medida que la persona se va desarrollando. El objetivo es tratar de entenderlo para poder encontrar la manera o la flexibilidad de apoyarlo en caso de que lo necesite.

Esta es una buena oportunidad para hablar sobre la relevancia de un concepto que defino como los 'higiénicos', que tienen que ver con la salud física y mental que una organización debe ofrecer a su gente, es decir, tratarlos con sentido humano. Si visitas una empresa, y observas que el baño está limpio, hay *lockers* para los trabajadores, las áreas comunes están en buenas condiciones, en el comedor se sirven alimentos de calidad y los vehículos de transporte del personal son eficientes, todos son ejemplos de 'higiénicos'. Esto no necesariamente es como un parque de diversiones tipo Disneylandia, pero sí obedece a un principio que parte de la siguiente pregunta: "¿Cómo, por medio de la gestión humana, alcanzamos el alto desempeño?".

Para lograrlo, es fundamental que tú, como líder, creas que es posible tener una organización con 'higiénicos' que beneficien a todos los colaboradores, pero, principalmente, que estés convencido de que el alto desempeño se conseguirá gracias al efecto colectivo de personas que trabajan contentas, a gusto, motivadas, con un propósito personal alineado al de la compañía y con un rumbo definido. Si crees que la conexión de todas estas cosas al final generará un resultado positivo, entonces, seguramente así será. Yo sí lo creo porque lo he visto, lo he vivido y por eso lo hago.

La diferencia entre una organización con sentido humano y una más corporativa o empresarial es, en primer lugar, que si pones el elemento humano en el centro, automáticamente empezarás a revisar tus políticas y procedimientos. En consecuencia, te volverás una compañía más inclusiva y preocupada por el ambiente laboral, la colaboración armónica entre los trabajadores, que la gente quiera asistir y que tenga ganas de dar lo mejor en su centro de trabajo.

Los 'higiénicos' es la parte sencilla, por lo que hay que enfocarse en todos los demás requerimientos de una organización con sentido humano: respeto, confianza, justicia, seguridad, un clima laboral sano, inclusión y comunicación bidireccional, entre otros. Aunque si esto se queda solo en el mundo de las ideas o si las empresas no los aterrizan en el trabajo diario del colaborador y en las instalaciones, no servirá de nada.

Todas estas iniciativas y acciones no son responsabilidad exclusiva del área de Recursos Humanos o Desarrollo Organizacional, tampoco únicamente hay que dejarlas plasmadas en un documento en papel; más bien tienen que ponerse en marcha y ser lideradas y conocidas por los directivos, darles el tiempo y el espacio necesarios para consolidarse. Lo más importante es no dejarlas morir, sino perfeccionarlas día con día.

Materializando el sentido humano

Considero que en las grandes empresas puedes encontrar una heterogeneidad; quizá se trata de una organización que es humana, pero los líderes no lo son; o bien, que todos los integrantes no estén en el mismo tono. Creo que esto depende también tanto del tamaño de la organización como de su interés en ello a través de sus políticas y de su flexibilidad, cuestiones mucho más allá de los requerimientos legales. Por ejemplo, hay compañías que desde hace mucho tiempo tienen sus políticas de maternidad o paternidad extendidas.

Otra forma de saber si en una empresa realmente les interesa el ser humano es todo el proceso de clima laboral. Esto no solamente es hacer una encuesta –sobre lo que está sucediendo en la organización–, también es medir la satisfacción en el trabajo y la felicidad. Lo importante es elaborar una agenda posterior a la evaluación, en la que cada grupo o subgrupo o célula de trabajo se compromete, con base en ese estudio, a enfocarse en los elementos donde peor fue calificado. Además, debes revisar esa agenda constantemente –o los directivos, gerentes o supervisores– y, sobre todo, mantener involucrados a los equipos para que sean ellos mismos quienes diseñen los satisfactores y realicen las mejoras. Cabe destacar que los avances no siempre son económicos o materiales, más bien tiene que ver la manera de ejecutar la operación diaria desde un punto de vista humano.

El clima laboral de una compañía puede mejorar con estrategias de comunicación, un plan de formación y capacitación, iniciativas para socializar –como eventos deportivos fuera del horario de trabajo– que sean incluyentes y en las que participe la gente de todas las áreas y sus familias. Todo ello generará una convivencia, conexión y compromiso entre todos los miembros de la organización.

Precisamente, iniciativas como el programa de capellanías o de mentoría de vida (ver capítulo 1 y 16), que he implementado en empresas como Tyson Foods y Grupo Industrial Saltillo (GIS), resaltan el tema del elemento humano, confirmando que verdaderamente te interesan las personas y las apoyas en sus momentos más críticos, desde el punto de vista no solo del trabajo, sino emocionalmente.

Así, el líder se manifiesta y se hace presente también cuando hay problemas; su presencia se manifiesta mediante el diálogo o estando presente, por ejemplo, en momentos sensibles como el funeral de un ser querido de alguno de sus colaboradores. Es precisamente bajo estas circunstancias cuando el colaborador debe sentir que cuenta con el apoyo de su empresa, de los directivos y del líder. Ese respaldo será devuelto de innumerables formas: eficiencia, actitud, resiliencia, disposición a enfrentar crisis, entre otras.

Este conjunto de detalles consolida unidades económicas humanas, un concepto que debe estar presente en la forma de actuar de los líderes, pues les ayudará a darse cuenta de que no solo trabajan con mentes y cerebros, sino con almas y corazones.

Orígenes en casa y la familia

El elemento humano no debe ni tiene que estar peleado con las utilidades financieras que genera una compañía, al contrario, deben estar integrados. Por lo tanto, las organizaciones pueden tener un sentido empresarial, dándole a la gente su lugar en el entorno. Yo sí lo creo, lo he visto y lo he vivido, por eso lo hago.

Pienso que esta forma de pensar –el considerar el elemento humano como algo esencial para el crecimiento y el desarrollo de las empresas– se originó desde el lugar donde nací y viví durante mis primeros años –El Burrión, en Sinaloa–. Es muy diferente crecer en el pavimento y en una zona urbana de alta concentración de población –en la que hay poco contacto– a un pueblito de 2,000 habitantes, donde prácticamente todos se conocen –el panadero, el agricultor, el vecino, el compadre, la comadre, etcétera–.

En una población pequeña hay diferentes sectores sociales; sin embargo, la situación socioeconómica no determina el grado de relación y de respeto a la dignidad humana. Considero que ahí está la clave de este capítulo, el elemento humano, y es un tema que es muy difícil de reconocer o de cultivar.

Cuando vives en un mundo materialista, normalmente, le das más peso a las posesiones personales y materiales, sobre todo, en nuestro país. Pero la realidad es que el automóvil, la ropa o la casa que poseas no es lo que define quién eres, sino tu actitud. Es más, cuando preguntan: "Oye, ¿tú eres ingeniero?". Y respondes: "Yo no soy ingeniero, yo estudié ingeniería". Desde allí pienso que sí influyó el lugar donde viví y la educación que me dieron mis padres. Porque ellos le extendían la mano y ayudaban a todas las personas, independientemente de su estatus social o económico.

Para mí, desde chico fue muy natural convivir con todos. Sin embargo, cuando dejé de vivir en El Burrión para irme a estudiar la preparatoria a Estados Unidos, me llamó mucho la atención el tema de la discriminación racial. Fue un shock saber que en un país podían existir temas serios de este tipo. Por eso, creo que sí depende mucho de dónde naces y cómo te educan en casa.

Si bien el medio ambiente te hace tener una serie de creencias que te pueden dificultar más o menos el ser un líder humano, pienso que es un proceso y no un destino. El proceso inicia con la conciencia y el autoconocimiento. Y voy a poner un ejemplo muy práctico para ejemplificarlo: supongamos que vas con tu familia a un restaurante, y de la forma en cómo tratas y le hablas a un mesero es como muestras qué tipo de persona eres y ahí es donde reflejas el tema de la dignidad humana. Este ejemplo aplica para todos, incluyéndome a mí, por supuesto, porque tampoco yo soy perita en dulce.

Independientemente de si tuve un mal día o bajo cualquier otra situación, mi esposa Yuly siempre me recuerda el tratar bien a las personas. Ella me dice de inmediato si ve un comportamiento desviado de lo que realmente soy –como ser grosero, hablar de una forma inadecuada o insultar–. Siguiendo con el ejemplo de la visita a un restaurante, si tratas con educación y le hablas con dignidad humana al mesero y mirándolo a los ojos, lograrás crear una conexión y él, en respuesta, tendrá una actitud recíproca.

No solo en restaurantes he percibido actitudes negativas, también en varias empresas he observado que tratan mal a la gente o que hay directivos ásperos, irritados, enojados todo el tiempo o negativos y que crean una serie de barreras que dificultan la comunicación o el trabajo en equipo. Con ello, lo único que sucede es que olvidan que el poner a las personas en el centro de todo marca la diferencia entre conseguir o no los resultados positivos que busca la organización, en beneficio de todos sus integrantes y de la comunidad en general.

El sentido humano en la práctica

Desde el momento en que los líderes de una compañía se toman el tiempo de diseñar políticas y condiciones que pasen del papel a los hechos es que se puede decir que la organización opera con sentido humano. Aunque esta debe ser una práctica que permanezca en el largo plazo, más allá de quién ocupe los cargos directivos o quién sea el CEO.

De lo contrario, si bien se puede llegar a tener una empresa de alto desempeño que carezca de sentido humano, esta condición seguramente no se mantendrá por mucho tiempo. Hay un libro de Jim Collins que se llama *Good to Great*, en el que hace un análisis de desempeño de 1,435 compañías durante 40 años, destacando que las 11 más sobresalientes –las que habían conseguido crear valor y crecer– poseían una serie de características particulares; algunas de estas estaban asociadas a que las personas y sus líderes tenían un acercamiento especial con sentido humano más allá del trabajo.

Cuando existe una conexión en una organización, esta se ve y hasta se respira desde el momento en que uno entra por la puerta. Si desde la entrada te reciben con un saludo, hay orden en el proceso de anunciarte, si se percibe que hay un buen mantenimiento y limpieza en las instalaciones y equidad entre mujeres y hombres, es que el clima laboral opera en su justa dimensión. Por lo que confirmar que una empresa tiene sentido humano es algo inmediato.

Es importante decir que ese clima laboral no solo debe ser calificado con las encuestas, también por el líder a través de su sensibilidad al hacer uso de las instalaciones que utilizan los demás colaboradores. Es la forma en la que puedes conocer lo que tu organización ofrece en realidad, no únicamente basándote en las métricas de una encuesta, sino en la experiencia personal y el conocimiento empírico.

Tú, como líder –junto con tu equipo directivo–, debes permitirte y darte el tiempo para 'tomar el pulso' de la empresa que diriges. Por ejemplo, subirte al transporte de los empleados o comer en el comedor junto con ellos, ya que eso hará que tengas un sentido humano y sepas qué ocurre y cómo vive el trabajador el día a día de la organización. Solo de esta manera podrás determinar si algo no funciona correctamente o si es necesario mejorar algo. En respuesta, el colaborador ayudará a generar resultados óptimos, que impactarán en los números de la compañía. Pero lo principal es que la gente sea feliz con lo que hace.

En dos o tres empresas en las que he trabajado, el comedor era un lugar donde no solo no se reforzaba la inclusión, sino que hacía todo lo contrario; el trabajador vivía la separación de jerarquías y hasta les decían o ubicaban "dónde sí eran bienvenidos y dónde no". Eso no hablaba de una organización con un sentido humano. Por lo que si el líder quiere prosperar, generar productividad y ser un ente generador de desarrollo económico responsable con las personas y su comunidad, debe eliminar este tipo de prácticas, que a veces son casi imperceptibles.

Rompiendo las barreras físicas

Considero que la mayor barrera para que haya más empresas con sentido humano es que algunos líderes creen que esto es *bullshit*, que es Disneylandia y que no está asociado a la productividad. Uno de los perfiles de los que menos espero que sea humanista es el financiero porque todo lo ve con números. Entonces, si tú logras transformar al CFO, lo conseguirás en el resto de la organización. Actualmente, estoy trabajando con el CFO para que comprenda la realidad más allá de las cifras. Por eso, lo reto mucho para que se acerque al negocio y vea dónde y quiénes generan esos números, es decir, que confirme que son las personas quienes están detrás de los resultados.

Los líderes, a veces, somos muy analíticos y poco creyentes. En este sentido, mucha gente me pregunta: "Oye, ¿qué estudio indica o dónde está el *research* o los datos que dicen que todo esto resulta al final en mayor productividad?". Y me dicen: "para mí, eso es exceso y es darle mucha manga ancha a la gente". Después se te revelan o no los puedes controlar –aunque no se trata de controlarlos–. Más bien, uno no es dueño de las personas. Por ejemplo, cuando alguien renuncia, las reacciones son diversas. Un supervisor se puede enojar tanto que no quiere ni dialogar y dice: "Ya mejor que se vaya".

Sin embargo, cuando una empresa es humana, lo primero que hacen sus líderes es conversar y dialogar: "¿Qué fue lo que sucedió?, ¿qué te hicimos?, ¿en qué ambiente estamos?, ¿qué causó esta decisión?, ¿es una decisión reversible o definitiva? Espera, queremos que te quedes". El problema es que cuando el ego es tan grande, en lugar de establecer una conversación, todo termina con una frase como: "Ya cierra la puerta, ve a Recursos Humanos y vete de aquí".

Por otra parte, las barreras físicas –como un ambiente cerrado, oscuro o sin luz– son más palpables porque las ves y te impiden tener una comunicación abierta; incluso, llegan a comprometer el cumplimiento de los objetivos de la compañía. La luz, por ejemplo, es otro de los "higiénicos". Al respecto, la Secretaría del Trabajo y Previsión Social (STPS) estableció la NOM 025, que determina y rige los lineamientos básicos para la iluminación en los sitios de trabajo, ya sea una planta de manufactura, una fábrica o una oficina. Si no mides las condiciones de la luz, nunca te vas a dar cuenta de si tienes la iluminación correcta para que la gente cumpla con sus funciones y, a la larga, esto podría convertirse en una barrera para que no haya productividad ni una convivencia sana.

En el caso de las barreras físicas, como mamparas, paredes y oficinas cerradas por todos lados, estas dificultan la interacción humana. En cambio, en un ambiente abierto, lo natural es que, mientras vas caminando por las instalaciones, puedas voltear y ver a las personas en sus respectivas labores, así como tener la oportunidad de detenerte a conversar con alguien. O bien, áreas abiertas con un par de sillones o con una sala y una mesa en donde puedas platicar con un grupo de personas de forma casual, sin mucha burocracia o sin tener que reservar una sala de juntas. Analizando estas características puedes determinar qué tipo de cultura tiene cierta empresa.

El hecho de tener un ambiente abierto en las organizaciones, sin duda, ayuda a vivir y a respirar mayor libertad, fomentando la comunicación, el diálogo, la conexión y la interacción. Eso es tener una cultura empresarial con sentido humano, pues en el momento en que el trabajador se siente cómodo, libre y que forma parte de ese ambiente que lo abraza y lo protege, se dará cuenta de que todo lo que tiene a su alrededor lo está apoyando a ser mejor, a innovar, a ser más creativo y a sentirse comprometido con la labor que le toca desempeñar. Por lo tanto, al asimilar que sus elementos básicos como ser humano están cubiertos, estará interesado en dar resultados.

Recientemente, y por casualidad, encontré un documento que es un cuaderno de trabajo de un programa de capacitación para nuestros clientes y distribuidores –que además incluyó a los supervisores– que mi equipo y yo desarrollamos hacia finales de los 80. Al revisarlo después de tantos años, me llamó mucho la atención que los últimos dos capítulos tratan justo acerca del elemento humano y las personas; no es sobre el manejo del tiempo ni de recursos financieros para invertir en proyectos ni para construir una fábrica ni para todo lo que pueda hacer un *business plan*. Esto me confirma que, desde entonces, he tenido este interés particular por el tema del sentido humano en las organizaciones.

Entonces, me puse a reflexionar un poco y dije: "Oye, estas cosas las traigo desde hace muchísimos años. ¿Desde hace cuánto tiempo exactamente? No lo sé". Yo no he necesitado prueba de que estos conceptos funcionan no solo para la parte profesional de una empresa –como tener un alto desempeño, lograr un buen resultado o generar valor–, también en la parte personal, de la satisfacción de la gente a través de la vida. Porque si únicamente somos trabajo, la visión se vuelve muy etérea y muy materialista. Ahí no vas a encontrar la plenitud. A propósito, hay un libro muy bueno que se llama *Pleno*, en el que el autor, Simon Cohen, habla de que la plenitud se alcanza cuando se trabaja por la gente, y que "la felicidad es estar pleno, es tener los 360 grados de tu vida en orden con la vida misma, es llorar cuando tienes que llorar y reír cuando tienes que reír, y estar en paz cuando tienes que estar en paz". Y yo estoy de acuerdo en todo eso. Así que te lo recomiendo.

"Juay The Rito"

Durante muchos años, he sido testigo de ver a gente que va contenta a trabajar, dispuesta a colaborar. Aunque también he visto lo contrario: directivos ásperos e irritados, que pareciera que todo el tiempo están enojados o peleados con la vida. Este tipo de personas son negativas y ponen una serie de barreras, olvidando el 'sí se puede'. Hace unos días me encontraba en una reunión y una de las personas –que es abogado– ponía una serie de trabas para un negocio que estábamos tratando de construir. Su posición era mucho el 'cómo no' y 'por qué no', pero no el 'cómo sí'. Eso definitivamente desgasta mucho a los equipos de trabajo.

Por otro lado, hay muchas ocasiones en que el equipo dice: "Oye, pues no avanzamos porque están poniendo más trabas, más burocracia y más barreras; a tal grado de que lo que teníamos en mente sobre un programa, se ha transformado en algo que es un *pain*, cuando justo estamos tratando de lanzar una iniciativa que elimine dolores". El problema es que si las personas a cargo no permiten que se pueda pasar de la página número uno de las cláusulas de un contrato, nunca se alcanzarán los objetivos ni se concretarán las iniciativas.

En mi oficina actual conservo un cuadro llamado ARANA-RIO. Son frases escritas de forma medio chusca, que el equipo de trabajo en Tyson Foods reunió en esta pieza apenas uno o dos años después de que entré a la compañía.

Por ejemplo, "*Juay The Rito*". Esta se convirtió en una frase que utilizábamos cuando alguien se estaba enojando o estaba emocionalmente ensimismado en una situación, dejando de lado la objetividad o cuando ya se estaba pasando de la raya –tanto en el tono de voz como en las palabras– y atacando más que resolviendo. Por lo que "*Juay The Rito*" eran las palabras clave entre el equipo para decir: "¿Por qué estás enojado?, ¿por qué estás tan alterado? Bájale tres rayitas". Algo parecido a: "Tranquilo, tranquilo".

ARANA-RIO

Es una descripción de expresiones idiomáticas y frases célebres que, en ocasiones, repetimos en el equipo de trabajo y que favorecieron la confianza entre integrantes para suavizar situaciones complejas y estresantes que nos llevaban a reírnos o a ver las cosas desde otro ángulo. Me lo dieron en Tyson.

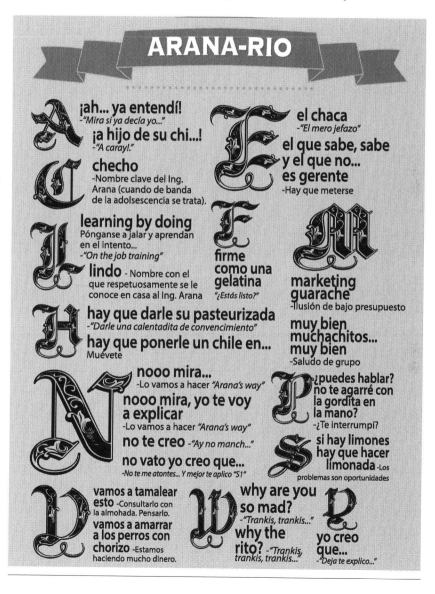

Otra frase es: "Si hay limones, hay que hacer limonada". Así, los miembros del equipo le agregaron una explicación en cada caso: "Oye, lo que Arana quiere decir es que los problemas son oportunidades; hay que verlo como una oportunidad y como una solución". Un ejemplo más es: *learning by doing*, es decir, "pónganse a jalar y aprendan en el intento".

"Hay que darle una pasteurizada", ¿qué significa? Darle una calentada de convencimiento o buscar la forma para convencer a una persona de algo. Otra dice: "Marketing huarache", que es la ilusión de un bajo presupuesto y efectivo, de no hacer algo tan grande. "El que sabe, sabe, y el que no, es gerente". ¿Qué es lo que quiere decir? Que hay que meterse en los detalles, bajar al piso y entender lo que realmente está sucediendo en el ambiente de trabajo. "Vamos a tamalear esto", o sea, consultarlo con la almohada, pensarlo, observarlo, pero no decidir en el momento. "Firme como una gelatina... Pero congelada". Muchas personas no ponen atención a lo que se les dice y simplemente responden: "Sí, sí estoy firme". Bueno, en realidad no están tan firmes, porque si la gelatina estuviera congelada, entonces sí.

Todas esas frases célebres –y más– están en el ARANA-RIO, ayudando en su momento a generar un ambiente de trabajo más abierto y flexible, ya que no solo era conocido por mi equipo directivo, sino que, poco a poco, fue permeando en la organización. Esto permitió que los demás entendieran nuestras frases e, incluso, si había un nuevo integrante del equipo, le fuera más fácil incorporarse a esta forma chusca de ver la vida.

El autor Jim Collins habla mucho acerca del reconocimiento de puño y letra por parte del líder. En este sentido, una de las cosas que a partir de la pandemia dejé de hacer bastante es el *handwriting*; si tenía a alguien cercano, era muy fácil entregarle una pequeña nota por escrito –el famoso correo interno–. Si bien podría hacerlo de forma electrónica, considero que no tiene el mismo impacto que produce la nota física, la cual –como dice Collins– viene acompañada de 'love', que en nuestro idioma sería el cariño o el interesarte por alguien de forma genuina.

Con el paso del tiempo, muchas personas me han ayudado en mi formación humana y profesional, para desarrollar ciertas habilidades que me han permitido entender mi rol como líder; muchos han sido ejemplos de vida y *rol models*.

Sin embargo, como lo he expresado en otros capítulos, es importante tener a alguien que te retroalimente y te recuerde la importancia del sentido humano en las organizaciones.

Capítulo 8

Fe en ti, en un ser superior y en otros

C ree en ti mismo. Si no crees en ti, ¿en qué o en quién más? Por eso, insisto, el creer en ti mismo ya es un gran avance que seguramente te llevará –con el apoyo de tu equipo– hasta donde te lo propongas. Un ejemplo de vida que lo confirma es la historia de Nelson Mandela, activista que luchó contra el *apartheid* en Sudáfrica e, incluso, estuvo preso durante 27 años acusado de conspirar en contra del gobierno. Pero eso no lo detuvo ni lo hizo perder la fe en sí mismo; en 1990 fue liberado y, cuatro años más tarde, ganó las elecciones presidenciales de su país, convirtiéndose en el primer mandatario de color.

Si de verdad crees en ti mismo –tienes fe en ti–, ¿cómo se ve reflejado esto en tu entorno? Seguramente, como una persona con una autoestima alta, que se proyecta en su ámbito familiar o profesional como alguien alegre, feliz y propositivo; que se acerca al equipo de trabajo a sumar soluciones; que entiende a los demás y establece diálogos, se comunica, colabora, coopera y ayuda. Quiero señalar que alguien con una autoestima alta puede llegar a tocar fondo, verse a sí mismo y ser consciente de sus fortalezas o debilidades, así como del momento que está viviendo.

Capítulo 8. Fe en ti, en un ser superior y en otros

Imagina que eres como un imán, con una fuerza magnética que atrae a otros, despertando en ellos el deseo de trabajar contigo y llevar a cabo estrategias que generan cambios y crecimiento: "Oye, en ese equipo está Carlos, hay que integrarnos con ellos". Aunque también existe el ejemplo contrario: personas con una energía negativa a las que nadie quiere acercarse –como el personaje de las caricaturas, Mala Suerte, quien siempre traía una nube negra a donde iba–.

Ahora, visualiza un motor, el cual siempre tiene una connotación de energía, de movimiento o de echar a andar algo –un vehículo es lo más común–. En este sentido, pienso que la fe es el motor de muchas de las cosas que resultan en nuestra vida. Por eso, en más de una ocasión dices: "¡Qué suerte tiene esta persona!". No sé si es suerte; quizá haya un elemento de suerte, aunque más bien considero que hay mucho trabajo y mucha fe en combinación para que sucedan cosas positivas en la vida de la gente y, de esta manera, puedan construir y apegarse a su propósito de vida, alcanzando la felicidad bajo su definición de éxito.

Puedo decirte que tu propio concepto quizá sea algo muy diferente de lo que la sociedad nos pinta como éxito, basado en ciertos estereotipos, como la imagen de una mujer u hombre delgado que pasa todo el día en un velero o conduciendo un automóvil último modelo, vistiendo ropa de marca, etcétera. Sin embargo, veo que, poco a poco, va cambiando este exceso de estereotipos tanto en la publicidad como en la comunicación en general. Por lo que, sin importar lo que los demás piensen, lo primero es tener nosotros mismos una definición de éxito.

Las personas que logran salir de problemas serios de vida –como superar la muerte de un ser querido o de una crisis empresarial– son las que tienen fe en que van a salir adelante. Fe en que hay un Dios –o un ser supremo– que lo está viendo todo y que esto que tengo frente a mí es solamente una prueba que tengo que pasar. Es una experiencia que hay que vivir y es algo que hay que verle la mejor cara para enfrentarlo y resolverlo.

Esto significa ser protagonista de los problemas de vida que todos tenemos y no una víctima de las situaciones de vida a las que nos enfrentamos.

Hay gente que tiene fe y que, además, cree en Dios o en cualquier cuestión religiosa o espiritual. Si revisas el Capítulo 16 sobre los programas de capellanía y mentoría de vida, podrás ver que hay tres elementos principales: cuerpo, mente y alma. Y la parte del alma es el espíritu, que empieza con la fe. En México, es común que las personas digan: "Soy guadalupano", aunque más bien la mayoría somos guadalupanos, independientemente de ser católico, ya que es un emblema que tenemos desde hace mucho tiempo.

Al final, las personas tienen fe en que las cosas se van a dar. ¿Cómo se logra materializar esta fe? Bajo mi visión, pienso que tener pensamientos positivos –como "¡sí puedo!"– comienza a encaminarte hacia acciones que te van a generar algo positivo. Pero el primer paso es, precisamente, estar convencido de que sí puedes alcanzar una meta o encontrar la solución que buscas.

De la fe en otros a creer en uno mismo

La mayoría de las personas cuando escuchan o leen la palabra 'fe', su primera referencia es la religiosa. Esto es algo normal, pues durante siglos se ha asociado a la devoción a un ser supremo o deidad. De hecho, según la Real Academia de la Lengua, fe significa: "Conjunto de creencias de una religión".

Si profundizamos un poco más el análisis y tratamos de entender la fe desde la espiritualidad, podríamos definirla como ese motor interno que todos los seres humanos tenemos y que nos da la capacidad de darle la vuelta a los conflictos y superar los problemas.

Quizá por costumbre hemos pensado que la fe es esa esperanza que depositamos en otro (notario, abogado, directivo o Dios) porque es quien nos debe resolver desde un trámite hasta asuntos de la vida espiritual, personal o profesional. Por lo que, en realidad, pocas veces pensamos que la fe está en nosotros.

En el momento en que nos demos cuenta de que esa capacidad y fortaleza reside en nuestro interior, que es parte de nuestro ser y que está ligada a nuestra autoestima, la historia cambiará. Antes de poner tu autoestima en manos de otro, como ser humano debes darte la oportunidad de creer en ti mismo.

Comienza con algo sencillo: párate frente a un espejo –no para mirar si estás bien peinado– y trata de interiorizar para explorar a fondo cómo actuar en cualquier ámbito de la vida; para saber quién eres, qué tienes dentro y por qué. Cuando te decides y lo determinas, la fe se vuelca y genera esa confianza que necesitamos para ser cada vez mejores seres humanos.

En mi experiencia personal, gracias al apoyo de mentores de vida y de mi esposa Yuly, he podido conocerme como persona. Así, me di cuenta de que esa percepción que tenemos de nosotros mismos y de otras personas tiene que ver con la fe.

La fe en los negocios

Tener fe es creer en algo que nunca has visto y, a pesar de que no lo has visto, sí crees y crees que va a suceder algo. Orientado a los negocios, es creer que puedes resolver un problema o superar un reto, por muy grande o imposible que parezca. Por ejemplo, creer que vas a salir de una situación de crisis y, probablemente, unos meses después –ya con la situación bajo control–, voltearás hacia atrás, riéndote de ti mismo de cómo te ahogaste en un vaso de agua.

La fe es como la fuente divina –por lo tanto, intangible– de un combustible que te nutre para poder seguir adelante en la vida. Precisamente, cuando el ser humano se enfrenta a situaciones complicadas, necesita esos momentos de reflexión y de estar consigo mismo, quizá meditando, pensando o rezando. Esto le da la capacidad de volver a la carga y salir a tratar de resolver las diferentes situaciones de vida que le toca enfrentar.

A lo que me refiero es que tener fe también tiene un impacto positivo en los negocios y en el ámbito profesional, reflejándose en generar valor para una empresa donde tienes un nutrido grupo de personas con ese tipo de actitud. Porque lo más probable es que las soluciones a los problemas sean mucho más rápidas de implementar y efectivas, ya que hay un alto grado de compromiso por parte del equipo y las personas asumen su responsabilidad, es decir, cada una aporta el granito de arena que le toca sumar. Es todo una consecuencia –diría yo– de acciones que surgen a partir de un comportamiento como este que estamos describiendo.

Otra cosa positiva que aporta la fe al mundo organizacional, empresarial o corporativo es que ayuda a dar ciertas dosis de 'ubicatex' a las personas con un ego tremendo, supuestamente, justificado por su título, cargo o jerarquía. Piensa en lo siguiente: un día cualquiera sales del edificio donde trabajas, cruzas la calle y te atropellan; da lo mismo si eres el CEO, el director de área o el analista. O sea, nadie está exento de los problemas del mundo, todos somos iguales como seres humanos.

Una situación que también se presenta mucho –por desgracia– en los círculos profesionales son las enfermedades. Para empezar, hay que aclarar que esta palabra no se entiende igual en los diferentes idiomas. Si tú divides el término en inglés *disease* (*dis–esae*), significa que "pierdes la normalidad"; ya no estás *'ease'*, que quiere decir 'estar bien'. En cambio, la connotación en español de 'enfermedad' te dice, literalmente, que estás enfermo.

La enfermedad a veces tiene un origen o una raíz emocional, mientras que la medicina trata con el cuerpo humano bajo la lógica de hacer un análisis para diagnosticar y curar un mal físico por medio de medicamentos. Si el cuerpo está bien alimentado, descansado y ejercitado, tiene mayor capacidad para defenderse con un sistema inmunológico fortalecido. Pero si hay fatiga, cansancio, desvelo, mala alimentación y estrés, las personas están más expuestas a padecer diferentes enfermedades.

Creo que la principal ayuda que un ser humano puede tener proviene de una simple pregunta: "¿Cómo estás?", esperando que la respuesta sea: "Bien". Por ello, en una empresa es indispensable tener mentores de vida, quienes al 'escuchar' a los demás, pueden hacer una gran diferencia. Tal vez lo único que requiere el colaborador es ser escuchado, ya sea para encontrar su propósito de vida, canalizar ese esfuerzo mental o físico que lo atormenta o tener paz y tranquilidad que faciliten su toma de decisiones.

Energía y campos magnéticos

La fe es tu motor interno invisible y está plasmada en el alma. Entonces, ¿en qué parte del cuerpo está el alma: en el pecho, en el corazón o en dónde?, ¿y cómo buscarla? Físicamente, los seres humanos somos un conjunto de células: cada órgano es un conjunto de células, y el conjunto de órganos constituye el cuerpo. Por lo que si buscas el alma en la célula, no está ahí, más bien, se encuentra en la energía que emite la célula, considerando que el cuerpo humano también tiene cargas positivas y negativas en toda su fisiología.

Lo mismo ocurre con la Tierra, ya que posee un centro magnético y por fuera, niveles energéticos. Partiendo de la idea de que si la Tierra –que es donde vivimos todos los seres humanos– tiene polos magnéticos y energéticos, ¿por qué nosotros que la conformamos no los tendríamos?, ¿y por qué las empresas y organizaciones que están en la Tierra y que están integradas por personas no los tendrían?

Todo esto está probado científicamente; hay aparatos e instrumentos que miden la energía de las personas. Cuando se hace la medición, normalmente, es en la zona del pecho, donde está el corazón; en el caso de las empresas, a estas se les mide la energía desde su corazón, es decir, su gente.

Además, hay estudios, ciencia documentada y expertos que han dedicado su vida a estudiar el campo magnético durante siglos, para comprender la conexión entre la energía de las personas y la de la Tierra. Por ejemplo, el campo magnético de las personas abarca varios metros hacia afuera; por eso, cuando un individuo interactúa con alguien a nivel físico, hay una reacción positiva o negativa. Y lo que sucede es que el cuerpo magnético entra en contacto con el del otro.

En las empresas ocurre algo similar: su energía emana de su gente –seres humanos–, desde quienes integran la base hasta el CEO, directivos y socios. Creo que cuando en una compañía todos están trabajando por resolver un problema o por superar una crisis, esa emanación de energía que se transforma en compromiso tiene un impacto positivo. Imaginemos una compañía de más de dos mil personas, todas con un campo magnético positivo y colaborando bajo un propósito en común. Seguro algo bueno surgirá.

A mí me encanta esa conexión porque ahí empiezas a entender que la energía sí es medible y que tu campo magnético ejerce una fuerza externa. Todo esto me hace concluir que el tema de la energía es una realidad tanto en las personas como en las organizaciones. Difícil de entender sí, y de explicar quizás aún más porque si no tienes la sensibilidad o la conciencia de que eso existe, nunca le vas a poner atención.

Lecciones de fe en ti y en otros

Hablar de estos temas en el mundo de los negocios sí es posible –y necesario–, aunque muchos no lo vean de esta manera. La libertad de dogma de fe es otro elemento inclusivo propio de una empresa con sentido humano, ya que, precisamente, la creencia de las personas –sea cual sea– es un punto crítico.

A diferencia de otros países, México no es tan diverso en cuanto a dogmas de fe. En cambio, en otros países, la diversidad es mayor. Tan solo en nuestro vecino del norte, Estados Unidos, se encuentran representadas la mayor parte de las religiones en gran número de ciudadanos (musulmanes, judíos, protestantes, católicos, testigos de Jehová y budistas) y ejercen sin problema.

Volviendo a México, históricamente, los gobiernos se han encargado de hacer una separación de la Iglesia y el Estado. Por su parte, las empresas han seguido ese camino sin enfrentar el tema, simplemente vetándolo del ambiente de trabajo –aunque cuando llegas a muchas fábricas, lo primero que ves es un altar de Nuestra Señora de Guadalupe–. Incluso, tampoco es bien visto que alguien tenga una imagen –de Cristo o de Buda– en su lugar.

El poder legislativo en nuestro país se ha encargado de eliminar, restringir y ponerle mala cara a la cuestión religiosa en el trabajo, sin importar que la gente opine lo contrario. Mientras que muy pocas compañías a nivel mundial son inclusivas en el tema de las creencias. El mejor ejemplo es Estados Unidos, donde si bien las empresas son poco humanistas, si ves el reverso de un billete de un dólar, puedes leer la leyenda *In God We Trust*. Es una total contradicción.

El problema no es solamente eliminar las religiones y sus preceptos, sino que en las organizaciones no se contemplen la espiritualidad, los valores intangibles y el que la propia gente se permita creer en lo que quiera. En consecuencia, poco a poco se ha apagado la fe (y no la religiosa), y con ella, la luz interna de las personas que es con la que actúan y reaccionan frente a las diversas situaciones de la vida.

Porque, al final, cómo puedes pensar en crecer y pedirle a tu gente que colabore si tú, como compañía, no los impulsas con valores. Los empresarios, CEO, líderes y directivos debemos entender que no están trabajando solo con máquinas, se trata de personas que sienten, que tienen problemas y alegrías, que muchas veces sufren depresión o estrés, pero que también tienen energía y pasión para lograr ese crecimiento que se busca.

Es bueno creer en ti, para estar seguro de que puedes resolver un problema y, al mismo tiempo, tener la suficiente humildad para escuchar y entender lo que el otro está tratando de explicarte desde su fe y sus creencias.

Por eso, el hecho de creer en un ser superior te da una nueva dosis de 'ubicatex' si lo analizamos bien: si el tamaño de la Tierra con respecto al universo es mínimo, ¿te imaginas de qué dimensión eres tú? Así que por más que seas el líder, el directivo o el CEO, no eres todopoderoso.

También toma en cuenta que tu paso por la tierra es finito: sabes tu fecha de nacimiento, pero no cuál será tu fecha de expiración. Ignoras –al igual que todos– cuándo vas a trascender o morir. Muchas veces, pasamos la vida entera creyendo que somos inmortales o que no nos vamos a deteriorar desde el punto de vista de la salud.

Esto solamente nos hace perder el tiempo con tonterías –a las cuales les damos un peso muy grande– o tenemos reacciones negativas exacerbadas o un asunto sin mayor relevancia lo escalamos a un problema mayúsculo. El acumulamiento de todo eso te resta energía, paz y tranquilidad, fundamentales para tener un equilibrio en tu vida y llegar a ser un mejor líder.

Creo que debemos partir del principio de que somos seres humanos, que no somos perfectos y tenemos muchos defectos. O sea, nadie –y, por supuesto, me incluyo– es la panacea ni el ídolo que a veces se lee de fuera. Todos tenemos en esta vida temas a resolver y para eso venimos a este mundo. Es como una universidad que nos va poniendo experiencias, las cuales nos forjan y moldean para superar obstáculos, madurar y seguir viviendo. Es como el hierro: lo calientas a cientos de grados para darle el temple y la fortaleza, casi lo derrites, y después lo enfrías –y es cuando más rigidez adquiere–. De forma similar es nuestra experiencia de vida: el calor de las diferentes situaciones, como las crisis, nos hacen más fuertes.

A partir de la base de que no somos perfectos y que nadie lo es, hay que ser tolerantes con los demás y tener claro que no hay barreras para llegar a una posición de liderazgo –el único que puede poner obstáculos en ese camino eres tú–. ¿Cómo iniciar? Una de las primeras acciones es determinar a las personas que consideras como líderes: ¿a quiénes admiras?, ¿por qué?, ¿qué es lo que hacen específicamente para que las admires? Una vez definidos estos personajes, el siguiente paso es seguirlos –como algo aspiracional– para conocer mejor las características que te gustaría tener de ellos e irlas desarrollando.

Solamente contempla que tener una sola meta tan estrecha –como llegar a ser CEO– te lleva a correr el riesgo de perderte toda la jornada, que está llena de experiencias y aprendizajes. Es como un viaje en ferrocarril: aunque son muchas horas para recorrer cientos de kilómetros, si no aprecias el paisaje, al final, no vas a disfrutar el trayecto. Y si por fin, luego de 30 años, consigues ser CEO, pero solo estuviste tres años en el cargo, lo más probable es que no habrás aprovechado todo lo que viviste para llegar hasta la posición que buscabas.

Fe en tu liderazgo

Imagina nuevamente nuestro árbol de maple; al formar parte de él, debes estar atento –y viendo hacia arriba o hacia abajo– por si la hoja 360 te puede ayudar a resolver un problema o tiene un mensaje para ti. Recuerda que Dios te pone en el camino a las personas que necesitas en determinado momento, lo mismo tú para ellas. Sin embargo, si no estás alerta, puede pasar frente a ti el individuo que te iba a dar un consejo y, por no estar consciente y abierto, no lo ves ni lo escuchas, es más, lo ignoras.

Estoy convencido de que el inicio de todas estas cuestiones que a veces no entendemos es tener fe en ti mismo –que parte de autoconocerte–. Eso te permitirá estar atento a la estructura completa del árbol y a todas las hojas que lo integran, tanto las de abajo como las de arriba, las que están en medio y los pequeños brotes que van naciendo. Porque la fe y la intuición te llevarán a encontrar a esas personas que desde diferentes áreas y grupos –y con diversos puntos de vista– sumarán al crecimiento de la organización.

Un verdadero líder no se cierra, tiene fe en él y en su gente; se da la oportunidad de preguntar, escuchar, analizar y observar; cree en la igualdad y en todos los mensajes que a diario se atraviesan en su camino, porque la vida siempre te ubica en el punto exacto.

—◆—

Capítulo 9
Propósito de vida

A finales de la década de los 80, yo tenía menos de 30 años de edad, ya estaba casado y teníamos tres hijos pequeños. Mi carrera profesional, que inicié en Dow Chemical recién graduado como ingeniero de la universidad –a los 22 años–, comenzó a despegar al ocupar una posición internacional. En 1987 fui promovido como gerente de Investigación de Mercado en las oficinas centrales de América Latina de la compañía en Miami, Florida. Todo esto significó varios cambios –como mudarme junto con mi familia de México a Estados Unidos– y una serie de toma de decisiones que tuve que asimilar y resolver en poco tiempo.

Justo estos movimientos y nuevos retos –tanto en casa como en el trabajo– me impactaron y fue cuando tomé conciencia sobre qué quería hacer con mi vida, por qué estaba donde estaba y qué otros objetivos quería conquistar. Si bien me encontraba en una buena etapa –familiar y de crecimiento profesional–, lo cierto es que, al igual que le ocurre a la mayoría de las personas, no tenía definido mi propósito de vida. Era momento de invertir tiempo para pensar, hacer una autoevaluación y determinarlo por primera vez.

Definir tu propósito de vida ahora quizá te haga pensar en saltarte este capítulo del libro porque parece una tarea compleja o que prefieres dejar para otra ocasión, lo sé. En el pasado, habría considerado hacer lo mismo; sin embargo, con lo que compartiré en las siguientes páginas quiero provocar que tú mismo te preguntes:

¿cuál es el propósito de tu vida? Y, por consiguiente: ¿cuál es el propósito de tu empresa?

Estoy seguro de que tienes algunas ideas en mente, pero si aún no, nunca es tarde para hacerlo; no importa si tienes 20, 30, 40, 50 o más de 60 años. Para esto no hay edad. Incluso, debes considerar que tu propósito debe ir cambiando y actualizándose, dependiendo de la etapa de tu vida en la que estés. Existe un autor, Rick Warren, quien tiene varios libros relacionados con este tema, entre ellos, *Liderazgo con propósito*, que vale la pena consultar, sobre todo, para conocer el análisis que hace de Nehemías.

Tus padres, tus hermanos, tus tíos, tu mejor maestro de la universidad, tu compañero del aula desde la infancia, tu mentor, tu *coach*, tu jefe. Sin duda, todos ellos suman en tu vida para crear este propósito. Pero esto va a depender de ti, de qué tan abierto estás para explorar un tema con alguien a quien le tienes confianza. Solo recuerda que no hay una única persona que pueda ayudarte en la creación de tu propósito de vida, pues eso tú mismo lo defines.

Enciende el motor de tu vida

Todos tenemos un motor personal de vida, una misión que está ligada al propósito, aunque muchas veces lo desconocemos. Conocer tu propósito te ayudará a darle un significado a aquello que haces porque te va a mantener motivado y enfocado; además, te va a simplificar las cosas y, de cierta manera, te prepara para que todos los días estés entusiasmado en cada ámbito que conforma tu vida, es decir, en los cuatro pilares que te mantienen en balance: personal, profesional, social y espiritual (ver capítulo 12).

Mi experiencia a través de los años en diferentes compañías me indica que puedes identificar a las personas que tienen un propósito claro. Sin duda, hay una gran diferencia entre quienes sí lo tienen y quienes no porque notas su automotivación, su positividad y buenas intenciones de hacer algo; tienen muy claro lo que quieren y, mejor aún, saben lo que no quieren en su vida. Además, son personas con quienes te gusta convivir y colaborar.

Siempre he pensado que todos venimos a este mundo por alguna razón en particular. Por ello, en alguna faceta todos necesitamos hacernos una serie de preguntas difíciles de responder: ¿quién soy yo?, ¿a qué vine a este mundo?, ¿cuál es mi verdadero propósito?, ¿qué voy a dejar cuando trascienda? Y aunque no es posible saber cuáles son las respuestas correctas, debes tratar de responderlas –tú y nadie más que tú– para aterrizar tu propósito. Lo que también es un hecho es que, desafortunadamente, la mayoría siempre piensa: "Mejor mañana me preocupo por eso".

Como todo motor, el propósito de vida no es algo que permanece estático, al contrario, debe ir cambiando y evolucionando conforme creces y te desarrollas. La vida se compone de varias facetas, es decir, ciclos que duran unos siete años. Por lo que lo ideal es que cada siete años te vuelvas a preguntar cuál es tu propósito para ajustarlo a tus condiciones presentes y a tus perspectivas futuras.

Si analizas y ves que estás exactamente igual que hace siete años, es necesario hacer un cambio que te motive a crecer, aprender y mejorar en el ámbito que haga falta. Pero –insisto– no puedes mantener estático tu motor, dale vida y movimiento a partir de las revisiones periódicas que hagas de tu propósito de vida.

Al estar escribiendo este libro, recordé los primeros propósitos de vida de los que fui consciente. Incluso, encontré algunas anotaciones de ese tiempo y a continuación las comparto:

Dar lo mejor de mí. Ser capaz de proporcionar amor, cariño, educación y crianza. "Raise my family", criar o mejorar a mi familia de la misma forma que Dios lo quisiera. Mantener a mi familia unida en un espacio donde nos amemos y disfrutemos todo lo que hacemos. Mantener el balance en los cuatro ejes (personal, profesional, social, espiritual).

En ese momento, también anoté cuáles eran los *issues* a los que me iba a enfrentar y, claro, era muy alto el precio que habría que pagar para educar a una familia siendo un *global expat*, porque eso implica estar dispuesto a moverte de país en país. Sin ignorar este panorama me cuestioné lo siguiente: ¿cuáles son los beneficios que obtengo a largo plazo para mí o en mi carrera?

En aquel entonces, esa era mi mayor pregunta. Y al final, dije: "Estoy comprometido con mi familia y con mi trabajo. Me encanta trabajar en Dow. Busco crecer en mi carrera, pero también busco aprender todos los días". Este documento lo escribí hace ya mucho tiempo. No fue la primera ni la única versión. Hice más, muchos más conforme había cambios en mi vida.

Y esto no es que lo aprendiera de alguien o tuviera que hacerlo porque me lo pidieron en una de las empresas donde colaboré. Sino más bien creo que todos –en algún momento que cada quien determina– tenemos la necesidad natural de definir ese propósito que va a marcar nuestro camino, que nos va a alentar y que va a alinear cada uno de nuestros esfuerzos, manteniendo encendido nuestro motor personal de vida.

Construye tu propósito empresarial

El propósito empresarial es la razón de existir de una organización. Para que quede más clara esta idea, voy a compartir un ejemplo. Vamos a suponer que existe una empresa que se dedica a fabricar frenos para automóviles; su propósito como tal es proporcionar seguridad al conductor. Y seguro te cuestionarás: "Ah, pero cómo que su propósito es proporcionar seguridad". Bueno, cuando una persona va manejando y frena, la intención es que no se estrelle con nada, que se mantenga a salvo. Esa es la principal función de los frenos y, por lo tanto, la esencia de esta compañía. Lo mismo sucede con una empresa que está en el medio clínico, su propósito es llevar salud a todos los habitantes.

Frases cortas, puntuales e, incluso, aspiracionales, así son los propósitos empresariales. Por ejemplo, el propósito de una conocida marca de pasta dental es el cuidado y la innovación para mantener saludables a las personas. ¿Qué quiere decir con esto? Que constantemente sus colaboradores están desarrollando productos nuevos en pro del cuidado de los consumidores.

Toda compañía, tanto familiar como privada, nace por un propósito. Cuando hablamos de empresas privadas, el comité directivo es el encargado de crearlo, mismo que es validado y aprobado por el consejo de administración. Las empresas familiares, por otro lado, quizá demoren un poco más en el establecimiento y en la estructura de su organización; no obstante, en algún momento, el dueño, líder, director o CEO debe escribir no solo el propósito, sino también su misión y visión.

Es posible que puedas confundir el propósito con la misión o la visión de una organización, aunque son diferentes. El propósito es la razón de existir de la empresa, es como su alma o como su ser más intrínseco. La misión describe lo que se debe hacer, lo que se debe cumplir día a día; es decir, está muy enfocada en el hoy. La visión apunta hacia el futuro del negocio y es aspiracional: ¿quién quiero ser?, ¿cómo quiero trascender? Por lo que el líder debe comprender el valor de estos aspectos porque tenerlos claros, definidos y bien comunicados con el equipo le permitirá hacer crecer a la compañía.

Al igual que el propósito personal, el empresarial debe ser revisado y cambiarse conforme la compañía evoluciona. Por ejemplo, cada vez que hay un cambio de liderazgo es una buena oportunidad de revisión, no necesariamente de cambio. Y por lo menos cada cuatro o cinco años se debe hacer un análisis del propósito, con base en el pulso de la industria en donde se desenvuelve la empresa. O bien, si esta empieza a cubrir otros mercados y segmentos, y su propósito, su misión y su visión ya no están alineados con los originales, es conveniente adecuarlos a esta nueva realidad.

En los períodos más difíciles, aquellos en los que se vive una problemática seria o una crisis, que sientes que todo se viene abajo –que las ventas se cayeron o que los clientes ya no quieren saber de ti, que la empresa está perdiendo dinero y que le debe al banco–, es en esos momentos cuando debes regresar al nido, a la base de todo, revivir el sentido que tiene lo que estás haciendo y cuestionarte: "Bueno, si el mercado y el entorno cambiaron drásticamente, ¿debemos seguir con nuestro propósito o hay que modificarlo para redefinir la razón de ser de la compañía?".

Alinea tu propósito de vida y el empresarial

A lo largo de mi carrera profesional, me he interesado por conocer el propósito de vida de mis colegas y colaboradores, sobre todo, de aquellos que ya tienen varios años trabajando en la compañía y con quienes puedo compartir una plática más profunda.

Lo cierto es que en cada ocasión en que he preguntado sobre su propósito de vida a los miembros de mi equipo de trabajo, el resultado me sorprende: 90% me dice que no tiene uno, y reaccionan con varias dudas: ¿de qué se trata?, ¿cómo se hace?, ¿qué elementos tiene?, ¿dónde lo veo? Después de hablar con ellos y explicarles el valor que tiene el propósito en la vida de cada persona, puedo decir que ahora 70 u 80% de ellos ya lo tiene definido por escrito.

El siguiente paso es que, idealmente, tu propósito personal esté alineado al empresarial (profesional), a fin de tener armonía en tu vida. Pero antes de siquiera buscar hacer este enlace, vayamos un paso atrás y piensa en lo que te gusta: ¿para qué eres bueno?, ¿cuáles son tus oportunidades dentro de la organización o en tu carrera profesional?, ¿en qué eres bueno aunque todavía no desarrollas al máximo tus habilidades?

La clave para encontrar tu propósito es voltear hacia eso que te gusta –a partir de tus respuestas– y que disfrutas hacer –tus pasiones personales–. Por ejemplo, no puedes decir que te gustaría andar en motocicleta si no tienes una; o si quieres ser el mejor escritor, debes escribir, y qué mejor si es sobre temas que despiertan tu interés y te enriquecen el alma. Porque, al final, sí tienes que ser congruente.

Sin embargo, es una realidad que muchas personas trabajan en algo que no las apasiona. No se despiertan cada mañana emocionadas y motivadas por su empleo. Y pueden pasar años así, trabajando en un lugar mientras mantienen su propósito personal de manera independiente. Esto no les permite alinear su propósito personal y profesional para, por consiguiente, ser coherentes en su pensar, su decir y su actuar.

Vamos a suponer que odias el tabaco y que no fumas, pero trabajas en una fábrica de cigarros. Desde el inicio hay una incongruencia, por lo que no puede haber una conexión de propósitos. O tal vez eres un creador de contenido, la vida misma te llevó ahí, y tienes mucho tiempo escribiendo, es lo que sabes hacer, aunque no necesariamente te gusta escribir sobre tabaco y eso, probablemente, hará que desentones con el equipo porque no tienes esa pasión para tratar el tema de la industria tabacalera.

Estoy consciente de que nunca hay una convergencia al 100% entre tu propósito personal y el empresarial. Logras convergencias parciales –diría yo– porque si no fuera así, entonces sería como vivir todos los días en Disneylandia, y uno viene a este mundo precisamente a aprender, crecer, madurar y perfeccionarse. Para todo ello, tenemos un tiempo finito, y entre ese principio y el final está nuestra oportunidad para aprobar cada examen que se nos presenta y superar los retos, ya que cada prueba nos permite aprender.

Tu propósito de vida, tu pasión

El propósito es, en sí, a lo que integralmente viniste. Es como conectar la luz del arbolito de Navidad a la corriente eléctrica para que enciendan todos los foquitos. Y si es a eso a lo que viniste, es algo que te gusta hacer y, muy probablemente, sabes cómo hacerlo. Es como una chispa que te mueve.

Por ejemplo, puede haber alguien que diga: "Oye, mi propósito es ayudar a desarrollar líderes". Esa gente apoya para potenciar el liderazgo de las personas a fin de que puedan crear una mejor calidad de vida para su familia, para sus equipos de trabajo, para su empresa, para su comunidad, para su escuela, etcétera.

Te puedo compartir que uno de mis propósitos actuales es hacer que, de forma general, la gente que trabaja en la compañía que dirijo pueda mandar a su hijo a la universidad, así como tener las mínimas condiciones básicas de vida –en caso de que sea una persona de un nivel socioeconómico menor–. Para lograrlo, mi equipo y yo hemos pensado en cómo generar más valor para que el PTU (reparto de utilidades) que le toca a cada colaborador sea significativo y le alcance, quizá, para construir una habitación más en su casa o pueda solventar un tratamiento médico que requiera.

Para llegar a este punto, tuve que pensar en mi propósito profesional, que a la vez alimenta y va ligado a mi propósito personal. Ahora bien, es posible que creas que el propósito de vida es similar a tu intención de vida, pero no es así. La intención es mucho más táctica, puntual y tangible que el propósito. Este último es como una nube –algo un poco etéreo que está a 30,000 pies de altura– y la intención es caminar el cerro de Chipinque, en Monterrey.

De ahí que hacer un cambio de propósito no significa simplemente realizar las cosas de otra forma. No olvides que el propósito es lo que en efecto mantiene tu pasión como líder o como profesional a lo largo de la vida. Por lo tanto, si se hacen revisiones o ajustes importantes, la constante de las nuevas directrices del propósito es que te permitan continuar levantándote para trabajar y hacer lo que tienes que hacer.

Por otro lado, habrá días en los que todo estuvo espectacular: rompiste récord en ventas o incrementaste la participación de mercado de la compañía. Obviamente, en la mañana cuando te despiertes vas a decir: "Algo estamos haciendo muy bien".

También habrá otros días que, al levantarte, pienses: "¿Qué pasó aquí?, ¿a quién le hicimos daño?". Es ahí donde debes regresar a tu propósito original para no perder el objetivo.

Metodología para crear tu propósito de vida

Ahora bien, ¿cómo logras construir tu propósito de vida y mantenerlo vigente? El primer paso es escribirlo –parece algo básico, pero la mayoría no lo tiene determinado, ya sea en papel o en un documento en la computadora–. Inténtalo unas diez veces; rompe el papel o borra la página del procesador de textos, y vuelve a escribirlo hasta clarificar la idea que tengas en mente.

Posterior a ello, viene la validación de tu propósito, lo cual conseguirás en el mediano plazo, es decir, cada dos o tres meses debes revisarlo para confirmar que avance y te mantenga motivado. Un par de veces al año debes cuestionarte: ¿cuál de las actividades de tu día a día te está llevando a lograr tu propósito?

Para eso, te sugiero enfocarte en un mes completo del calendario –en tu agenda física o electrónica–. Marca los porcentajes de tiempo que inviertes en ciertas tareas. Por ejemplo: ¿cuánto tiempo de tu día destinas a actividades cotidianas, como bañarte, comer o dormir, en el trabajo o para leer, viajar o realizar cualquier pasatiempo?

El objetivo es que, al final del mes, puedas mapear tus actividades y veas cómo estás aprovechando o perdiendo tu tiempo o dónde hay áreas de oportunidad para maximizarlo. Si quieres mejorar tu actividad física a través del yoga, con este mapa podrás darte cuenta de si tus acciones están ayudándote a lograrlo. Es posible que al hacer una revisión notes que solo le estás dedicando el 1% de tu tiempo a esa actividad, por lo que, con base en ese parámetro, tendrás que hacer modificaciones a tu agenda de actividades.

Para concluir, quiero recapitular algunos puntos relevantes: el propósito de una empresa es su razón de existir y su base para transcender. El propósito personal es la razón de por qué existes en este mundo. No eres casualidad, no eres una estadística. Por alguna razón naciste en el hogar donde lo hiciste, es decir, hay un plan para ti. No hay otra persona igual a ti en el mundo y, por ello, hay un propósito específico para ti. ¿Ya lo encontraste?

—◆◆◆—

Capítulo 10

Respetando los sueños de las personas

L legar a ser un astronauta, encontrar la cura definitiva de una enfermedad que aqueja a la humanidad o ganar el campeonato más importante de un deporte a nivel mundial. Para mí, los sueños son la semilla de nuestro propósito de vida debido a que, claramente, están conectados a nuestras pasiones e intereses más puros.

Hay dos tipos de sueños: aquellos que llegan como mensajes a nuestro subconsciente mientras nos encontramos dormidos y los que se manifiestan en nuestro consciente a fin de que los materialicemos. Los seres humanos debemos aprender a darle la debida importancia a ambos porque, a partir de ellos, puedes encontrar mensajes y señales que te permitan conectar con tu propósito de vida (ver capítulo 9).

Antes de seguir adentrándonos en el tema, quiero pedirte que estés abierto a creer y romper un poco las estructuras que nos han enseñado por muchos años. En este capítulo necesito que seas un poco más sensible para conectar con tu fe.

Nuestros sueños al dormir son mensajes

¿Cuántas veces has tenido la sensación de haber soñado algo valioso e importante, pero, al mismo tiempo, no lo recuerdas

con claridad? A veces, creemos que los sueños son cosas irre-
levantes, que simplemente pasan y a las cuales no les debemos
tomar demasiada consideración. Sin embargo, en cada sueño,
a un nivel subconsciente, puede llegar a ti cierta información
para darte claridad en algún tema de tu vida o bien, puede ser
el medio para descubrir tu propósito.

Te recomiendo darte la oportunidad de descubrir lo que tus
sueños quieren decirte. Para ello, debes desarrollar el hábito de la
escritura, es decir, tener a la mano una libreta para escribir lo que
soñaste cada noche con el objetivo de que puedas recapitular y
descifrar el hilo conductor de lo que tu subconsciente quiere reve-
larte. En cada sueño –lo recuerdes o no– hay mensajes, solamente
debes estar alerta para aprender a comprenderlos.

Está comprobado científicamente que al llegar a la quinta fase
de sueño, mejor conocida como REM (movimientos oculares rápidos,
por sus siglas en inglés), es cuando el cerebro está en su máxima
actividad. Esto significa que posees el máximo nivel de sueño y, con
ello, una sensibilidad mayor.

Si bien hasta este punto es posible que todavía no te con-
venza sobre poner atención a los sueños, voy a compartirte un
ejemplo valioso del porqué son un medio para recibir señales.

Hace unos meses, al charlar con una colaboradora, ella me
compartía que su padre había fallecido tres meses atrás; tanto ella
como su familia estuvieron buscando unos papeles importantes
en la casa de su papá y a pesar de que revisaron en todos los
lugares posibles, esos documentos no aparecieron. Una noche,
sin esperarlo, su papá se le manifestó en sus sueños para decirle
dónde estaba aquello que buscaban. Al día siguiente, confirmó
que este mensaje era verdad al encontrar los papeles justo en
el mueble señalado.

Personalmente, me encantó escuchar esta historia porque es
un claro ejemplo de por qué debemos creer en los sueños y en la
energía que se manifiesta a través de ellos. Aunque esto va a depender mucho de tu apertura a creer o no; si no crees, vas a estar

cerrado a recibir los mensajes, ya que, sencillamente, no pondrás atención. De hecho, siempre he pensado que el 90% de los seres humanos nos hemos perdido las señales que llegan por medio de nuestros sueños solo por no estar alertas.

Diario de sueños

Te invito a tener cerca de tu cama, en tu cómoda o en el buró, una libreta donde puedas escribir lo que sueñas cada vez que te despiertas por la mañana. De inicio, puede parecer una tarea extraña, pero, con el paso del tiempo, te asombrarás de todo lo que puedes recordar; y dentro de unos seis meses, verás la serie de mensajes que te pueden llegar a través de los sueños y cómo estos se van correlacionando.

Aunque no lo creas, existe un hilo conductor que te dejará sorprendido y dirás: "Ah, caray, algo me quieren decir". Y te has de preguntar: "¿Quién me quiere decir qué?". Aquí lo único que queda por hacer es tener fe y creer que seres supremos, protectores y ángeles bajan para decirte: "Oye, no me escuchaste en estos días. Te mandé a unas personas para que recibieras un mensaje, pero los ignoraste en el parque, por ello, me manifiesto aquí".

Todo esto parece increíble aparentemente y, en consecuencia, uno se resiste a creer en que es real. Así que para salir de dudas, la recomendación es poner más atención a nuestros sueños porque si nos cerramos a creer en el poder de ellos, nos quedaremos imposibilitados de recibir más señales.

Los sueños que debes materializar

Una vez explicado el valor de los sueños que llegan a nosotros cada que dormimos, pasemos a los sueños que deben ser materializados. Por eso, quiero preguntarte: ¿con qué sueñas últimamente?, ¿qué sueño le está poniendo particular pasión a tu vida? Aquí no hay respuestas buenas o malas, cada uno tiene un sueño diferente, unos pueden decir: "Oye, mi sueño es tener una casa en la playa. O tener a mi hijo en la universidad. O llegar a tener un nuevo cargo en mi empleo. Mi sueño es jugar boliche y tirar 200 puntos consistentemente".

Si últimamente tienes muchos sueños o no sabes cómo aterrizarlos, te comparto el siguiente ejercicio. Para comenzar, consigue una cartulina de color amarillo, si lo no sabes, el amarillo despierta la creatividad de tu cerebro y eso es lo que buscamos ahora. Después, toma unas revistas de diversos temas, no necesariamente deben ser las que lees regularmente, lo que buscamos son publicaciones que tengan diversas imágenes que sirvan para el cometido de esta tarea. O si lo prefieres, puedes buscar en internet imágenes para luego imprimirlas, lo fundamental es que las fotos ayuden a responder la pregunta que voy a hacerte: ¿qué sueños quieres materializar en los próximos seis meses? Puedes establecer o no el tiempo, es decir, elegir un periodo de tres o 12 meses.

Lo valioso de esto es que busques las imágenes que representen tus sueños. Si en seis meses quieres comprarte una motocicleta, pon la imagen de la moto que deseas tener. Si tu sueño es viajar a un lugar en concreto, pega la foto de ese sitio; si quieres construir una habitación en tu casa, también incluye una imagen de cómo la imaginas. La idea es que esa cartulina se llene de fotos, dibujos y diseños que representen tus sueños.

El siguiente paso es colgar la cartulina en un lugar donde puedas verla a diario y constantemente para que, al pensar en tus sueños, los decretes y comiences alinear todos tus pensamientos, sentimientos y acciones para materializarlos. Si pasados tres meses dices: "La moto ya no me convence, mejor quiero un auto para mayor comodidad", actualiza tu cartulina y pon el vehículo que quieres. Recuerda que los sueños también deben actualizarse conforme la etapa de vida en la que estás.

Los sueños en las empresas

Las organizaciones son un ente vivo –como nuestro gran árbol de maple lleno de hojas que representan a los colaboradores–, tienen alma y, por ende, un propósito que, sin duda, nació de un sueño.

Un emprendedor en algún punto de su vida dijo: "Quiero crear una empresa", ese era su sueño que convirtió en su propósito y trabajó para materializarlo. Aunque ya haya creado su compañía, el sueño de la empresa sigue latente porque tiene una visión, y esta es lo que se quiere lograr en tiempo futuro, ese estímulo aspiracional que puede lograrse en cinco, 10 o 15 años.

Personalmente, puedo compartirte que mis sueños y propósitos como líder han sido varios. Me ha interesado apoyar a mi equipo para que puedan tener una mejor calidad de vida a través de crear valor que podemos brindarles y me he enfocado en crear un ambiente donde puedan trabajar con ganas, sin necesidad de supervisión, sabiendo lo que hacen, así como el impacto que generan.

Hace tiempo nos entregaron la obra de un piso de las oficinas con modulares grises y oscuros, todo feo. Eso me motivó a pensar: "Si hay que transformar la compañía, vamos a empezar desde arriba". Mi primera decisión fue sacar a la gente del área de ese piso para mandarlos al piso cuatro y rehicimos el proyecto. Diseñamos un espacio con ambientes abiertos, pensado en áreas de convivencia, elegimos lámparas modernas, mesas de café altas con sillones y sillas cómodas, una gran pantalla de televisión y una sala de reunión privada.

Al ver el resultado final, dije: "Este es el inicio de otro ciclo de transformación de la compañía". Al día siguiente, le pedí a mi asistente y a otro directivo que vieran los resultados y ambos me preguntaron: "¿Así va a ser la empresa?", les respondí que sí. Mi sueño era transformar la organización, fue mi propósito durante los meses en que se gestó ese cambio. Como líder, yo creo los espacios para que el equipo, por sí mismo, pueda motivarse porque el líder no motiva, el líder crea condiciones óptimas de trabajo.

Los sueños como líder

Tan importante es aterrizar los sueños personales como los profesionales. Como líder, te sugiero escribir, escribir y escribir tus sueños hasta morir (porque lo ideal es siempre tener un sueño o un propósito durante toda tu vida). Después de escribir y escribir, seguro vas a encontrar similitudes y repeticiones, y está bien porque también vas a hallar diferentes formas de hacerlos realidad.

Además de soñar con algo material, como un coche o una casa, sueña en función de tu trascendencia, es decir, aquello con lo que quieres dejar cuando partas de este plano. Soñar únicamente con poseer cosas materiales no debe ser lo único que marque tu vida, pues al tenerlas, quizá no sientas una verdadera satisfacción. Por ello, piensa en cosas como: ¿a quién puedo ayudar?, ¿a quién le va a servir esto que estoy haciendo?, ¿cómo puedo hacer que la vida de los que me rodean sea mejor? Por ejemplo, en lugar de soñar con querer tener cierta posición en una empresa, por qué no mejor sueñas con la contribución que puedes hacer al tener esa posición, más que con el título del cargo, la oficina o el salario.

Los sueños de tus colaboradores

En las empresas no necesariamente vamos a usar la palabra 'sueño', de lo contrario, las personas pueden interpretarlo como Disneylandia y decir: "Este bato anda en las nubes". En un ambiente corporativo, para descubrir los sueños de tu equipo de trabajo puedes hacer preguntas como: "¿Cuáles son tus aspiraciones?, ¿a dónde quisieras llegar?, ¿qué es lo que quieres construir?". Esta serie de preguntas te llevarán a concluir cuáles son sus sueños.

Ahora bien, si el equipo es maduro y realmente ya hablas este lenguaje con ellos, lo puedes utilizar. Sin embargo, mi recomendación es que el hablar de estas cosas así tan 'de bote pronto' en las organizaciones –si no hay un nivel de confianza y madurez– lo abordes desde otro ángulo y tú concluyas cuáles son los sueños de tus colaboradores.

Dentro de mi compañía hacemos retiros. En estos *offsites* realizamos la siguiente actividad. Aplicamos un cuestionario de cuatro o cinco preguntas trascendentales: "¿A qué le tienes miedo en la vida?, ¿cuáles son tus pasiones/tu propósito?, ¿qué quieres construir en los próximos 12 meses en el trabajo que estás ejecutando?, ¿cuál es el deporte o *hobby* que más disfrutas?". Cada participante pone en un post-it cada una de sus respuestas sobre la pared para que, posteriormente, el resto adivine de quién es la respuesta. Ante la primera pregunta –"¿A qué le tienes miedo en la vida?"–, una persona respondió: "Tirarme de un paracaídas. Otro dijo: "Miedo a los guajolotes", pues había tenido una mala experiencia cuando era chico.

Es asombroso ver cómo una simple pregunta te revela mucho de tu equipo. Algunas respuestas se repiten mucho, otras son muy personales. A veces, caes en la cuenta de que realmente no conoces a tu compañero, o sea, solo tienes una relación laboral con él. Por lo que esa actividad te da la oportunidad de saber que una persona tiene un perro llamado Titi, por ejemplo, o que tu compañero estudió en la Universidad Iberoamericana. Yo disfruto mucho hacer estos ejercicios con mis equipos. A fin de año, siempre preparamos un retiro con la finalidad de soñar con el siguiente año y hasta dónde podemos llegar, algo que solo se puede lograr con la confianza previa que se ha construido entre nosotros.

Como líder, te invito a conocer los sueños y propósitos de tu equipo. Para ello, crea los espacios adecuados para abordar este tema. Desde mi experiencia, te puedo decir que dos o tres veces al año realizamos *offsites*. Cada uno tiene un objetivo distinto, por ejemplo, el de fin de año (realizado en el mes de noviembre) nos ayuda a pensar en el siguiente año laboral y nos permite depurar estrategias. Este evento lo conocemos en la empresa como El Faro porque tenemos en la mira los cinco objetivos en los cuales la compañía se va a enfocar durante los siguientes 365 días.

Y te preguntarás ¿por qué cinco objetivos? Bueno, no me gusta pasar de cinco, incluso, prefiero que nos centremos en tres o cinco para que cuando las personas escriban sus objetivos del año sepan hacia dónde vamos e integren esas metas en el departamento que tienen a su cargo. Lo importante es que tengan una guía para decir: "Este año hay que mejorar ciertas cuentas, aumentar las ventas en tal porcentaje, crecer en el mercado de hospitales o en el de abarrotes", de la misma forma en que vas definiendo tu sueño.

También llevamos a cabo otra reunión a inicio de año (febrero y marzo). En esta me gusta hablar sobre la gente, del talento que tenemos. Mientras que la reunión a mitad de año la aprovechamos para revisar cómo vamos, qué nos faltó, en dónde estamos, por qué no se llegó a las cifras que se prospectaron en noviembre y qué hay que hacer para reprogramar y enfocarnos para el cierre.

Esos son los tres momentos en los que aprovecho para realizar actividades de *team building* y convivencia. Estoy consciente de que no toda la agenda está llena de trabajo, hay espacios de convivencia donde se puede hablar de cosas personales, de todo lo que tú te imaginas. Y lo más valioso de estas reuniones es que escuchamos todas las propuestas o sueños de nuestros colaboradores para analizarlas. Es en estos momentos en los que también revisamos si hay conflictos entre propuestas o sueños porque puede ser que un área quiera una cosa y otra área vaya en otra dirección. Cuando esto pasa, tratamos de llegar a un consenso. Este espacio igualmente sirve para descartar ideas, por ejemplo, si hay la propuesta de entrar a un mercado que no es estratégico.

Como líderes, debemos tener sueños reales y alcanzables a fin de que tu talento no se desmotive. Si te desprendes mucho de la realidad y estableces una meta tan alta que nunca llegas consistentemente, las personas pueden creer que no son capaces, generando pensamientos como: "No soy bueno en lo que hago". Y aunque hayas tenido un crecimiento sustancial, no existe un sentimiento de logro.

Entonces, es muy importante que tengas una visión realista al momento de aterrizar tus metas, para que exista un sentimiento de logro y una energía de logro (como la llamo yo), ya que es el combustible de la automotivación de toda la gente que lo consiguió. Y aquí te quiero compartir el siguiente ejemplo. Hace un año, empezamos un programa en ventas dirigido a los mejores vendedores, en total, sumaron 30. Ellos obtuvieron de regalo asistir al Gran Premio de la Fórmula 1. No te imaginas su emoción por obtener este logro, pero, si yo les hubiera puesto una meta exorbitante e irreal, seguro nadie habría ganado y solamente los habría desmotivado.

Para mantener la motivación dentro de una compañía, es vital tener en el mapa las metas de cada área y departamento. Si cada área trabaja de forma separada y por diferentes metas, puede provocarse lo que yo llamo una destrucción. Por ejemplo: el departamento de ventas quiere mejorar el servicio de atención al cliente y, por otro lado, operaciones quiere optimizar sus gastos. Bien, para optimizar sus gastos, el área de operaciones reduce el número de visitas diarias a fin de bajar los kilómetros recorridos, por lo tanto, no hace entregas diarias a los clientes.

El resultado será favorable para operaciones que sí reducirá sus gastos. Sin embargo, afectará el objetivo del área comercial porque el servicio de atención a clientes no será cubierto óptimamente. Por ello, si no están alineadas armónicamente las metas de cada área, pueden destruirse unas a otras.

Mantener la motivación: cacarear los sueños

Para continuar avanzando en función de alcanzar un sueño, es importante cacarear los logros obtenidos. Considero que una de las formas que como líder puedes usar para reconocer los avances de tu equipo es utilizar todos los medios de reconocimiento. Por ejemplo, hazle una llamada telefónica a la persona que cumplió el objetivo o si puede ser de forma presencial, mejor; la clave está en que lo hagas casi en el momento.

En una compañía más grande puedes ayudarte de tu área de comunicación para reconocer los logros. En mi caso, creamos un comité de comunicación donde existen canales y medios digitales –como correo, televisión, tableros, etcétera–, y los aprovechamos para dar el reconocimiento justo.

También puede haber reconocimientos más personales. Todos los martes me reúno con el comité directivo. En nuestra última reunión planeé abrir un vino en la comida junto al equipo de trabajo para reconocer la mayor venta en la historia de la compañía. Esas son las celebraciones pequeñas y más personales que igual considero valiosas.

En mi paso por diversas empresas, he conocido que cada compañía puede crear su propia manera de brindar reconocimiento. Por ejemplo, en una empresa en la que trabajé existía una plataforma de internet donde cualquier persona podía reconocer a otro miembro por un logro pequeño. En otro lugar se podía nominar a un compañero para recibir un reconocimiento importante. En otra empresa podías nominarlo para recibir una recompensa. Esta última dependía, en parte, de la aprobación del comité directivo, que se encargaba de evaluar todos los proyectos y seleccionar a las personas que ameritaban esa recompensa. Son muchas las formas de reconocimiento que puedes adaptar de acuerdo con el tamaño de tu organización.

La fe para materializar un sueño

Siempre hay que tener fe en que tus sueños pueden hacerse realidad. Para ello, lo primero que debes hacer es tener claridad del sueño, es decir, claridad de lo que quieres. Segundo, te recomiendo repetir continuamente lo que tú quieres que suceda, y hacerlo en tiempo presente, como si ya fuera un hecho.

No debes decir: "Yo quiero conseguir cierto puesto de trabajo". La forma correcta de decretar tus sueños es: "Tengo un trabajo que me permite desarrollar mi pasión por escribir", "aprobé mi maestría", "obtuve un aumento".

Repítelo una, dos, tres, 10 mil veces. Repítelo constantemente y emociónate como si ya fuera una realidad porque así será.

—◆—

Capítulo 11

Indicadores clave de desempeño

Imagina que estás en Nueva York, tal vez en el centro de la ciudad o en alguna de sus calles más emblemáticas, como la Quinta Avenida o Broadway, por donde transitan cientos de personas cada minuto de cada hora. Hay cientos de señalamientos por todas partes, que están ahí para guiarte. ¿Pero qué pasa si estás en medio de la nada? O imagínate en una zona desértica en el norte del país, no hay nadie a tu alrededor, caminas confundido y, por suerte, te encuentras con un letrero que tiene señales o flechas que te indican hacia dónde ir para llegar a distintos destinos.

Para mí, esos son los indicadores de desempeño o KPI (*Key Performance Indicators*), aquellas 'flechitas' que te dan rumbo y te guían. Te ayudan a no perderte y te tranquilizan, ya que pese a que puedes estar desorientado, ahora estás consciente de ello. La angustia, el estrés y la desesperación comienzan a mitigarse hasta desaparecer. Entonces, indirectamente, el indicador te genera paz y tranquilidad, así como enfoque porque cuando sabes dónde estás parado, te concentras en tus tareas y el resto ya no te absorbe tanto.

A estas alturas del libro, me parece que es clara mi pasión por los números y las estadísticas. Desde que inicié mi carrera profesional en Dow Chemical, como representante técnico de ventas en Sinaloa, siempre he pensado que nada se mejora si no se mide.

Menciono aquella época porque desde muy joven entendí su relevancia para alcanzar mis objetivos y metas. Todos los líderes tenemos muy claro que los indicadores de desempeño te brindan claridad y rumbo, aunque también algo que es fundamental: si aprendes a interpretarlos correctamente, son una herramienta clave para la toma de decisiones y la generación de estrategias.

Claro que dentro de los KPI hay una gran cantidad de variables, factores y unidades de medidas que pueden hacer complicada la labor de medición. Sin embargo, tienes que absorber toda esta información como una esponja y aprender a descifrarla, para saber dónde está parado y hacia dónde quiere ir.

Las primeras mediciones

Cuando hablo de indicadores me viene a la mente un partido de basquetbol. Pienso que soy jugador de uno de los equipos y estoy en la duela; pero después de unos minutos de acción, me percato de que no hay un tablero para el registro del marcador y otras estadísticas. Aunque eres parte del juego, ahora te sientes perdido, totalmente perdido, sobre todo, si es un encuentro de puntaje alto. En ese momento, no hay claridad y ya no sabes nada, ¿quién va ganando?, ¿cuánto tiempo hemos jugado?, ¿en qué cuarto va el partido?

En los negocios sucede exactamente lo mismo, muchas veces, la tarea o la meta es muy grande, tan grande que se te viene encima y la visualizas como algo imposible de lograr. Cuando eso ocurre, tienes que desdoblarla, es decir, debes dividirla y fragmentarla en actividades. Es como si estuvieras en un partido de basquetbol y colocaras a un lado de la duela un tablero para llevar un registro claro y preciso de todos tus indicadores.

Normalmente, hay algunos indicadores no secuenciales y otros paralelos. Primero te enfocas en los no secuenciales, que son los más peligrosos y pueden provocar que no llegues a tus objetivos, mientras que los alternativos y paralelos no dependen de otras variables para ser ejecutados. La fragmentación es la clave y cada una de esas mediciones de tiempos y actividades te brinda una satisfacción a través de un periodo de tiempo.

Un alto directivo siempre se cuestiona el progreso de sus estrategias y objetivos, pues bien, si vas midiendo todo, entonces, lo podrás visualizar; ocurre lo mismo cuando las cosas no van como lo planeabas, te das cuenta de las partes que van atrasadas o por mal camino.

La medición *per se* genera acciones y, cuando las tienes bien dirigidas en actividades concretas, estas se irán cumpliendo para, finalmente, conseguir las metas trazadas. Por eso, muchas veces le digo a mis equipos de trabajo: "No te claves tanto en el resultado final, clávate en las acciones que nos llevarán ahí".

Medir impacta los números y las emociones

Recuerdo una metodología que aprendí a través de los años y, curiosamente, por accidente. Fue en una ocasión en São Paulo, Brasil, cuando me desempeñaba como gerente de Marketing y Desarrollo de Nuevos Negocios de Dow Chemical; estaba en una reunión y presenté un informe gráfico que llamé 'El gráfico de cumplimiento'. Años después, el director de Recursos Humanos de Grupo Industrial Saltillo (GIS) me comentó respecto al nombre: "Esto es una ventana, es el Ventanómetro. Y nos traes bien ventaneados a todos".

En ese entonces creía –y lo sigo creyendo– que las personas tenemos un chip interno, el cual provoca que a todos nos guste competir. Es como cuando estás en una reunión y alguien va a tomar una foto, todos se alistan porque nadie quiere salir mal. Bueno, el Ventanómetro sin personalizar específicamente muestra *scorecards* de todas las áreas de la empresa –comercial, finanzas, operaciones, servicio al cliente, marketing, entre otras–.

En su lado derecho tiene una barra que mide el cumplimiento de cada una de las áreas. Si esta es muy corta, es porque el cumplimiento se ubica por debajo del 50%; entre el 50 y el 75% es más larga y se pinta de amarillo; arriba del 80% es cuando se pinta de verde. Este gráfico se publica periódicamente para observar la evolución de los indicadores y es claro cómo va progresando y se va formando una 'cascada' con las barras.

Para los directivos y los líderes de área es muy útil. En mi caso, cuando se acerca la fecha final, me da la oportunidad de mandar correos o hablar con los líderes de área para saber qué está pasando y por qué no se ha cumplido con el avance proyectado. Otra ventaja del Ventanómetro es que te permite adaptarlo a cualquier empresa, trasladar sus necesidades y objetivos, dar roles y responsabilidades.

Esos son los KPI de control, los indicadores que sirven para gestionar y controlar, y son esenciales, aunque sea a vuelo de pájaro. De alguna forma, lo cualitativo lo tienes que convertir en cuantitativo, y en ese sentido, los colores funcionan muy bien, principalmente, si usamos los de un semáforo. Todos sabemos lo que significan: el rojo es que andas mal, el amarillo es para mostrar que las cosas van más o menos y el verde es cuando sabemos que vamos bien; si bien es recomendable agregarle porcentajes, el color es mucho más efectivo.

Voy a confesar que, además de mi pasión por los números y las estadísticas, tengo una más: me gustan mucho los tableros. Tengo 'tableritis', pues para todo los utilizo. Hace poco, organizamos una mesa de negocios y nuestro departamento de sistemas –que, por cierto, es genial– creó una *app*, que es fácil de navegar y en la que la *data* aparece en tableros rápidos, ágiles y accesibles para su lectura. Si no puedes estar presente en algún momento, ya que son eventos que se llevan a cabo en salones con espacios inmensos, aun así puedes tener conocimiento de todo con claridad: cuánto compró un cliente, cuál fue el proveedor con la mayor venta, qué producto destacó, etcétera.

Por ello, una herramienta como esta se convierte en un instrumento de venta muy importante. Como líder, contar con algo así significa que tienes a tu lado a un equipo que te entiende y te apoya, ya que puedes realizar transacciones con más de 80 proveedores a través de 5,000 productos. Antes, hace décadas, esto se hacía en papel, pero hoy, gracias a esta aplicación, dispongo de toda la información, incluso desde mi celular. Y algo que me sorprendió gratamente es que incluyeron un Ventanómetro.

Medir deja una marca en las organizaciones, te permite interpretarlas y saber qué rumbo están tomando las cosas. Ese es el impacto matemático. Aunque siempre que hablo de medir indicadores de desempeño, me gusta agregar otra categoría, una igual de relevante que la anterior debido a que las personas dedican gran parte de su tiempo al trabajo, se enfocan día a día durante muchas horas en alcanzar sus objetivos. No importa tu posición dentro de una organización, si estás arriba o abajo. Por esa razón, también considero su impacto emocional.

Para explicarlo de una manera sencilla, no hay mejor ejemplo que el de la mesa de trabajo de dos días que acabo de mencionar. Regresemos a la *app*, ahí estamos bien parados: por medio de sumas, restas y muchas otras variables se calculan diferentes índices automáticamente. Pero antes de que eso se refleje en la pantalla del celular al consultar la aplicación, ocurrieron diversas negociaciones con los proveedores en las mesas de trabajo; así que hubo un momento en particular en el que veíamos la *app* y nos encontramos con una línea plana y recta en donde no pasaba nada. Ahí nos preguntamos: ¿qué está ocurriendo?, ¿no vamos a llegar a la meta? A eso me refiero con el impacto emocional: realizar una medición también genera sensaciones internas en las personas.

En el segundo día –lo recuerdo bien, era un martes–, entre las nueve y las 11 de la mañana, se repitió el mismo escenario, no pasó casi nada. Esa situación se presentó porque aún no empezaban a darle entrada a los documentos o porque algunas mesas de trabajo seguían dialogando. Fueron 18 horas de una línea recta y plana en nuestra tabla; de repente... ¡pum! Toda la información comenzó a reflejarse y la sensación de verla cambiar fue grandiosa. Eso es lo más importante, el impacto emocional, ya que te da una sensación de avance.

Indicadores relevantes e irrelevantes

Muchas veces me preguntan cómo identificar un indicador de desempeño relevante y lo mismo ocurre con los que no lo son. "¿Cuál es importante y cómo identificas uno que no lo es?", me cuestionan. En ambos casos, recurro a un cálculo muy sencillo: el 80-20 en cuanto al impacto en el resultado. Yo siempre lo aplico, pues sirve para depurar los indicadores de desempeño que realmente impactan en el resultado que estás buscando; es decir, es ver cada uno de ellos y preguntarte: "Si mejoro este indicador en un 10, 15 o hasta 20%, ¿qué impacto económico numérico va a tener sobre el resultado total?".

Sin embargo, si te encuentras con un KPI que registra menos del 1% de impacto al realizar este análisis, ¿para qué lo mides? Es claro que no es relevante. Aunque con esto me viene a la mente un ejemplo de excepción y la importancia de tomar acciones, porque pueden ocurrir situaciones extraordinarias que modifican el comportamiento de un indicador de desempeño y entonces, suena tu campana roja.

Recuerdo un caso que se presentó durante la pandemia de COVID-19, como a todas las personas y las empresas les pasó, fueron momentos de llegar a decisiones difíciles y de tomar acciones. Nuestra compañía no fue la excepción.

Un indicador se nos cayó, el de la entrega, y no fue por el tiempo de entrega o la ruta, tampoco por no tener camionetas ni por algún problema con el producto. Ocurrió porque no teníamos gente. Fueron momentos complicados; en nuestros centros de distribución llegamos a tener entre el 10 y el 20% de la plantilla total, el resto de nuestros colaboradores lamentablemente fueron víctimas del COVID-19 y se encontraban enfermos.

¿Cómo reaccionas ante una situación así? Era algo que nunca habíamos vivido, teníamos estancado un grupo de productos, aunque siempre decíamos: "Esto lo tenemos que entregar". Por lo tanto, comenzamos a implementar acciones. Fue un periodo de mucho estrés –no muy extenso, solo duró entre enero y marzo de 2022, cuando subieron los casos por la variante ómicron–. Por un lado, teníamos a nuestros colaboradores en casa recuperándose, sin poder hacer nada y desmotivados, y por el otro, a los clientes enojados, gritando y llorando. ¿Cómo manejar el estrés bajo estas condiciones? Poniéndole teflón a la piel para que se resbale, como los huevos en una sartén. Es mejor no distraerte, enfocarte y trabajar en lo que realmente importa y puedes hacer.

Para mí y mi equipo, lo fundamental era concentrarnos en eso: resolver el problema lo antes posible. Y regreso a lo mismo, tomar acción. Pusimos a trabajar a gente de administración, recursos humanos y hasta a los contadores en las actividades de la operación para poder despachar los medicamentos más críticos de COVID-19. Esa fue una alternativa momentánea porque no puedes estar así por mucho tiempo. Lo ideal es que la empresa funcione, incluso, en un escenario como el que vivimos estos últimos años. Este fue el inicio de la solución, después implementamos otras medidas, como contratar a más personas y ampliamos la plantilla más allá de nuestra capacidad para recuperar nuestros tiempos de entrega.

Además, en lo que eso ocurría, iniciamos una serie de reuniones con los clientes para explicarles la situación. Creo que esos momentos fueron tiempos de gran empatía –incluyendo a clientes muy grandes, como grandes cadenas de autoservicio–. Estas son empresas que cuando tu producto llega a sus instalaciones, en la ventana de atención siempre te dicen: "Si no me entregas a la hora acordada, mejor ya ni vengas". En aquellos días les contestamos: "Oye, te voy a entregar a las 10... pero de la noche", y no pasaba nada, todos fueron muy flexibles y empáticos. Entendían lo que todos estaban pasando porque ellos también estaban atravesando por problemas similares. La pandemia fue un evento que afectó a todas las industrias y a todas las compañías, no solo a nosotros. Y para eso te sirven los indicadores de desempeño: para que suenen las campanas rojas y generes acciones.

Ventanómetro

Es una herramienta que nos da visibilidad en toda la organización sobre el progreso de las metas específicas a través del tiempo, es decir, qué unidades de negocio o qué grupos o áreas de trabajo han llegado al cumplimiento del indicador y cuáles no lo han logrado o están muy lejos de conseguirlo. El brindar esta claridad permite hacer un seguimiento específico a los casos en los que no se han alcanzado los objetivos y, por otro lado, dar reconocimiento a las áreas que sí llevan un buen cumplimiento.

El Ventanómetro genera un efecto psicológico de competitividad interna entre los grupos de trabajo debido a que, por una cuestión natural, a las personas no nos gusta vernos en un semáforo rojo; en caso de reflejarse en un área roja, la gente inmediatamente se empeña en corregir la situación a fin de hacer lo que la compañía le está requiriendo para el cumplimiento.

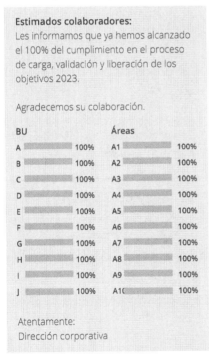

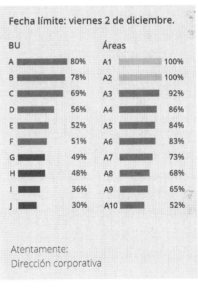

Hablar de tantos números, tablas y gráficas de primera mano puede visualizarse como algo abrumador. ¿Cómo responde el líder de una empresa ante tanta información? En ese sentido, creo que cada uno decide qué indicadores son los más importantes. A nivel directivo, la mayoría de estos se revisan mensualmente, aunque claro que hay seguimientos semanales, quincenales, trimestrales, semestrales y anuales.

En mi caso, todos los días recibo una tabla muy sencilla que nos indica cuántas unidades de producto entregamos, cuál fue su venta y a cuántos puntos de venta llegó. Incluso, si deseo profundizar, puedo ver cuántos productos vendimos durante los jueves de las últimas cinco semanas. Y por ahí, justo en ese día, identifico si tuvimos una 'caída', ya que el día anterior fue uno de facturación, en el que comenzamos a hacerlo a las tres o cuatro de la madrugada y ese proceso toma tiempo, termina alrededor de las 11 de la mañana. Entonces, cada líder selecciona los indicadores de desempeño que le interesan y uno sabe perfectamente cuáles son los que quiere consultar todos los días.

Indicadores de desempeño en acción

Una de las preguntas más importantes a nivel directivo es cómo determinar un KPI. Antes de profundizar, considero que es importante resaltar que la cultura de la medición es una que permea a todas las empresas, principalmente, a las compañías muy grandes y globales. Para estas, es fundamental contar con herramientas de medición, por su presencia en diversos países y mercados. Si no contaran con estas, se perderían en el camino.

Durante mi trayectoria profesional, he tenido la fortuna de formar parte de empresas con una maravillosa cultura de la medición: Dow Chemical, Tyson Foods, Grupo Industrial Saltillo (GIS) y NADRO trabajan internamente de esta forma, unas más que otras, pero dentro de estas, he podido desarrollar habilidades para afinar y optimizar mis mediciones e interpretarlas.

Si se trata de determinar y establecer los KPI, todo empieza desde arriba. El comité directivo define los objetivos del año (entre octubre y noviembre) y, a partir de ahí, se va 'cascadeando' en toda la estructura de la organización; es decir, cada dirección funcional toma dichas metas y con su equipo establecen sus objetivos grupales e individuales –en donde se incorporan los KPI–.

Cuando se acerca el fin de año y me encuentro en dicho proceso, me gusta pensar en alguna maquinaria grande, algo que se traslada gracias a la funcionalidad de un motor y que cambia su marcha con una palanca que se mueve de arriba hacia abajo. De esta manera, recuerdo aquella época en la que todo era mecánico, aunque también tienes que cambiar un poco tu lenguaje y cuidarlo porque hoy dentro de tus equipos hay personas que ya no vivieron aquellos días. Para las nuevas generaciones, todo es digital; en donde antes había una palanca ahora hay un tablero; en donde antes tenías que accionar otro mecanismo de control hoy visualizas una pantalla. En lo personal, sigo pensando en la gran maquinaria –un tractor, por ejemplo–, pero me enfoco solo en su acelerador para hacerlo más sencillo.

Si ya tienes definidos tus objetivos del año, entonces, puedes avanzar a los indicadores de desempeño. Aquí es importante diferenciar entre el rol que juega tu puesto en la empresa y sus responsabilidades, debido a que estas no denotan nada y no contienen un indicador. Piensa en una compañía de productos, en donde eres un gerente comercial y tu función principal es vender.

Pues bien, de esa descripción de puesto desprendemos los objetivos del mismo y, cuando los tenemos bien definidos, hay que ir con nuestro supervisor para explicarle y analizarlos en conjunto. Imagina que propones realizar una mejor gestión de los clientes para ser más efectivo en las visitas, incrementar las ventas un 10% y reducir las devoluciones en un 10%. En ese momento, ya acordaste dos indicadores: alcanzar un 10% más de ventas versus el año anterior y que las devoluciones disminuyan en el mismo porcentaje. Estos dos KPI, en particular, se enfocan no solo en el negocio, también en cuidar a tu compañía, a tus clientes y tu producto.

Cada empresa es un caso diferente. Por eso, me gusta recurrir a un libro que disfruté mucho cuando lo leí: *Las 4 disciplinas de la ejecución*, de Chris McChesney, Sean Covey, Jim Huling y

José Gabriel Miralles, una lectura que recomiendo si se trata de establecer indicadores y comunicarlos de una manera sencilla y eficaz con la misión de dar estructura a las metas principales de una organización. En Tyson aprendí mucho de esto.

Estos maravillosos autores crearon una metodología basada en cuatro disciplinas esenciales, las cuales producen grandes resultados en las estrategias de las empresas. Cada una de estas disciplinas genera un rendimiento gracias al cumplimiento de los indicadores de desempeño, que ellos establecen como metas crucialmente importantes (MCI):

- Disciplina 1. Enfocarse en lo crucialmente importante.
- Disciplina 2. Actuar sobre las medidas de predicción.
- Disciplina 3. Llevar un tablero de resultados convincente.
- Disciplina 4. Mantener una cadencia de rendición de cuentas.

Si haces una lectura profunda de este libro, verás que igualmente es fundamental tener muy claro que no se deben establecer demasiados indicadores de desempeño, pues hay que enfocarnos y no sobrecargarse. Para llegar a los KPI, los autores proponen utilizar una breve metodología, cuyo proceso te ayuda a identificar que tus indicadores son realmente importantes:

- Haz una lluvia de ideas para definir las MCI.
- Haz una lluvia de ideas para definir la medida histórica de cada propuesta.
- Califícalas en orden de importancia respecto a la organización o a la MCI general.
- Pon a prueba tus ideas (calificación).
- Redacta tus MCI finales.

Por último –y aquí es cuando nuevamente se hace presente mi 'tableuritis'–, es necesario crear una tabla de resultados que refleje muy bien el desempeño de cada uno de los indicadores. Para ello, cada líder puede idear la tabla que más le guste, pero la recomendación es respetar cuatro características que los autores de *Las 4 disciplinas de la ejecución* proponen para que una tabla funcione y sea atractiva para todos los involucrados:

1. Tiene que ser sencilla.
2. Debe estar a la vista del equipo.
3. Tiene que incluir medidas de predicción e históricas.
4. Debe indicar si el equipo está o no encaminado a ganar.

Indicadores que identifican oportunidades

A mí me gusta el universo de los indicadores de desempeño no solo porque dan estructura, orden y generan acciones; por momentos, si comparas su evolución durante los meses del año, es como si cobraran vida. Cada uno de los KPI en ocasiones puede experimentar situaciones nuevas, alterarse y cambiar radicalmente.

Hablo de esto porque me viene a la mente un caso en concreto: cuando entras a un nuevo mercado. Estos son atractivos porque generan algo adicional que hoy no tienes, lo que representa un nuevo reto. En esos casos, probablemente se requiere de recursos y de personal, así como realizar una inversión, ejecutar promociones, campañas de publicidad y de venta, y muchas cosas más. Por lo tanto, tienes que desarrollar una estrategia de identificación de un mercado potencial y considerar qué indicadores requerirás.

Otro caso son los momentos de crisis, como el que vivimos actualmente por los efectos económicos de la pandemia. Pero desde mi punto de vista, en donde hay una crisis siempre hay oportunidades. Siempre. Lo pienso de esta manera: alguien está dejando suelto algo, porque en las crisis a tus competidores les sucede exactamente lo mismo que a ti. Entonces, debemos estar muy alertas y preguntarnos: ¿cómo podemos identificar esas oportunidades?

Hay otro ejemplo muy particular que deseo compartir y es el del crecimiento exponencial. Este proviene de clientes muy grandes que generan oportunidades enormes; sin embargo, ahí sí tienes que dedicarte mucho. Normalmente, el crecimiento exponencial necesita estructura y recursos muy enfocados; la dedicación de tu equipo de trabajo para el segmento que estás atacando y todos sus integrantes tienen que estar focalizados al 100 por ciento.

Indicadores de desempeño

Este ejemplo nos muestra la forma de medir nueve variables críticas que están conectadas al resultado final esperado; por medio del monitoreo continuo, podemos medir el avance de las acciones específicas que estamos planteando.

Indicadores de desempeño actuales vs 2024
(indicadores operativos Scrap, Calidad, Saturación
reflejan niveles considerando inversiones para líneas en directo).

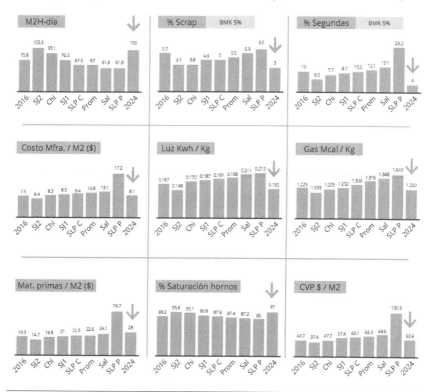

Como líder, no puedes delegar las responsabilidades de un mercado nuevo a personas que tienen otras tareas a su cargo —esto no jala–. No olvides que el crecimiento exponencial demanda toda tu atención y no esfuerzos parciales.

Ejemplos de tableros:

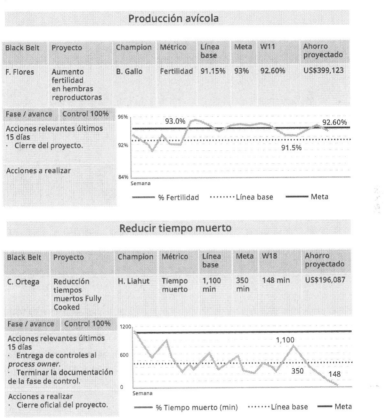

Finalmente, considera que los indicadores de rendimiento son categorías, números, tablas, cálculos y mediciones. Y lo enfatizo: en las empresas hay que reaccionar ante su versatilidad, sea buena y, sobre todo, mala. Tenemos que ser vigilantes para responder a sus demandas. Es como un piloto de la Fórmula 1 con los instrumentos en su tablero: si algo no está bien, lo comunica, reacciona y toma acción clara; mejor aún, se dirige a los *pits* para solucionarlo con su equipo.

Capítulo 12

Balanceando tu vida

Durante gran parte de mi carrera profesional, me perdí de eventos importantes con mi familia: cumpleaños, festivales escolares o actividades especiales de mis hijos. Quizás en algún punto fui consciente de lo que estaba pasando y, aunque lo intuía, no hice nada por cambiarlo. Personalmente, he vivido distintos desbalances en mi vida, pues la parte profesional siempre ha sido fundamental en mi desarrollo. Ese pilar me ha pedido invertir muchas horas en viajes, reuniones y compromisos, más la agenda del día. En consecuencia, esto me llevó a tener un desequilibrio, dejando en el olvido o al menos descuidados los otros pilares de mi vida: familiar, espiritual y social.

Lograr el balance en la vida es una de las cosas más difíciles de obtener; mientras que si lo logras, será solo por un periodo porque después requerirás un reajuste, un nuevo equilibrio. Cuando hablo de esto, siempre me gusta pensar en las olas del mar, es decir, el balance en la vida es un ir y venir, donde siempre estás pensando en tener equilibrio.

Cada ser humano tiene una definición diferente de balance, y está bien porque cada uno necesitará distintas cosas para tener ese equilibrio. En ocasiones, creemos que el balance de vida se limita a los minutos y las horas que destinas a la familia, al trabajo, a los amigos o a ti mismo. Aunque en realidad no se trata del factor tiempo; de entrada, destinas ocho horas a dormir y nueve o 10 al trabajo; de ahí, solo te quedan seis u ocho horas del día, pero si les restas el tiempo que necesitas para comer, bañarte y hacer otras cosas, al final, te das cuenta de que dispones de poco tiempo para realizar más actividades.

Si me preguntas sobre la definición de balance de vida, te diría que, por un lado, está relacionado con la planeación de tu agenda: anticiparte y tener identificados los momentos especiales que no te puedes perder (y bloquearlos) con tu familia y amigos, e, incluso, el tiempo que requieres para actividades personales, esas que disfrutas y te llenan de pasión. Por otra parte, está el aspecto del tiempo de calidad que destinas a cada rubro. Este factor está muy relacionado con el estar presente cuando llegas a tu casa, es decir, educar tu mente para tener la capacidad de cambiarte el chip dependiendo del lugar en donde estés, porque pasa que, aunque estés en casa, sigues pensando en los problemas del trabajo, entonces ya no escuchas a tu esposa o a tus hijos. Sé que es muy difícil cultivar esta habilidad, ya que a veces resulta complejo llegar a casa y dejar afuera todos las situaciones que te abruman. Si bien es posible educar tu mente, sí toma años aprender y desarrollar esta habilidad.

Profesional	Social
Familiar	Espiritual

El balance es algo que vas definiendo de manera personal. Sin embargo, no hay que dejar de poner atención en lo siguiente. Nos han hecho creer que pensar en uno mismo es ser egoísta, y no lo es. Es vital que el ser humano tenga tiempo para sí mismo, para estar solo, para reflexionar, para ejercitarse y para hacer lo que más le gusta, sin sentir culpa o pena. Si no pasas tiempo contigo mismo, tu vida va a estar desbalanceada también.

Por ejemplo, a mí me gusta andar en motocicleta y es una de las actividades que atesoro para pasar tiempo conmigo mismo, pues una vez que me pongo el casco, se me olvida todo; tengo que ir súper atento al trayecto. No hay ningún pensamiento que me esté perturbando porque voy viendo los vehículos que circulan en la carretera, el paisaje, el árbol, el pájaro y hasta el bache. Es una forma de desconectarme. De chico tuve una minimoto Carabela, en la que prácticamente volaba y hacía todas mis travesuras. Donde vivía eran caminos rurales, empedrados, no estaba pavimentado; por lo que había que tener una habilidad *cross-country*. Tendría entre ocho y 12 años cuando tuve esa moto. Después, tuve otra cuando cumplí 14 años, pero debido a que me fui a estudiar a Colorado, Estados Unidos, ya no continué con esa pasión personal aunque durante muchos años tuve motos de manera esporádica. .

Hace apenas tres años, justo antes de la pandemia, decidí comprarme una Harley-Davidson Road de carretera para nuevamente rodar e integrarme a los clubes de aficionados, los cuales te hacen sentir parte de una familia mundial. Así, conoces a mucha gente; de hecho, existen chats del equipo y te llegan mensajes como: "Oye, este sábado vamos a salir en grupo a las 06:00 de la mañana", y la dinámica consiste en ir a un pueblito, comer ahí y regresarnos. Es un viaje de ida y vuelta. Socialmente, no soy muy activo en los grupos, aunque sí me doy la oportunidad de salir de vez en cuando a estas rutas cortas.

Quizá te preguntas: ¿por qué tardé tanto tiempo para comprarme nuevamente mi moto? En parte porque no había podido o querido destinar más tiempo a este sueño, y también por falta de dedicación hacia mí mismo. Por eso, recomiendo que cada cierto tiempo hagas una *checklist* y te cuestiones: "¿Qué no he hecho en mi vida?". Hice una lista de cosas que me faltaba por hacer, así que hace apenas unos años fui de paseo en globo aerostático en San Miguel de Allende.

Pilares para lograr un balance en tu vida

Para mí, existen cuatro pilares fundamentales que debes considerar y cuidar al momento de buscar el balance en tu vida: profesional, social, familiar y espiritual.

Sinceramente, no recuerdo haber leído sobre estos pilares en algún otro libro. No obstante, desde hace muchísimos años, he visualizado estas cuatro áreas fundamentales en la vida de todos, especialmente, en la mía. Cabe destacar que todas se mezclan entre sí, están interconectadas, por decirlo de alguna manera, así que no podemos hablar de alguna de ellas sin hacer referencia a otra.

Pilar familiar

El pilar de la familia consiste en cómo estableces una comunicación continua y proactiva con el 360 que representa tu familia directa: padres, hermanos, esposa, hijos y tíos, así como familia política, si es que existe. Por ejemplo, se puede decir que la comunicación con los hijos, cuando son pequeños, es más fácil porque están en tu casa, pero cuando crecen y ellos tienen sus propios hijos, es una nueva etapa que implica trabajar mucho más en la comunicación.

Considero que dentro del cuadrante familiar hay diferentes fases y depende de en qué punto de la vida estés. Cuando estás estudiando la universidad, tu situación particular es muy sui géneris. En esa época, tiendes a dedicarte más a la escuela y a tus amigos que a la familia per se. En las fases posteriores, cuando ya entras a la vida real, te das cuenta de la importancia de la familia y de los amigos.

El pilar de la familia, como todo, es un aspecto que se debe nutrir, fertilizar y cultivar, hay que ser recíproco con todos, más, si vives lejos o fuera del núcleo. Por ejemplo, para nosotros, era mucho más difícil crear lazos familiares porque vivimos 25 años fuera de México, sin embargo, siempre viajábamos en vacaciones para visitar a nuestras familias. Sin duda, eso hizo que mis hijos y sus primos, con ambas familias, se conocieran y convivieran, logrando grandes lazos familiares.

Personalmente, el pilar de la familia ha sido uno de los más difíciles de balancear en las diferentes épocas de mi vida, y te explico por qué. Es muy interesante cómo la vida del ser humano camina. Cuando creces y vas teniendo más tiempo 'libre' es cuando tus hijos menos necesitan de ti porque ya no son bebés o niños, ya no dependen de ti como al inicio. A medida que son independientes, tú les dedicas menos tiempo para vestirlos, cambiarlos o acompañarlos, aunque después la vida te premia con los nietos. Tenemos seis nietos, y esta etapa se ha vuelto otra vez muy interesante, ya que notamos que existe una relación muy fuerte con ellos. Parece que vemos en nuestros nietos nuevamente a nuestros hijos porque tienen muchas características físicas y modales, hasta la forma de hablar, de caminar (no sé si por la genética o la imitación) y eso te hace recordar a tus hijos cuando eran chicos.

La comunicación dentro del cuadrante de la familia es el mayor reto, y lo repito, no creo ser el mejor ejemplo porque es una habilidad el poder transmitir tus pensamientos y sentimientos en casa, con los tuyos. Debes articular y verbalizar eso en palabras entendibles por el tercero, ya sean tus hijos, tus papás, tu esposa, etcétera, para que hagan sentido con lo que realmente estás queriendo decir. Eso es una de las cosas que a mí me cuesta trabajo: verbalizar un sentimiento. Lo bueno es que hay personas muy cercanas que son máster en eso; es más, no lo piensan, solo lo dicen, mientras que yo lo tengo que pensar mucho. En este cuadrante debes constantemente preguntarte: ¿cómo mantengo la comunicación?, ¿cómo mantengo el vínculo que me permita no ser un desconocido con la familia?

El error más común en el pilar familiar

Los seres humanos tenemos alrededor de 60,000 pensamientos al día, aunque la mayoría son negativos, repetitivos y del pasado, según un artículo publicado en *La Vanguardia*. ¿Estás consciente de esto? La mayoría no lo estamos, por lo que corremos el riesgo de quedarnos atrapados en ese ciclo sin fin, cayendo en un desgaste mental que afecta nuestra concentración y atención al presente. Ciertos pensamientos pueden invadirnos, así que hay que ser cautelosos, de lo contrario, podríamos ver afectado alguno de los cuadrantes. Si bien esto no es exclusivo del pilar familiar, quiero resaltar su efecto en él porque, personalmente, he sido testigo de sus consecuencias.

Neutralizar la mente es una habilidad que se desarrolla con el tiempo; para ello, primero debes tomar conciencia sobre si eres capaz de mantenerte en el momento presente o le estás dando demasiado poder a uno de esos 60,000 pensamientos que generas al día, para que efectivamente puedas trabajar en la modificación de este hábito. El lograrlo mucho tendrá que ver con tu inteligencia emocional, pues a partir de ella podrás reconocerlo o no; es decir, para poder entrar mental y espiritualmente a tu hogar, con tu familia, necesitas dejar de lado las preocupaciones, porque no necesariamente estar físicamente en tu casa quiere decir que estás presente.

El aprendizaje de la desconexión es un reto y una habilidad que tienes que conseguir como líder, ya que, de no hacerlo, te seguirán carcomiendo la preocupación y el estrés. Sabemos perfectamente que este tipo de situaciones desencadenan la liberación de cortisol, el principal destructor celular y del desequilibrio celular; incluso, algunos estudios lo relacionan con el padecimiento de cáncer. Por eso, el reto más difícil es apagar tu mente, ya que si estás preocupado, no estás pensando en lo que estás haciendo o diciendo ni tampoco estás escuchando activamente. Mentalmente, estás en otro lugar, y no solo eso, te mantienes preocupado, no estás en paz.

Si llegas a casa y traes en la cabeza los problemas que te acongojan, estarás pensando: ¿qué voy a hacer?, ¿cómo lo voy a resolver? Aunque en cuerpo estás ahí, en calidad no, y se vuelve un problema porque no escuchas a tus hijos, a tu esposa o a tu entorno. Si no consigues desconectarte, estarás pensando en algo que te preocupa y seguramente experimentarás ansiedad y una serie de sentimientos que, obviamente, te van a desequilibrar y terminarán teniendo un impacto negativo en tu familia.

Por etapas o facetas, el pilar familiar va a demandarte más tiempo, de acuerdo a tus prioridades, así como necesidades y urgencias de tu núcleo, es decir, uno se tiene que adaptar y muchas veces no vemos ni sentimos esos cambios. Conforme tus hijos van creciendo, van a requerir otro tipo de paternidad. Lamentablemente, nunca nos dieron un manual del matrimonio, del esposo, del papá, del tío y de todas las relaciones familiares para hacerlo más fácil. Esa experiencia la vas adquiriendo con la vida. Y de igual manera es con el resto de tu familia, no solo el núcleo interno, sino el extendido: sobrinos, primos, cuñados, etcétera.

En las reuniones no solo se debería platicar de cosas triviales, hay que dar un espacio para hablar de nuestros sentimientos. Si bien a veces cuesta trabajo porque te vuelves vulnerable al comentar las cosas que realmente importan, para eso es el núcleo familiar.

En la década de 1980, mi familia y yo viajamos a China. Ese viaje fue muy diferente a lo que se puede experimentar ahora porque su régimen comunista marcaba una gran diferencia entre los locales y los turistas; de hecho, recuerdo bien que como extranjeros utilizábamos una moneda especial, así como lugares y restaurantes que solo nosotros podíamos visitar. Estuvimos en ese país alrededor de un mes viajando y conociendo. En retrospectiva, no te imaginas lo difícil que fue para mí, en primera, solicitar permiso a mi jefe para ausentarme un mes completo para ir a conocer la cultura de un país asiático. Y dos, fue un reto desconectarme mentalmente del trabajo. Aprendí que toma años perfeccionar esta habilidad porque estamos inmersos en una cultura en la que nos han hecho creer que si no estás conectado o disponible para el trabajo, entonces no estás comprometido.

Hasta hace apenas unos 15 años fui todavía más consciente del valor de las vacaciones, pero hablo de una desconexión total de ese pilar de tu vida. Dentro de mi compañía promuevo que la gente planee y tome ese descanso porque es vital. Cuando la gente que trabaja conmigo se va, evito molestarlos, lo cual puede resultar hasta extraño para muchos; sin embargo, les pido que dejen a una persona en su lugar por si algo llegara a ocurrir y eso me ha funcionado a la perfección porque me ha abierto las puertas para no solo conocer a más personas de mi equipo, sino también para involucrarlos y potenciar su crecimiento.

Generalmente, sumo a mis juntas a las personas que se quedan sustituyendo a alguien, y sé muy bien la presión que esto puede generarles porque quizás entran sin saber nada, aunque, al mismo tiempo, sé que estoy aportando algo positivo a su desarrollo humano, ya que justo a través de estas 'experiencias críticas' –como las llamo– es que uno aprende mucho más de lo que uno puede saber con un curso o una capacitación.

Pilar espiritual

Ya hablamos acerca de la importancia de desarrollar la habilidad de desconexión. Y justo en este pilar será vital esta característica porque el cuadrante espiritual sirve para conocerte a ti mismo. Normalmente, el ser humano crece creyendo que todo está afuera, que la felicidad está afuera, que mi pareja es la responsable de hacerme feliz, que mi jefe me va a hacer feliz, que mis hermanos me tienen que tratar bien, que mis papás me deben tratar mejor. Existe una falta de conocimiento profundo del ser: ¿quién soy?, ¿a qué vine a este mundo?, ¿qué?, ¿cómo voy a trascender? Te aseguro que muy pocos pueden responder estas preguntas *top of mind*: "Yo soy...". Generalmente, decimos: "Yo soy ingeniero", pero es incorrecto. Tú estudiaste ingeniería, no eres un ingeniero; es muy diferente la formación académica y quién eres. Es aquí cuando empieza el autoconocimiento.

Esta fase de autoconocimiento va muy ligada a creer en un ser superior. Si eres religioso, es una forma de ejercer tu fe y tu espiritualidad. Cada religión implica ciertos rituales, oraciones o rezos. Por ejemplo, si eres católico, aprendes a rezar el Padre Nuestro o el Ave María. Si eres budista o cristiano, en algo estás creyendo, tienes fe, ¿qué quiere decir? Que tú crees, aunque no haya hechos que te indiquen al 100% que eso sucedió. Pienso que la humanidad a través del tiempo se ha ido distorsionando porque para todo quiere hechos y pruebas. No obstante, la fe precisamente se ancla en creer, ya sea porque así te educó tu familia o porque tú mismo lo decidiste. Tampoco deseo ahondar en las religiones, ya que eso no es espiritualidad;

esta consiste en cultivar esa conexión con un ser superior por medio de la meditación o del rezo.

A lo largo de mis viajes pude comprender que las culturas manejan de manera diferente la espiritualidad. Por ejemplo, entre la cultura asiática, la cultura anglosajona o americana, incluso la mexicana, existen grandísimas diferencias en la forma de ver la vida y en la forma en que nos educaron. El asiático tiende a tener una profundidad espiritual, medita, contempla y se conecta con el medio ambiente, con su entorno, y guarda mucho respeto a sus mayores. Mientras que en el continente americano fuimos perdiendo gran parte de eso.

Hace tiempo, cursé un diplomado sobre psicología espiritual y, gracias a ello, empecé a entender que existe una gran conexión entre nuestro ser, pensamientos y creencias. Si bien el ser humano está buscando felicidad, plenitud, ser reconocido, paz y trascender, la mayoría no sabe cómo lograrlo ni qué es lo que quiere y, mucho menos, para qué vino al mundo.

La espiritualidad nos enseña a ser conscientes de nuestros pensamientos y emociones. Un pensamiento puede activar una glándula en mi cuerpo y secretar endorfinas o cortisol. La psicología está muy ligada a la anatomía y a la fisiología del cuerpo, y son nuestros pensamientos los que mandan la señal a las células.

Uno debe cultivar los pensamientos positivos, por ejemplo, pensar: "Estoy sano, estoy sano". Ese simple pensamiento hará que tengas una actitud diferente, unas emociones distintas y te llevará a conectar intrínsecamente con tu espiritualidad. Si tú pierdes la fe, ya no eres capaz de decir: "Voy a cumplir esta meta", ya te hiciste chiquito y ya no cumpliste la meta porque tú mismo crees que no la vas a cumplir, y no me refiero a metas del trabajo, sino a las personales y a las espirituales también.

La espiritualidad en un líder

A veces, pensamos que no hay conexión alguna entre las palabras 'liderazgo' y 'espiritualidad', pero sí existe tal correlación o, al menos, deberíamos tener la intención de que exista. Imagina un globo de helio atado a una cuerda. El globo es el líder y la cuerda representa todas esas ideas limitantes que lo atan, esas cuestiones que se interponen para lograr un balance. En el mundo corporativo o empresarial creemos que las jerarquías, un rol y lo mucho o poco que ganas debe definirte. Al asumir ese papel, dejas de reconocerte como ser humano y, al mismo tiempo, dejas de ver como tal a tus compañeros, colaboradores o jefes. Aunque cada uno trae un camino diferente, todos tenemos la misma dignidad, el mismo derecho de respirar y el mismo derecho a existir.

Un líder debe eliminar el tema económico o jerárquico en una organización para poder acercarse a las personas de igual a igual. Solo así se liberará de ese lazo que lo ata. Por ejemplo, hace poco tuve la oportunidad de hablar con 100 personas del área de compras, y les decía: "Si salgo de la oficina para cruzar al Starbucks y me atropellan en la calle, a la defensa del auto que me golpee no va a importarle que yo sea el CEO porque al salir de aquí, todos somos iguales". Si como líder eso no lo traes bien grabado, tu comportamiento será muy diferente.

Conectar la espiritualidad con el liderazgo es complejo, pues nos da miedo ser vulnerables y decir que somos seres humanos que también sentimos. Te puedo compartir que rezo o medito muchas decisiones difíciles; si la decisión es sobre personas, me tardo más por tratar de buscar muchas alternativas. En este sentido, a las organizaciones las veo como los cubos Rubik, por lo que prefiero buscar tres o cuatro combinaciones antes de decir: "Oye, hay que prescindir de esta persona", que es la parte más dura del líder.

El líder sí puede y debe conectar con su espiritualidad, pero lo que ocurre muchas veces es que el poder se transforma en veneno; en sí, te va cegando a lo largo del tiempo. El poder desequilibrado evita que visualices la realidad y la distorsionas, incluso, la información que llegue ti no la escucharás. Por ejemplo, si tienes un estilo de liderazgo dominante, tu gente ya no se acercará a hablar contigo; por el contrario, te lo dirá con filtro o maquillado, y solo lo que tú quieres oír. Comienzas a vivir en un reinado sobre las nubes, aislado de la realidad. Lamentablemente, jamás nos gusta sentirnos vulnerables, y menos, en un ambiente corporativo; aunque creo que la espiritualidad es lo que permite mantenerte con los pies bien plantados sobre la tierra.

Podríamos pensar que la espiritualidad no la puedes encontrar en los corporativos, pero yo opino que sí está ahí, latente, pero nos da miedo hablar de ella porque existe una correlación entre posición jerárquica y estar abierto o no a este tema. Es decir, a medida que vas escalando de puesto en una organización, más miedo te da hablar de la espiritualidad. Es una realidad de México y de muchos países.

Entonces, yo creo que sí lo traemos adentro porque es vital el equilibrio emocional del ser humano, sobre todo, cuando gestionas una empresa, pues es importante tanto escuchar a un empleado como tomar decisiones. Y a veces, no queda de otra más que encomendarse a Dios para que te ayude a tomar la mejor decisión.

Hace tiempo, una colega me compartía que su jefe y varios directivos habían sufrido la pérdida de un ser querido, eso generó que todos los equipos se sensibilizaran con sus jefes. Aunque siempre los percibieron como personas frías, se dieron cuenta de que solo estaban desempeñando su trabajo, en el fondo, eran seres humanos. Eso mismo, incluso, le permitió sentir tal grado de confianza que mi colega se acercó a abrazar a su jefe, y él lo agradeció enormemente.

No tengas miedo de ser un líder humano y positivo. Todos queremos ser escuchados y ser tratados con dignidad, así que cuida la forma en la que haces llegar ciertos mensajes. Por ejemplo, en esos momentos en los que la vida se vuelve a veces difícil, ayuda el hecho de tener un jefe con mayor conciencia, de lo contrario, ir a trabajar se vuelve una verdadera lucha porque uno no se siente contento con lo que hace.

Yo me he mantenido atento, observo a mi equipo de trabajo y me preocupo por cómo puedo apoyarlos; al mismo tiempo, estoy abierto a escuchar sus consejos y opiniones. En el último retiro que hicimos, realicé un ejercicio que consistía en darles unas tarjetitas antes de la cena. De hecho, yo no los acompañé en esa cena, ya que el objetivo era que con libertad y transparencia respondieran las siguientes preguntas: ¿qué le recomendarían a José Manuel mejorar en su estilo de liderazgo?, ¿qué le recomendarían dejar de hacer el próximo año?

El resultado fue muy interesante. Me encontré con respuestas muy profundas, así como sutiles y sencillas. Me escribieron: "Sigue siendo puntual. Eres muy puntual para iniciar y para terminar reuniones, para ser objetivo en qué queremos lograr". Agradecí ese tipo de observaciones, aunque soy consciente de un error mío. Frecuentemente, me distraigo en el chat porque hay otros temas que están sucediendo a la par.

Estar en el chat hace que pierda mi atención en los demás. Imagínate, han venido directores, traen a los integrantes de su equipo y comienzan a presentar. Me di cuenta de que a veces pierdo esa sensibilidad de lo importante que es para ellos hacerle una presentación al CEO. Para ellos, es un momento de ¡wow! Y para mí, es algo que sucede todos los días. Así que empecé a pensar en alguna solución.

Hice un cambio en la organización de mi agenda. Comencé a hacer reuniones de 50 minutos; si eran de dos o tres horas, por cada 50 minutos de junta tomábamos 10 de break. La intención de este ajuste fue dejar el celular por un rato para poner atención, porque con mi actitud de antes le hacía creer a las personas que no me interesaba lo que me compartían. Ellos no tenían manera de saber que yo, al estar respondiendo a mi chat –en lugar de atender a su presentación–, estaba quizá tratando un asunto crítico o urgente. Ahora que he tomado conciencia y cartas sobre este asunto, le he insistido a mis contactos que, de acuerdo al grado de urgencia, llamen por teléfono y no me manden un WhatsApp.

A mí me nace mejorar y seguir aprendiendo para ser un buen líder –y creo que lo estoy logrando–. Por eso, compartiré la siguiente anécdota. Tengo unas tarjetitas en blanco que solo tienen mi nombre. Suelo escribir felicitaciones o agradecimientos a mi equipo por algo que hicieron, la pongo en un sobre y la mando. Eso hice con un ejecutivo. Dos meses después, fui a su oficina y vi que tenía esa nota enmarcada, y le dije: "*Wow*, el marco está sobrado para la nota". A lo que él me respondió: "La nota está sobrada para el marco". Y agregó: "Cuando la leyó mi esposa, me dio el mejor marco que teníamos, y me traje la nota enmarcada a la oficina". Me dejó con las piernas temblando y me motivó a la vez.

El valor del agradecimiento

Considero que, en mayor o menor medida, siempre he sido muy consciente de la conexión espiritual y de lo valioso que es agradecer todos los días. No importa si lo haces por la mañana o en la noche, lo importante es agradecer, agradecer y agradecer de todo lo que tienes: de tener vida, de levantarte al otro día. El agradecimiento tiene muchas formas, por ejemplo, puedes ir a misa, si eres católico, y aunque no vayas a misa, no te hace un mal individuo.

Pienso que a veces la religión te hace creer que si no haces esto o aquello, ya eres malo. A mí me gusta concebirlo de forma más abierta; creo que Dios es algo mucho más grande, él hizo la luz, los planetas y donde vivimos. Nosotros solo somos la punta de un alfiler ahí perdidos en el universo y lo único que nos pide es agradecer y ser buenas personas.

La espiritualidad me hizo ser más consciente de que tenemos una fecha de fabricación y una fecha de caducidad. Cada día al despertarnos es un día menos en la vida. La espiritualidad es una cuestión muy intrínseca, muy personal. Si la exteriorizas o no, es una decisión personal. No debes tener una barrera para hablar sobre lo que piensas y lo que crees.

Espiritualidad reflejada en tu vida

Adquiere el hábito de rezar, meditar, agradecer o escuchar música para conectar contigo mismo, porque tu estado interior se verá reflejado en tus acciones diarias, lo cual dice mucho de ti. Cuando llego a la oficina y veo a la persona de limpieza haciendo su labor, la saludo. Cuando ella me ve, suele apenarse, incluso hasta apaga la música que escucha, pero yo le digo: "Buenos días, ¿cómo está?, ¿cómo le ha ido? No le apague al radio. Si me llegara a molestar, cerraría la puerta, pero no". Hace tiempo había un bolero cerca del Starbucks que frecuento y recuerdo que nadie iba con él. Entonces, me acerqué a darle dinero para que pudiera comer algo porque me dio la impresión de que ni para eso tenía el señor ese día.

La manera en que tratas a tus subordinados, a tu proveedor, a tu cliente y a las personas en general refleja tu espiritualidad en cada momento. Por lo tanto, no se puede fingir. Es algo que tienes engranado o no en tu ser. Si me dices: "Oye, me encanta platicar con fulano, es buena vibra, es buena energía". Yo te diría: "Pues, llámale vibra. Si esa persona te trae balance, mantenla cerca". Por el contrario, si alguien es negativo, cáustico y siempre se queja, aléjate de esa persona.

La espiritualidad juega un rol de tranquilidad. Por ejemplo, para mí es importante que cuando alguien entre a mi oficina me vea tranquilo a pesar de traer unas broncas monumentales, eso les genera mucha tranquilidad porque sabemos que el mundo no se acaba. Y al revés, en los pocos momentos en los que en verdad ya no puedo porque estoy cansado, y digo: "Esta ola está muy grande, el surf que traigo me va a hacer pedazos, ¿cómo le hago?" Se me va a notar, y la gente me va a preguntar cómo estoy y si pueden ayudarme en algo.

Pilar social

Como su nombre lo dice, se enfoca en nuestra relación con otras personas más allá de la familia y el trabajo. Muchas veces, he sentido que este cuadrante me costó un poco llevarlo a cabo, principalmente, por la falta de tiempo que tenía para ver a mis amigos o colegas. El tiempo que le podía dedicar a este cuadrante, de alguna manera, se lo estaba restando a mi familia; sin embargo, en algún punto también fui consciente de que es muy sano salir del círculo familiar y del círculo del trabajo, para estar con verdaderos amigos.

Tengo unos amigos desde que estudiaba la carrera, es decir, nos conocemos desde los años 70. Somos muy amigos y siempre hemos estado en contacto. Las veces que nos hemos visto y convivido, parece como si nos transportáramos al aula uno del Tec de Monterrey. Son recuerdos muy bonitos. De hecho, cuando cumplí 60 años, organizamos una fiesta en Los Mochis, Sinaloa, e invitamos a todos a mis amigos, éramos como 150 personas aproximadamente. Qué manera de agradecer la vida y reconectar con los amigos.

El pilar social lo visualizo como la válvula de un tanque de presión: tú tienes una válvula con la que controlas cuántos bares de presión quieres tener. Si tienes amigos, tienes varias válvulas; si no tienes amigos, no hay válvulas. Los amigos están ahí para ayudarnos a liberar esa presión que tenemos sobre nuestros hombros, nos permiten desconectarnos de lo que estamos viviendo porque al verlos inmediatamente comienzas a platicar de una infinidad de cosas: de lo que te gusta, de las anécdotas, de lo que estás viviendo y posiblemente te agobia, y, por ende, ese momento te sirve para liberarte de las preocupaciones.

Los amigos son la fuente principal, esa válvula de escape que hace que tengas más tranquilidad, más paz y más momentos positivos y de felicidad en tu vida. Solo con verte, los verdaderos amigos reconocerán cómo estás o si tienes algún problema, además, saben decirte lo que necesitas escuchar. La gente que tiene amigos vive más años, vive saludablemente.

Pilar profesional

Tal vez has de intuir que el pilar profesional ha sido el más fácil de llevar para mí. Este pilar es el más claro, el más transparente y el más sencillo porque me gusta lo que hago. El cuadrante familiar y el social son los que me han implicado mayor reto porque no he podido invertir más tiempo como hubiera deseado.

Considero que el ingrediente principal en este pilar profesional es 'aprender a aprender'. Es decir, si tú sabes aprender o aprendiste a aprender, toda la vida vas a estar aprendiendo. En mi perfil del chat siempre tengo la leyenda: 'aprendiendo' o 'evolucionando', ya que la clave para superarte es estar abierto a nuevas posibilidades de cambios.

Ahora bien, quiero que entiendas que cada uno tiene su definición de vida y carrera profesional, y está bien. Por ejemplo, a mí me apasiona todo lo que he hecho, me gusta y me gustó andar por todos lados en el mundo, cambiando de trabajo. Yo creo que durante 25 años, ocupé seis o siete cargos en Dow. Luego continué en Tyson Foods y, posteriormente, en Grupo Industrial Saltillo (GIS). Hoy, estoy en NADRO. Si bien no me incomoda cambiar de plataforma, entiendo que mucha gente puede no estar abierta a tantos cambios.

Cuando mis hijos estaban más pequeños viajaba mucho más. Eran viajes que duraban al menos dos semanas. Era un reto también desconectarme de mis propios asuntos personales. Durante mis viajes, mi mente se ocupaba en cosas como: ¿qué voy a hacer?, ¿cuál es mi objetivo?, ¿estoy preparado?, ¿vengo listo?, ¿traigo todo lo que necesito?

En esa época, las computadoras, los celulares y la comunicación no eran como hoy. Si quería hablar con mi esposa, debía llamar al teléfono de casa, y al mismo tiempo, me cuestionaba: ¿cómo mantengo el contacto con mi familia para saber qué está pasando?, ¿a qué hora llamo si me desocupo después de una cena tardísimo? Si durante ese viaje había un cambio de horario, era peor, más desconectado estaba.

Era una mezcla rara de pensamientos, algunos eran preocupaciones sobre mi misión del trabajo y del viaje en sí; y, evidentemente, me preocupaba tener a mi familia a la distancia, porque cuando son pequeños los niños son más propensos a enfermarse.

Planeación efectiva = balance en tu vida

Honestamente, no siempre tuve conciencia de la importancia de tener un balance en mi vida. Quizá tú tampoco lo tengas aún, pero la vida misma te lo pedirá en algún momento, dependiendo del ciclo que estés atravesando. Como te compartí al inicio, por muchos años estuve ausente de casa, y aunque estuviera en ella, mi mente estaba ocupada en muchas cosas más. No fui consciente de que no estaba balanceando mi vida, pues desde joven, al inicio de mi carrera (mi etapa más productiva), le metí todos los kilos, por lo que descuidé mi casa en ocasiones.

Te quiero compartir desde mi experiencia que el balance se obtiene siendo consciente de los cuadrantes que dan sentido a tu vida (profesional, social, familiar y espiritual). Sin uno u otro, tu vida en algún punto se verá afectada porque no hay un desarrollo o crecimiento constante. A cada cuadrante debes brindarle un espacio y tiempo de calidad. Para ello, necesitas tomar tu agenda, poner los espacios que requieres y bloquearlos. Por ejemplo, quizá puedas comenzar con el trabajo porque es más fácil de controlar. Establece las reuniones semanales, quincenales, mensuales, trimestrales o anuales, y los temas que se van a abordar para que no se repitan, así como los asistentes, o si serán reuniones 1 a 1.

En lo familiar o personal, lo que siempre me ha resultado es visualizar por lo menos seis meses en adelante mi agenda e incorporo las fechas especiales. Por ejemplo, como vivimos muchos años en Estados Unidos, hemos incluido en nuestras tradiciones la celebración del Thanksgiving, el cual se lleva a cabo el tercer jueves de noviembre, así que bloqueo en mi agenda los días jueves, viernes y la mitad del lunes siguiente.

En el día a día de la semana, trato de poner un bloqueo a la que llamo 'Reunión conmigo mismo'. En este espacio me siento en mi oficina para revisar cómo andan las cosas, organizarme, ver papeles y algunos correos. Este espacio es un lugar sagrado.

Personalmente, puedo recomendarles la herramienta de trabajo Teams, de Microsoft. Este tipo de aplicaciones hoy te alertan si estás teniendo una semana muy desbalanceada. La semana pasada me alertó sobre ello porque estuve saturado por completo, no tuve un espacio libre, entonces dije: "¡Híjole! ¿Qué pasó aquí?". Claro, le di lugar a otras cosas.

Entonces, creo que lo más importante es, primero, reconocer que no estás teniendo un balance en tu vida; segundo, ver de qué manera puedes hacer esos bloqueos de agenda; y tercero, escuchar mucho, escuchar tu entorno. Es decir, si tú tienes una novia, si eres soltero, si eres casado o vives con alguien, debes prestar atención a cómo te comportas y, sobre todo, tienes que ser bastante realista sobre cuál es la situación actual. No debemos olvidar que, a veces, el poder ciega. Si te cierras a escuchar o ver tu entorno, te desconectas de la realidad.

Pienso que nunca llegas al equilibrio. Logras un mayor equilibrio o un menor equilibrio, aunque el balance ideal no existe. Por lo tanto, deberíamos sacarnos de la mente la expectativa del estado ideal, de lo contrario, nos veríamos frustrados si queremos tenerla porque –insisto– no existe.

La agenda es la clave, ya que es la rectora de tu vida. Hace mucho tiempo tomé un curso de manejo del tiempo en Franklin Day Planners, una marca ahora adquirida por el autor del libro *Seven Habits*, Stephen Covey. La filosofía que me enseñaron en ese momento es que tu agenda dirige el enfoque, la estrategia y es la forma de aterrizar y ejecutar las cosas. Entonces, desde ese momento, le tengo mucho respeto a la agenda y le dedico tiempo. Cada sábado por la mañana, lo primero que hago es revisar la siguiente semana, la segunda, tercera y cuarta semana. Le echo ojo a revisar mis reuniones recurrentes en el trabajo y los días importantes para la familia y los amigos. También se vale poner el no hacer nada en la agenda.

Para lograr el balance de vida, anticípate lo más que puedas tanto en el trabajo como con la familia, así como en el cuadrante social y espiritual; identifica días, meses y horarios especiales, solo así vas a darte cuenta de que en algunas semanas no pusiste nada, por ejemplo, una reunión contigo mismo o con tus amigos. Haz espacios tan valiosos como importantes: "Llamar a mi papá", "Comer con mi tío", "Ir por un café con mi hermano".

Proceso de comunicación

Incorporar el porqué estamos realizando cierta estrategia o programa en el área de comunicación permite que la audiencia (la gente que va a ejecutar) tenga un mayor rendimiento y aceptación de la idea planteada. Por lo tanto, hay una incorporación más rápida y las personas se sienten más incluidas, también hay mayor inclusión y nivel de *engagement*.

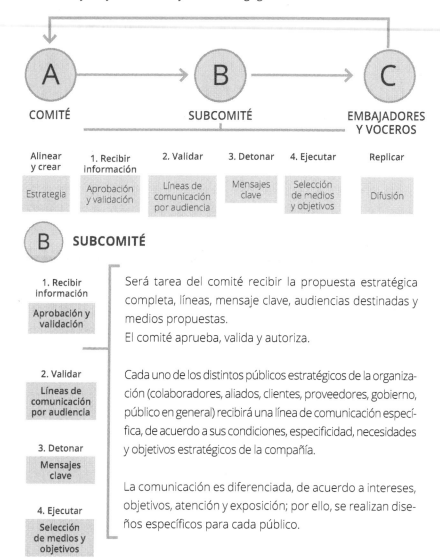

SUBCOMITÉ

1. Recibir información

Aprobación y validación

Será tarea del comité recibir la propuesta estratégica completa, líneas, mensaje clave, audiencias destinadas y medios propuestas.
El comité aprueba, valida y autoriza.

2. Validar

Líneas de comunicación por audiencia

Cada uno de los distintos públicos estratégicos de la organización (colaboradores, aliados, clientes, proveedores, gobierno, público en general) recibirá una línea de comunicación específica, de acuerdo a sus condiciones, especificidad, necesidades y objetivos estratégicos de la compañía.

3. Detonar

Mensajes clave

4. Ejecutar

Selección de medios y objetivos

La comunicación es diferenciada, de acuerdo a intereses, objetivos, atención y exposición; por ello, se realizan diseños específicos para cada público.

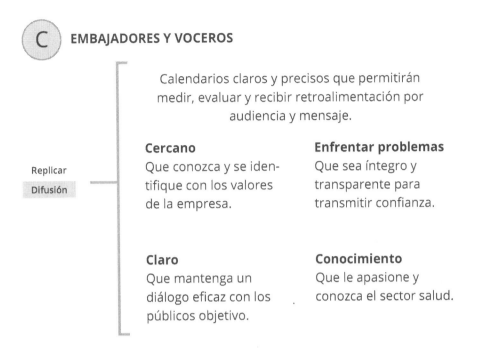

C EMBAJADORES Y VOCEROS

Calendarios claros y precisos que permitirán medir, evaluar y recibir retroalimentación por audiencia y mensaje.

Replicar

Difusión

Cercano
Que conozca y se identifique con los valores de la empresa.

Enfrentar problemas
Que sea íntegro y transparente para transmitir confianza.

Claro
Que mantenga un diálogo eficaz con los públicos objetivo.

Conocimiento
Que le apasione y conozca el sector salud.

La agenda es tu mejor herramienta porque es el plan de vuelo de tu avión llamado vida: ya sabes la altura, ya sabes la velocidad, los minutos que tienes que volar a 10,000, 20,000 o 30,000 pies, y el descenso. Nunca se podrá tener un control absoluto porque es simplemente imposible; sin embargo, la planeación sí te permite ver hacia adelante y, muy importante, revisar lo que hiciste hacia atrás para recoger los frutos.

—◆◆—

Capítulo 13
Poner el dinero en su lugar

En una ocasión, el CEO de una empresa visitó una aldea de pescadores, en donde las sonrisas eran el sello característico de la mayoría de sus habitantes. Al llegar al campo pesquero, tuvo la oportunidad de compartir y charlar con algunos de los pobladores; en particular, hubo uno que más llamó su atención. El CEO le preguntó: "¿A qué te dedicas?" Y la respuesta fue: "Soy pescador, una parte de lo que pesco la llevo a mi familia y con eso comemos, la otra parte la vendo y con eso consigo el sustento para otras cosas".

Este CEO –con su visión empresarial– replicó: "Imagínate que tuvieras una lancha o un bote más grande, que te permitiera pescar más horas porque llevas hielo y tienes más herramientas; imagínate que tuvieras un barco pesquero y también camaronero". El entusiasmo del directivo captó el interés del pescador, quien le preguntó: "¿Y dónde almaceno todo eso?". El CEO respondió de inmediato: "Construyes un congelador o un refrigerador, y luego procesas, vendes, exportas y generas una marca".

El pescador atendió con mucha atención cada uno de sus consejos, pero interrumpió la conversación con una pregunta que hizo tambalear al CEO: "¿Y todo esto, para qué?". La respuesta fue certera: "Para ganar dinero, y con eso puedas comprar un yate, irte a pescar o pasar el día en la playa". El pescador lo miró fijamente y sentenció: "¿Para qué tengo que hacer tantas cosas? Si es lo que ya estoy haciendo: pesco, navego y disfruto todos los días del sol, el mar y la playa".

Mientras esto sucedió en un pueblo pesquero de nuestro país, en la empresa que dirijo actualmente, tuve una conversación interesante con uno de los directores de mi equipo. Para dar un contexto, cabe mencionar que la compañía otorga un presupuesto para que las personas que ocupan puestos directivos adquieran un automóvil y, en algunos casos, ellas aporten un poco más para acceder a un vehículo más costoso. El rango de aprobación extra es del 10%. Un porcentaje mayor requiere autorización por parte del CEO.

El colaborador que se acercó a mí quería la aprobación de un 20% por encima del límite establecido para su cargo. Mi primer cuestionamiento fue: "¿Por qué necesitas un auto con un valor 20% arriba del presupuesto?". Su respuesta fue confusa y solo se dedicó a ir por las ramas. Después de varios minutos de conversación no había otros argumentos y me confesó: "Mira, lo quiero porque se siente muy padre". La pregunta inicial que le había hecho no invalidaba esa razón, simplemente iba orientada hacia la eficiencia del propósito. Así que le dije: "Quisiera ver qué tan consciente eres y qué tanto el ego está dirigiendo esta decisión que, utilitariamente, me parece irrelevante".

Rematé la plática con otra cuestión: "¿Por qué no inviertes ese dinero en la educación de tu hijo o en alguna otra cosa que pueda tener un mejor uso?". A final de cuentas, no era mi dinero y era su problema, pero quería hacerlo reflexionar sobre la relevancia que le damos a las cosas materiales y la verdadera satisfacción o felicidad que le podría dar comprar un vehículo con esas características.

La anécdota del pescador y la del directivo ilustran circunstancias de vida completamente diferentes, pero que, de una u otra manera, son formas en las que las personas buscan el éxito, la felicidad, la paz o un propósito, algunos a través del bienestar y otros por medio de posesiones materiales.

El concepto de felicidad me parece tan subjetivo, que merece ser puesto en tela de juicio. Desde el punto de vista filosófico, Aristóteles establecía que la felicidad es el fin que busca todo ser humano y el bienestar es el mayor deseo que guía todas las acciones humanas. Este pensador griego consideraba que la forma en la que el ser humano alcanza la felicidad es al basar su vida en acciones virtuosas, sustentadas en el pensamiento, la justicia y la razón.

Desde el punto de vista psicológico, la felicidad es un estado emocional efímero, caracterizado por sentimientos de alegría, satisfacción y plenitud, en el que se involucran emociones positivas y satisfacción con la vida. Por desgracia, la felicidad se ha vuelto un producto de consumo, un aspecto al que, en la mayoría de los casos, se accede por medio del dinero. Alcanzamos la felicidad a través de posesiones, aunque la perdemos al día siguiente en que dejan de ser artículos nuevos y nos sumergimos en un círculo vicioso de consumo para alcanzar un estado de euforia.

En el sentido corporativo, los líderes suelen hablar el idioma de los números, tanto en el aspecto profesional –cuánto aumentaron las ventas, ingresos y ganancias– como en el personal –cuántas propiedades, autos o pertenencias pueden adquirir–. Fijar el foco de su desarrollo en estos aspectos produce falta de atención a factores significativos, como la salud física y mental, las relaciones interpersonales y las emociones. Pero es una situación entendible, pues el estrés generado en un alto directivo es impresionante, te lo aseguro por experiencia.

La vida de un líder

La mañana (del líder) comienza con un poco de ejercicio, tomar un baño, desayunar y subir al auto para trasladarse al trabajo. Inicia la jornada laboral con un asunto contable, para después atender un tema operativo. A las 12 del día, llegará tarde a una cita con un cliente por atender algunas operaciones canceladas debido a un paro de energía. Por fin llega con el cliente y lo atiende, para después solucionar un problema comercial y, más tarde, trabajar con Recursos Humanos, que tiene una consulta relacionada con la renuncia de un colaborador.

El día ha sido pesado y ni siquiera son las tres de la tarde. Después de resolver problemas operativos, administrativos y comerciales, empieza a trabajar en el plan estratégico a cinco años, surgen las preocupaciones sobre el entorno, la economía, el peso, el dólar, el petróleo, la energía, el gas y múltiples elementos externos que pueden afectar su negocio. Así es la vida del líder –quien, en este caso, es el CEO de una empresa–, llena de responsabilidades y compromisos, con incontables momentos de tensión y estrés, en los que si no aprende a priorizar y jerarquizar, puede perder la cabeza y el control de su vida.

Todas estas asignaciones son aspectos que la mayoría de las personas no toma en consideración cuando se hace referencia a un alto directivo. Para el imaginario colectivo, se trata de una mujer o un hombre de estatura alta, cuerpo delgado, de vestimenta impecable y manejando un coche de lujo.

Esta imagen ha sido generada por algunos medios de comunicación, que venden un estereotipo funcional para este tipo de estructuras narrativas y que, en el caso de noticiarios o programas informativos, pocas veces tienen acceso a conocer un poco más sobre el quehacer diario de un líder en el mundo de los negocios.

Una de las características principales, según esta misma utopía, es la riqueza y el lujo que rodea al estereotipo del empresario o directivo. Es natural que dentro de un sistema capitalista, una persona con mayores asignaciones, responsabilidades y generación de valor, consiga mejores beneficios económicos y que, al asociar su labor con la imagen típica, convierta al dinero en el motor de su vida.

El aspecto económico es fundamental dentro del mundo corporativo; sin embargo, no tiene que ser el único factor relevante. Durante muchos años de experiencia, he observado a gran cantidad de líderes, que priorizan el aspecto financiero por encima del bienestar personal e, incluso, de la salud; uno de ellos he sido yo y puedo asegurar que esta circunstancia es capaz de llevarnos a una prisión de la cual es muy difícil escapar.

Cuando hablo de una prisión, no me refiero a una celda en la que tu contacto con el exterior está restringido, estoy hablando de una cárcel en la que tienes éxitos, interacción con otras personas y momentos de felicidad, hablo de la vida misma. El momento en el que una empresa se convierte en toda tu vida, empiezan a aparecer alertas, como el desgaste físico, emocional y mental, una enfermedad que ocasiona un sentimiento interminable de cansancio, un *burn out* o estar quemado, como coloquialmente se dice.

Existe una metáfora perfecta para ejemplificar esta circunstancia, que hace referencia a que somos como pequeños cuyos en una jaula, esos roedores que también fungen como mascotas domésticas. La metáfora menciona que las personas nos convertimos en animales de hábitos sin sentido, nos dedicamos a dormir, comer y a hacer girar la rueda, que, en este caso, puede ser un trabajo, una empresa o, incluso, el sistema completo.

Hacemos girar la rueda, a veces de forma intensa, otras tantas, con flojera, pero continuamos sin cuestionar el objetivo de esta actividad. Cuando nos cansamos, paramos a comer; cuando llega la noche, dormimos; al salir el sol, estamos de vuelta, comprometidos con una tarea que nos fue asignada.

Yo he estado muchas veces en esta rueda de cuyo que corre más rápido al restar importancia al entorno familiar, social y, sobre todo, al espiritual. Durante momentos de crisis, he identificado la importancia de poner cada cosa en su lugar. La familia, los amigos y el trabajo con un propósito van dentro del corazón; mientras que el dinero se convierte en solo una consecuencia, no en una razón.

Es muy difícil salir de esta rueda. El sistema económico en el que participamos y la vida urbana a la que estamos habituados también lo propician. No obstante, es fundamental cuestionarnos en todo momento nuestras metas, objetivos y propósitos ¿Qué es lo que realmente quiero de la vida?, ¿mis acciones son coherentes con mis objetivos?, ¿qué es lo más importante para mí?, ¿cuál es el propósito de mi vida?

Verbalizar estas preguntas y sus posibles respuestas amplían el panorama sobre nuestra vida y, además, nos permite compartir nuestras inquietudes con mentores, psicólogos, amigos o familiares para encontrar una forma de vivir en coherencia con nuestros verdaderos propósitos. Yo aprovecho cada momento y cada fin de semana.

Por el maravilloso momento de existir

Durante años, se nos ha vendido la idea de que el éxito es aquel que llega de la mano de las posesiones materiales, la alta capacidad adquisitiva y el poder. Pero la realidad está muy alejada de esta idea. La vida de un empresario, alto directivo o líder no es como la pintan. El éxito puede provenir de diferentes fuentes y, en definitiva, no significa lo mismo para un pescador que para un CEO o para un directivo que anhela un auto de lujo.

El significado del éxito depende de la persona que lo consigue. Para mí, el éxito va muy ligado con mi propósito de vida, que es mejorar e influenciar positivamente a mis seres queridos y a las personas que me rodean, para que todos tengamos una mejor vida. Esta es la razón por la que escribo este libro, es el pensamiento que guía mis acciones y mi brújula en este trayecto llamado vida.

La sabiduría y los consejos que uno de mis seres más queridos ha compartido conmigo no solamente se limitan a momentos de enfoque, trabajo o análisis de situaciones, también durante fiestas y reuniones me ha regalado pensamientos que quedan grabados en mi ser. Una vez dijo: "Salud, por este momento maravilloso de existir".

Cuando sale esa frase de su boca, mi mente de inmediato se pone a trabajar, pues creo que, de cierta forma, el maravilloso momento de existir es vivir una vida plena; para mí, el éxito es vivir en plenitud. Vivir en un estado de plenitud humana se refiere al disfrute de una buena vida, algo que poco tiene que ver con el consumo de bienes materiales y se relaciona con la expansión de la capacidad de una persona para disfrutar. Bajo esta visión, ¿es posible creer que el estrés, la tensión y el enojo son parte de la plenitud?

La influencia de nuestro entorno hace que pensemos que lo financiero o lo material son los elementos que nos brindarán felicidad, paz, tranquilidad o éxito. El éxito ha sido determinado por la sociedad como el hecho de tener dinero, estatus y ser una persona rica materialmente. Por el contrario, considero de forma determinante que el éxito está relacionado con el equilibrio entre aspectos humanos y materiales, entre lo profesional y lo personal. Alcanzar este balance es una labor que debe trabajarse diariamente y, poco a poco, abrir el espacio para atender el espíritu, el alma y el corazón.

Para lograrlo, debemos hacer a un lado los factores relacionados con el 'deber ser', esa serie de normas escritas y no escritas que dictan la forma en la que debemos actuar. En este sentido, la misma sociedad es la que determina cuáles son las conductas o los actos correctos y aceptados y cuáles no.

Guiar nuestras acciones con base en el 'deber ser' no es casualidad, se nos educa de esta manera desde casa y en las escuelas, y esta idea permea en todos los entornos de nuestra vida, incluyendo el laboral. El 'deber ser' indica que la generación de dinero y riqueza es la piedra angular de la vida, aunque esto limita nuestro potencial, hace que el pensador deje de pensar, que el artista deje de crear y que el ser humano no encuentre y mucho menos persiga su propósito en la vida.

Cómo encontrar nuestro propósito

Por propósito de vida personal me refiero a todo aquello que mueve a una persona a emprender un proyecto, a realizar alguna actividad o, esencialmente, su razón de existir (ver capítulo 9). En ningún momento habla sobre dinero, más bien, habla de aspiraciones, de sueños, de pasiones y de una contribución para construir un mundo mejor.

El propósito no se limita a un aspecto meramente personal, sus alcances llegan al mundo empresarial: todas las compañías también tienen un propósito, una razón de ser y justificar su existencia más allá del objetivo económico. Este propósito debe tener un impacto efectivo en la sociedad, el medio ambiente y no solo maximizar el valor de la empresa para el accionista. Por lo tanto, el propósito debe inspirar la estrategia de la compañía, sus planes de negocios y sus objetivos. En pocas palabras, todas las actividades de la organización deben ser influenciadas y delimitadas por el propósito. En tanto, todos los involucrados tienen que alinearse a él: colaboradores, clientes, proveedores y otros participantes de la cadena, en busca de un bien común.

Los empresas más importantes del mundo están tomando en cuenta y basando sus estrategias en aspectos tan relevantes como los Objetivos de Desarrollo Sostenible de la Agenda 2030. Un acuerdo con 17 objetivos y 169 metas de aplicación universal firmado en 2015 por los 193 países miembros de las Naciones Unidas con el compromiso a nivel gobierno, empresas y sociedad civil de alcanzar un mundo sostenible para el año 2030.

Los Objetivos de Desarrollo Sostenible son un llamado particular a las compañías para la aplicación de innovación y creatividad con miras a resolver los retos más urgentes para el desarrollo sostenible. Su éxito depende de comprometerse con un propósito superior al económico, con el fin de contribuir al bienestar ambiental y social.

Algunos de estos objetivos son:
- Fin de la pobreza.
- Hambre cero.
- Salud y bienestar.
- Educación de calidad.
- Igualdad de género.
- Trabajo decente y crecimiento económico.
- Acción por el clima.
- Paz, justicia e instituciones sólidas.

Consolidar empresas con propósitos sólidos no solo generará beneficios sociales, también aumentará la competitividad empresarial, el sentido de pertenencia en los trabajadores e incentivará la consecución de objetivos sociales. Los analistas financieros y empresariales están enfocados en la sustentabilidad, en saber si sus organizaciones contaminan o no, si contribuyen a reducir la pobreza o a combatir el hambre. El planeta exige que el propósito supere en importancia a los aspectos financieros; sin lugar a dudas, esta será la única alternativa para subsistir en un mundo cada vez más complejo.

Pongamos el dinero en su lugar

En el sentido corporativo mexicano, los directivos están enfocados en sus metas financieras y muchas veces esto los hace quedarse cortos, limitando su potencial y el de las organizaciones. Es muy difícil gestionar o articular algo apasionante, cuando hablas solamente de números en las presentaciones y resúmenes ejecutivos.

En estos casos, los líderes olvidan que detrás de esas cifras hay algo más importante, la gente. Los números –como los ingresos y las ganancias– son una consecuencia del trabajo que se realiza, del enfoque, de la estrategia, de la contratación, del desarrollo, la retención y la promoción del talento, de la relación con proveedores y clientes, y de muchos otros factores más en los que las personas son los verdaderos protagonistas.

Es momento de poner el dinero en su lugar, no permitir que domine el juego ni nuestro modus vivendi, mucho menos, que sea nuestro único objetivo o propósito de vida. El lugar del dinero se define desde su conceptualización: es un medio de cambio a través del cual adquirimos bienes y servicios o lo utilizamos para el pago de obligaciones.

El dinero es solo un medio y una consecuencia, no es un fin. Cuando uno es consciente de esta situación, realmente puede separar y colocar el dinero en su lugar. Como seres humanos, todos tenemos deseos o aspiraciones, pero es fundamental no confundirlos con necesidades. Estas hacen referencia a aspectos sin los que no podríamos vivir o desarrollarnos, mientras que un deseo es algo a lo que se aspira, aunque es prescindible.

Parte prioritaria de un proceso de madurez para dar el lugar preciso al dinero es preguntarte: ¿para qué quiero eso?, ¿por qué estoy aspirando a ello?, ¿qué diferencia generará? Realizar una introspección tomando como referencia las respuestas a estas preguntas te ayudará a reenfocarte, a poner los pies sobre la tierra y regresar a tu centro.

De acuerdo con la filósofa Emily Esfahani, existen cuatro pilares para cultivar el sentido de la vida, dentro de ellos está incluido el propósito. Pensar en esto me ha servido para dejar de querer ser feliz todo el tiempo, ya sea por medio de relaciones sociales o bienes materiales. El mensaje que el mundo actual nos brinda es que mientras persigamos la felicidad, obtendremos el éxito.

Desde un punto de vista filosófico, el sentido de la vida se puede ver como algo que conecta y contribuye a algo más allá de uno mismo. Algo que trasciende a la individualidad, a nuestra contribución y que le da orden a nuestra existencia. Los cuatro pilares que establece la filósofa en su teoría para cultivar el sentido de la vida son:

1. **La pertenencia.** Se refiere a la forma en la que cultivamos y atendemos las relaciones sociales que nos hacen felices y que contribuyen a nuestro bienestar. Situaciones en las que nos sentimos valorados por lo que somos y consideramos que somos visibles y escuchados.

2. **El propósito.** Un concepto que desarrollamos particularmente en el capítulo 9. Se refiere a la parte del sentido que nos guía hacia el futuro, el objetivo que orienta nuestras acciones individuales y colectivas. Esto significa generar una visión global de nuestra vida.

3. **La trascendencia.** Son experiencias que nos ayudan a organizar nuestros pensamientos y conductas más allá del individualismo. Momentos en los que olvidamos el

ajetreo diario y todos los problemas que hay alrededor. Podemos llegar a ellos por medio de la meditación e, incluso, de la oración.

4. **La narrativa.** Somos los autores de nuestra propia historia. Construimos nuestro presente y nuestro futuro con base en las decisiones que tomamos y nuestra postura filosófica ante la vida.

Aplicar estos cuatro pilares en mi vida, me ha permitido encontrar mi propósito personal y también el empresarial. Enfocar mis acciones en la trascendencia con el objetivo de contribuir a un mundo mejor para todos. Al poner en perspectiva todos estos aspectos, encontré el lugar del dinero: recursos guardados en una cuenta de banco o en la billetera, que simplemente funcionan como un medio para alcanzar propósitos superiores.

Mirar la vida desde este cristal ha facilitado la salida de la cárcel del interés material. Al comprender que estos recursos solo son relevantes para concretar proyectos personales y empresariales, permitimos que los individuos, los grupos sociales y las empresas alcancen un potencial mayor.

¡Cuidado!, el dinero intoxica

En mi niñez y adolescencia en El Burrión, viví un entorno sencillo en el que no le di tanto valor al factor económico; convivía con personas de diferentes estratos socioeconómicos. Sobre todo, veía gente que era feliz sin tener grandes posesiones, apenas lo indispensable para vivir.

Recuerdo que después de graduarme de la universidad, me sumergí en preocupaciones referentes a la acumulación y al poseer bienes materiales.

Sin embargo, al formar una familia, mis preocupaciones aumentaron: ¿cómo voy a educar a mis hijos?, ¿con qué voy a vivir cuando me retire? Y otros cuestionamientos completamente naturales, que debido a la ansiedad que generaban, mi visión se nubló.

Por fortuna, conté con una aliada que siempre me aterrizaba. Ella es una persona cero apegada a lo material y al dinero, su visión me hizo cuestionarme sobre la vida. Me sirvió para enfocarme en vivir y no solamente en planear. En hacer y disfrutar, por encima del miedo y el temor.

Así nació el liderazgo desde el corazón, por un deseo de trascender, de ser una mejor persona y un mejor profesional. Un individuo que priorice el aspecto humano, por encima del monetario y que, por medio del trabajo duro, incentive el crecimiento de la gente que lo rodea.

A mí me intoxicó el dinero en mis primeros años como profesional. Por esa razón, he identificado que este fenómeno afecta a todo tipo de empresas, desde los pequeños negocios hasta los corporativos o grandes empresas familiares. Estas últimas son un caso muy particular, ya que con el crecimiento de las familias y del negocio, viene la desunión.

Las herencias son un punto de quiebre, los disgustos terminan en litigios, las familias se destruyen por el dinero. En México hay muy pocas empresas familiares que han logrado encontrar el equilibrio y trascender en unidad. Tristemente, algunas hasta han terminado en conflictos violentos por asumir el control del capital.

Integrar protocolos familiares, consejos de administración y hasta salir a bolsa han sido soluciones para buscar la estabilidad familiar y empresarial. Permitir la entrada de asesores o consultores brinda una mirada externa de la situación real de una compañía. Mientras que la bolsa neutraliza la propiedad de la empresa, desvincula a las familias o crea reglas equitativas al valor de mercado para separar el patrimonio de las decisiones familiares.

El nivel de toxicidad del dinero es tan grande, que puede disolver el núcleo más fortalecido de la sociedad: la familia. Basta mencionar que en nuestro país solamente el 69% de las empresas familiares trasciende la primera generación, el 24% se extiende hasta la segunda y solo el 7% sobrevive a la tercera generación o posteriores, de acuerdo con información del informe *Nivel de progreso de las empresas familiares para lograr su continuidad y armonía*, del IPADE Business School.

Estas cifras no son casualidad, una empresa que llega a las tres generaciones ya involucra primos terceros o parientes lejanos, aunque no todos trabajen en ella. En estas instancias, todo se trata de dinero, autos, casas, joyas y estilo de vida, mientras que el propósito empresarial queda en segundo plano.

Y me ha tocado vivir en carne propia los conflictos derivados de estas situaciones.

Nada se logra de la noche a la mañana

Aunque considero que he conseguido grandes avances para poner el dinero en su lugar, me encuentro en un proceso de reconstrucción. Me quedo corto en algunos aspectos, por ejemplo, no hago suficiente ejercicio y me falta tiempo para actividades recreativas, como leer o disfrutar de algún pasatiempo. Es natural que en muchas ocasiones prioricemos las actividades laborales por encima de aquellas que benefician a nuestro ser.

Mantener el objetivo me ha permitido encontrar mi propósito, obtener resultados profesionales y, al mismo tiempo, disfrutar de mi vida. Por eso, quiero compartir cuatro consejos que me han ayudado durante este proceso a ser resiliente y volver a la carga hasta alcanzar la meta:

1. **Aprende a gestionar tu agenda.** Nadie puede manejarla mejor que uno mismo; somos los responsables de abrir espacios y propiciar los momentos de meditación, diversión, cuidado o esparcimiento. En muchas empresas, la agenda del CEO es la de terceros (clientes, proveedores, empleados o directivos), no permitas que esto suceda.

2. **Genera pequeños *breaks* durante el día.** La clave es iniciar con pasos cortos: libera pequeños espacios (de cinco a 10 minutos) en los que tengas tiempo contigo mismo, con

tus pensamientos, con tu respiración y con tu ser. De esta forma, interrumpirás la monotonía y refrescarás tu mente.

3. **Identifica tu propósito.** Enfoca parte de tu tiempo en la introspección, define cuáles son tus metas en la vida, más allá de la acumulación económica. ¿Qué factores son los que te mueven?, ¿por qué haces las cosas? El propósito en algunas ocasiones cuesta identificarlo, pero una vez que lo haces, todas tus acciones, actividades y pensamientos comienzan a cobrar sentido.

4. **Confía en las personas.** Cuando eres la cabeza de una estructura, es muy fácil pensar que solo tú haces las cosas bien. Esto sucede porque conoces el objetivo de todas las áreas y, probablemente, hayas pasado por alguna de ellas. Sin embargo, delegar es un aspecto vital para encontrar paz. Para ello, fortalece tus procesos de reclutamiento, contratación y capacitación, a fin de confiar en las personas y en tu estructura. Recuerda que la misión es dejar de ser el centro de todo.

A través del tiempo, he aprendido a desconectarme más, a bajar de la rueda de cuyo, a desconectarme de la oficina, viajar y no comprometer todo mi tiempo al trabajo. Siempre será una prioridad más grande la de cultivar el ser; aunque en ocasiones, uno claudica y termina cediendo ante la presión del 'deber ser'.

Poner el dinero en su lugar es un proceso progresivo, que no sucede de la noche a la mañana, requiere de convertirlo en hábito y en asumir un compromiso a prueba de balas. Si bien existirán obstáculos y caídas, es fundamental ponerse de pie y continuar este camino. Hacerlo te permitirá disfrutar de tu vida y de tus seres queridos, tener experiencias inolvidables y hacer del trabajo un gozo y no un sufrimiento.

Capítulo 14

La comunicación
y el factor 'por qué'

Imagina una empresa que está atravesando una mala racha debido a la falta de ventas. Tiene vendedores en el campo distribuidos por todos lados, mientras que la estructura de la organización cuenta con seis o siete niveles, que van desde el representante de ventas hasta el CEO. Bajo este escenario tan grave, el tiempo apremia.

Imagina que tú eres el CEO y debes generar un mensaje a nivel interno; por lo que, a través de una serie de conferencias y videos, decides articularlo. Una vez comunicado, el representante de ventas dirá: "Ah, caray. Si visito a tal cliente, puedo vender un poco más; si hago más de este trabajo, puedo impactar a la compañía".

¿Qué quiero decir con esto? Tu mensaje impactará y, por más pequeño que sea el esfuerzo de un representante de ventas, su contribución cuenta el 1, 2 o 5%; es decir, todo suma. Si agregas lo generado por los otros colegas, esos resultados empiezan a impactar en la empresa y puedes salir del problema muy rápido. Ese es el efecto de la multiplicidad de la comunicación: ¿hasta dónde llegas?, ¿qué tan rápido llegas?, ¿qué tan efectivo es tu mensaje?

Por eso, creo que el rol de la comunicación del liderazgo es la multiplicación, el cual contiene el elemento exponencial. Sin embargo, si no utiliza la comunicación y sus plataformas debidamente, el líder no se multiplica y no genera impacto en la organización. En ese sentido, se limita a una esfera, y si esta es exclusivamente su equipo directivo, estará en problemas porque, a la larga, se aislará. Entonces, ¿qué hacer para que tu esfera se amplifique?

La primera recomendación es no dejar pasar mucho tiempo para permear no solo a la dirección general, sino al resto de la compañía. Por lo tanto, la variable del tiempo debe resolverse rápida y efectivamente. Pero luego, y mucho más importante, es la multiplicidad del líder, quien tiene que entender que si no hay una estrategia de comunicación, su mensaje será demasiado limitado y no generará una permeabilidad. Esta es como la humedad: si pones poca agua en el centro de una toalla, solo se moja esa área; si le pones más agua ahí mismo, la humedad va penetrando hasta el resto. En consecuencia, tienes que usar los medios para que se difunda el mensaje dentro de toda la organización.

La comunicación es un tema crucial en una empresa. Normalmente, estamos acostumbrados a salir corriendo para implementar iniciativas, con estrategias y una serie de acciones, aunque se nos olvida que cuando estas provienen desde arriba, la mayor parte de las personas no tienen un contexto al respecto y eso genera confusión de arriba hacia abajo.

Efecto multiplicador de la comunicación

El rol de la comunicación de liderazgo tiene diversas vertientes. La más poderosa es la presencia física del CEO en el día a día, conversando en un pasillo, en una reunión formal, en una visita, incluso, en el establecimiento; también ante la presencia de un cliente o con los proveedores. Si bien la comunicación más efectiva es esa, se ve limitada por el tiempo y el espacio. Por ello, el líder debe tener en mente, previo a su reunión y sin importar en dónde ocurra, qué es lo que desea comunicar de forma clara y asertiva. Tienes que cuestionarte muy bien: ¿qué quieres articular y qué deseas que pase cuando ocurra esa interacción?

En este punto quiero compartir una historia que me gusta mucho: un reportero se acerca a una construcción, en donde hay un albañil trabajando con su mezcla y comienza a colocar unos ladrillos. El periodista le pregunta: "Oiga, ¿y usted qué está haciendo?". El albañil le responde: "Pues aquí, bien jodido trabajando. Haciendo mi mezcla y poniendo ladrillos". Tan solo 10 metros más adelante, el reportero se encuentra a otro albañil haciendo exactamente lo mismo, y le dice: "Oiga, ¿usted qué está haciendo?". Y su respuesta fue: "Estoy construyendo la catedral más linda del mundo". Esa es la gran diferencia de la comunicación con liderazgo: genera pasión, entendimiento, enfoque y buenos resultados.

Un líder debe desarrollar esta habilidad o capacidad de comunicación y hay formas de aprenderla. Por ejemplo, el impacto de la comunicación ocurre tanto de manera interna como externa, y en esta última, el CEO y los directivos tienen un rol crucial. Para comunicar efectivamente estos mensajes externos se cuenta con el apoyo del equipo de *Corporate Affairs* –Relaciones Corporativas o Relaciones Públicas–. Así, se capacita a las personas que se encargan de participar en los foros públicos, dotándolas de herramientas prácticas, como el Face the Press; es decir, darle la cara a la prensa, brindar entrevistas, entre otras funciones.

En lo personal, creo en la comunicación y su impacto, por lo que he sido muy activo en este rubro, aunque en ocasiones hay excepciones, cuando primero hay muchas cosas por resolver a nivel interno previo a salir en público. Una vez todo ordenado, entonces sí. En todos los cargos directivos que he ocupado, mi participación ha sido muy activa en todo tipo de espacios, ya sea en universidades, en foros tanto ejecutivos como de profesionales de la materia, de proveedores o clientes y, obviamente, en medios de comunicación.

Como portavoz, he vivido un proceso de formación con capacitación especializada, ya que no todos tienen la habilidad de hablar públicamente en nombre de la compañía. En ese aspecto, hay una política, un procedimiento y capacidades para poder hacerlo. En mi caso, he tomado unas 10 veces el Media Training

–cuando estuve en Dow Chemical, Tyson Foods y Grupo Industrial Saltillo (GIS). Es un entrenamiento con sesiones didácticas de pizarrón, te proyectan videos de tus participaciones en público y te critican positivamente para que identifiques tus errores –desde cómo cerraste el ojo o cómo te paraste o usaste las manos–; o sea, se enfocan en todo, lo verbal y lo no verbal.

Uno piensa que, por ejemplo, hacer un video interno es fácil, como dicen los gringos: "It's a piece of cake". En realidad no lo es. Por ello, capacito a todos los líderes de mi organización. Siempre. A todos los que están en mi equipo directivo, y mucho más a los que hablan en público –que son uno o dos, máximo, tres–. Y cuando me refiero a públicamente, es a una cuestión formal de medios, ya que eso no quiere decir que nadie pueda tener una plática en público. Muchos directivos las tienen, pero dar una entrevista formal, oficial en toda la extensión de la palabra, solamente estas tres personas de mi equipo. Además, estas deben tener cierta personalidad, capacidad y competencia; desde mi punto de vista, considero que todos pueden aprender a comunicar.

El CEO es la principal imagen de la compañía, por lo tanto, debe afinar sus habilidades de comunicación. Tiene un rol fundamental porque juega hacia el exterior con las audiencias clave. Es una faceta externa que tienes que desarrollar si aspiras a liderar, debido a que es de suma importancia para el posicionamiento de la organización. Repito, el CEO es la imagen de la empresa y, dependiendo del giro de esta, todo forma parte de un conjunto que comunica hacia afuera: tanto el cómo y el mensaje como el tipo de fotos.

• Dentro de ese conjunto, el mensaje contiene sus directrices. ¿Qué sí o qué no podemos comunicar? Es algo que siendo líder aprendes en el camino, pero que me gustaría ejemplificar con casos concretos acerca de mi experiencia en este respecto. El 'no' es algo que se considera confidencial. Por ejemplo, si habrá un cambio estructural, no mencionas a la persona concretamente; en su lugar, hablas de la filosofía sobre un cambio en la estructura. No puedes decir: "Fulano se va a ir para allá y zutano se va a ir para acá". Así no se estructura un mensaje, ese nivel de información llega en su momento cuando se realiza un despliegue oficial, con su respectivo anuncio sobre el cambio de una persona en su posición o función.

Comité de comunicación en acción

La comunicación dentro de una empresa es fundamental y no puede recaer solo en su líder. Desde el punto de vista de la masificación, lo más potente es la planeación de los mensajes de comunicación a través de un comité de comunicación. Son cruciales. En mi etapa profesional como líder, he tenido la iniciativa de crear diversos comités con los que he trabajado en equipo en los últimos 20 años –en Dow Chemical, Tyson Foods, Grupo Industrial Saltillo (GIS) y NADRO–.

¿Por qué son tan importantes para mí? Son la torre de control de un equipo de trabajo que recibe una estrategia y un plan. Si nos encontramos en diciembre, por ejemplo, el comité ya está pensando en enero, febrero y marzo. Visualizan el futuro –por así decirlo– y pueden hacerlo porque los mensajes de diciembre ya los tienen preparados, verificados, escritos, validados y, ese mes, solo deben ejecutarlos en sus diferentes plataformas de comunicación y enviarlos.

Un comité de comunicación debe ser multidisciplinario, multigeneracional y multigeográfico, a fin de que represente los intereses y las necesidades de todos los colaboradores, clientes y proveedores.

Ahora bien, ¿para qué sirve?, ¿qué hace?, ¿cómo funciona?, En primera instancia, visualizo que un comité de comunicación tiene cuatro elementos fundamentales en su estructura:

1. **Dirección.** Está conformado por el CEO y la mesa directiva, cuya función es determinar en conjunto cuáles serán los mensajes que se comunicarán dentro de la compañía.
2. **Diversidad.** Tiene que estar compuesto por personas de todas las áreas claves, como comercial, marketing, operación, finanzas, entre otras. No necesitas tener a los superlíderes,

lo que buscas es contar con personas que entiendan el negocio, los mensajes que transmiten, cómo se comunica la gente y qué tipo de lenguaje se usará.

3. **Corresponsales.** Una persona que es un líder nato, ya que los demás lo escuchan. Ellos entienden lo que sucede en su célula de trabajo o en su área, comunican los mensajes en diversos niveles y también generan información para proveer al comité de información fresca y relevante.

4. **Medios internos/Plataformas de comunicación.** Son los medios con los que dispones, ya sea internos o externos: como tableros, cuentas de correo electrónico, perfil en redes sociales, pantallas, etcétera. En NADRO, por ejemplo, creamos NADRO TV, un canal interno muy padre porque cambia totalmente la comunicación, y la hace mucho más personal.

Bajo esta estructura y este enfoque, en la compañía seleccionamos a los corresponsales con base en las recomendaciones de los propios empleados. Hoy, tenemos cerca de 70 corresponsales de todas las áreas y visten un chaleco (de estilo reportero); además, a cada uno le dimos capacitación y entrenamiento. Ellos son responsables de enviar al comité contenido dos veces por semana –como mínimo– y utilizan un menú de temas que se les entregó.

Cuando tienes muy claro cómo debe funcionar tu comité de comunicación, el siguiente gran reto es cómo se crea y quién lo preside. ¿El CEO forzosamente tiene que estar ahí? En mi experiencia, si bien sí lo hice –estuve muchos meses al frente, pero esta fue una medida que adopté porque en algunos de estos casos no había un comité y se necesitaba un enfoque nuevo–, poco a poco lo fui soltando y mis visitas a las reuniones fueron cada vez menos frecuentes. Hoy, voy solamente dos o tres veces al año, analizo las estadísticas y los reportes; cuestiono: ¿en qué vamos?, ¿qué ha pasado?, ¿hubo cambios de corresponsales?

Me gusta darle un enfoque así al comité, ya que generalmente el área que se encarga de ello es Recursos Humanos. En lo personal, no me gusta el exceso de comunicación social, porque creo que la comunicación debe ser muy activa. ¿A qué me refiero? Comunicar días festivos o cuándo es el cumpleaños de un colaborador está padre hacerlo, aunque eso es más redondo y una empresa no es eso. Una empresa comunica reconocimiento, historias de clientes, de proveedores, de algo que sucedió y que no es común, es decir, comunica también algo extraordinario.

Menciono esto no porque esté en contra de un área tan importante como la de Recursos Humanos, simplemente es por mi visión enfocada en la diversidad. Si estás en una compañía de 6,000 empleados y esa área cuenta con 40 o 50 personas, eso significa que tienes a 5,950 fuera de la cadena de comunicación, y ellos son, justamente, los que saben qué está sucediendo en las diversas áreas de la compañía. Entonces, es prácticamente imposible para RH saber lo que ocurre en la carretera, el almacén, con el cliente o con los proveedores; el contenido que fluye hacia ellos es muy limitado y, muy probablemente, por esta razón su enfoque es más social.

Un comité de comunicación te brinda algo a lo que llamo el "efecto de la bola de nieve". ¿Qué quiero decir con esto? Por ejemplo, frecuentemente grabo videos de eventos relevantes; recientemente, grabé uno sobre el fondo de ahorro. El mensaje no solo era comunicar que se pagaría el fondo de ahorro, explicamos qué es y, además, aprovechamos para promover la cultura del ahorro entre los trabajadores y comunicamos también: "Inviertan, vale la pena".

Este, así como otros, es un video de aproximadamente tres minutos, los cuales son muy frecuentes. Yo no podría llegar a 6,000 empleados con ese único mensaje. Tienes que utilizar todos los medios, a los editores, a los corresponsales y a las personas que se dedican a tener un impacto –porque ellos sí que lo generan y hasta después de comunicar el mensaje termina en un abrazo–. Ellos poseen un efecto parecido a la de una bolita de nieve: la pones a rodar, acumula nieve mientras lo hace y crece. Esa es la influencia del integrante de un equipo en el otro.

Uno de los retos más grandes en un comité de comunicación es cuando lo reestructuras. Es muy difícil formar uno desde cero, pero también lo es cuando cuentas con uno que, por ejemplo, tiene 80 años de antigüedad. Me viene a la mente un caso en particular, uno en donde la persona que lideraba el área de comunicación no entendía las nuevas políticas y el nuevo mensaje. Puedes tener reuniones directas con esa persona, intentarlo una y otra y otra vez, aunque al final no funciona. ¿Por qué? Está abrazada del área, piensa que "nadie me quitará esto" y cree que todo lo que se debe comunicar le pertenece. Me encontré con un silo funcional –así se le llama–, en el que la persona piensa que es dueño de su territorio y nadie puede entrar. Esto es un caso grave, ya que se convierte en una barrera que impide el trabajo en equipo; en consecuencia, tuve que removerla para que se implementaran las nuevas políticas y los mensajes.

Este caso en particular es muy relevante, por eso, cuando un líder se encuentra con silos funcionales tiene que reaccionar. Las personas a cargo de la comunicación de una empresa deben comprender el impacto de la comunicación y de los mensajes. Incluso, un líder no tiene impacto si no comunica; tiene que alcanzar un impacto personal, pero no puede hacerlo solo. En ese sentido, imagina cuántas horas necesitas y puedes comunicar (al día, a la semana o al mes) tú solo versus la formación de un comité de comunicación y aprovechando los canales de comunicación.

Recuerdo un caso en particular en Dow Chemical, cuando llegué a Brasil en 1999 para ocupar el cargo de presidente de la división de Semillas y Biotecnología en ese país. Ahí vi la importancia de la comunicación, ya que la empresa compró siete compañías, una por cada año que permanecí ahí. La labor del comité de comunicación fue fundamental, ¿puedes imaginar todos los cambios que atraviesa una organización en una etapa de adquisiciones de esa magnitud? Eso genera incertidumbre: las personas se preguntan qué va a pasar, ven un nuevo logo, una nueva marca. Ante estos grandes cambios, hay que comunicar constantemente en todos los niveles: "Este es el plan y así va a suceder. Todas las plantas siguen. Nadie perderá su trabajo". En un caso así de extremo, como líder tieness que ser un filtro para todos los mensajes. Pero –como ya lo mencioné– poco a poco vas soltando.

El factor 'por qué' en la comunicación de liderazgo

Este capítulo inició así: "Normalmente, estamos acostumbrados a salir corriendo para implementar iniciativas, con estrategias y una serie de acciones, aunque se nos olvida que cuando estas provienen desde arriba, la mayor parte de las personas no tienen un contexto al respecto y eso genera confusión de arriba hacia abajo". El principal elemento que explica esta situación es el factor 'por qué'.

Hablando desde mi experiencia, este factor tiene un rol fundamental en la comunicación. Me parece que la mayoría de las personas hacemos una muy buena comunicación del 'qué', pero no del 'por qué'. El primero requiere que estructures un preámbulo que llega a ser más complejo por las interrogantes que se generan:

- ¿De dónde partiste?
- ¿Qué te llevó a tomar esa decisión o a implementar ese programa?
- ¿Cuáles fueron tus alternativas?
- Y lo que estás haciendo o comunicando, ¿qué tipo de resultado va a generar?
- ¿Qué entregable va a tener?
- ¿Qué beneficio da al colaborador, al cliente o a las audiencias que tú atiendes?
- ¿Qué te motivó a implementarlo?

En cambio, si te enfocas en el factor 'por qué', te ayuda a ser efectivo cuando necesitas una disciplina operativa de comunicación. Yo lo he diseñado de formas semejantes en Dow Chemical, Tyson Foods y Grupo Industrial Saltillo (GIS), donde partimos de unir las áreas de comunicación (comité) y enfocarnos en el factor 'por qué'. Explicar por qué estamos haciendo ciertas cosas genera algo positivo dentro de una compañía:

- ¿Por qué estamos haciendo esto?
- ¿A dónde nos va a llevar?
- ¿Cómo nos va a conducir?

Capítulo 14. La comunicación y el factor 'por qué'

El efecto positivo del factor 'por qué' lo puedo contextualizar con un ejemplo muy sencillo. Recientemente, en la compañía realizamos una encuesta de clima organizacional; para ello, les explicamos a los colaboradores que la información que nos compartieran era totalmente confidencial y no personalizada. El objetivo fue recopilar información para mejorar ciertos aspectos dentro de la empresa, como las instalaciones de los baños, vehículos, remodelación de oficinas, creación de espacios colaborativos, incluso, sobre el trato hacia las personas, entre otras cosas. Entonces, explicarles la razón por la cual los invitamos a contestar una encuesta los lleva a tomar otra actitud para llenar el cuestionario, piensan: "Ah, ok, esto es en serio".

El líder de una organización, cuando tiene experiencia comunicativa, tiene muy claro el contexto de los mensajes. Sin embargo, para comunicarlo a todos los equipos hay que pensar en un efecto cascada, de arriba hacia abajo, empujando siempre hacia abajo. En esos casos, pienso en una prensa francesa para hacer un café.

Debajo de ti siempre hay líderes y después te encuentras con la gente muy comunicativa, de ahí pasas a los que les encanta el mitote y hasta los amantes del chisme. Pero siempre es mejor que hablen de tu contenido, en lugar de suposiciones nacidas del chisme: "A mí me dijeron", "a mí me contaron". A ese fenómeno yo le llamo 'radio pasillo', y ocurre porque la información que fluye verticalmente después fluye horizontalmente, en donde se crean capas de comunicación.

Hay un estudio de Harvard muy interesante que habla acerca del radio pasillo, ahí lo llaman Grapevine, que confirma lo siguiente: "No vas a poder controlar ni eliminar el radio pasillo. Aunque te puedes hacer su amigo". Leí esto hace 15 años y lo apliqué de inmediato; por lo que yo lo utilizo como uno de mis elementos de comunicación. Para implementarlo, por ejemplo, en una organización de 100 personas necesitas aproximadamente a tres o cinco para que siembren el radio pasillo. Una vez realizada esta acción a propósito, tu información le llegará a mucha gente, sin chismes ni mitotes.

Debajo de ti siempre hay líderes y después te encuentras con la gente muy comunicativa, de ahí pasas a los que les encanta el mitote y hasta los amantes del chisme. Pero siempre es mejor que hablen de tu contenido, en lugar de suposiciones nacidas del chisme: "A mí me dijeron", "a mí me contaron". A ese fenómeno yo le llamo 'radio pasillo', y ocurre porque la información que fluye verticalmente después fluye horizontalmente, en donde se crean capas de comunicación.

Hay un estudio de Harvard muy interesante que habla acerca del radio pasillo, ahí lo llaman Grapevine, que confirma lo siguiente: "No vas a poder controlar ni eliminar el radio pasillo. Aunque te puedes hacer su amigo". Leí esto hace 15 años y lo apliqué de inmediato; por lo que yo lo utilizo como uno de mis elementos de comunicación. Para implementarlo, por ejemplo, en una organización de 100 personas necesitas aproximadamente a tres o cinco para que siembren el radio pasillo. Una vez realizada esta acción a propósito, tu información le llegará a mucha gente, sin chismes ni mitotes.

Explicar el porqué se realizan ciertas acciones tiene sus consecuencias en ambos sentidos: positivo y negativo. Lo expongo con dos casos: el primero es uno de grandes inversiones, por lo que llega un nuevo negocio a la empresa. Ahí, las reacciones generalmente son positivas, debido a que refleja un buen momento para la compañía. El segundo caso, el lado negativo, es que vamos a comunicar que habrá un recorte de gastos; o vámonos al caso más extremo y grave, se tiene que hacer un recorte de personal y habrá despidos. El contexto en el cual navegamos va cambiando constantemente hacia fronteras positivas y también hacia las negativas.

Al respecto, recomiendo un libro muy bueno que se llama *The Advantage*, de Patrick Lencioni. En sus páginas, profundiza sobre la salud organizacional, la claridad de los mensajes y las estrategias para comunicarlas, así como las disfunciones dentro de un equipo. Pero en lo que se concentra gran parte del contenido es en la claridad: primero, estableces la claridad y después, la comunicas. Eso es lo que debe hacer un líder para ser el primero en entender el contexto. Es fundamental para después comunicar en cascada.

A propósito, me vienen a la mente algunas palabras de Lencioni y la estructura de su pirámide, donde explica: "Primero, construye un equipo cohesivo, con alta cohesión y alto desempeño. Si no cuentas con eso, el resto vale para nada. Después, crea la claridad, sobrecomunica la claridad y programa un display, un despliegue de tu comunicación para reforzar". O sea, en conclusión, repite, repite y repite. Yo sí creo en ese principio porque lo he visto funcionar. En dos de las compañías que he dirigido comuniqué de tres a cinco mensajes importantes al año. No más de cinco, ya que son amplios y necesitan sencillez, síntesis y claridad; los veo como una cascada en la montaña, la cual empieza con el equipo directivo, construyendo mensajes con un contexto claro. Esto generó 600 comunicados por año.

¿Siendo líder cómo estableces claridad en tus mensajes de arriba hacia abajo? Es un reto, sobre todo, porque hoy las vías de comunicación de las empresas se ampliaron, ramificaron y seg-mentaron. Van desde un simple *mail*, tuit o post en Instagram o LinkedIn hasta las plataformas más tradicionales y básicas, como los tableros, ya que las fábricas son espacios laborales donde toda-vía los operadores de planta de turno los utilizan para comunicarse; incluso, aquí tienes que considerar hasta las pláticas verbales que se tienen con las personas de supervisión y sus diferentes niveles.

Organización del comité de comunicación

Normalmente, dentro de una organización, hay entre tres y hasta siete niveles. Y debes considerar que cada uno de es-tos tiene un rol, una tarea. Una solución que recomiendo son los *scripts* para establecer el mensaje. Es una alternativa que funciona en cualquier empresa, no importa su tamaño (chica, mediana o grande), así te aseguras de que en estos diferentes niveles alcanzaste a cada una de las personas.

Hay una etapa muy interesante dentro de la comunicación, que se suma a esta descripción de los niveles, y es el elemento de la repetición. ¿Alguna vez te has preguntado cuántas veces necesitamos escuchar un mensaje para recordarlo? Con una vez no es suficiente. Como líder de una empresa, eso lo aprendes y absorbes de inmediato. Un mensaje tiene que llegar a las personas por lo menos siete veces. De hecho, hay un estudio que señala que necesitamos entre siete y 21 veces para recordar lo que se nos está transmitiendo, así que a esta etapa dentro de la comunicación de los mensajes le llamamos el Factor 7-21, en donde —podríamos decir— la repetición es el pan nuestro de cada día.

Actualmente, en la compañía tenemos 10 mensajes semanales. Si esa cifra la multiplicas por las semanas del mes, son cerca de 520 al año. Mensajes que llevan una planeación y contenido específicos, y aunque algunos son repetitivos, el objetivo es impactar verdaderamente a la organización. El Factor 7-21 es una condición mental del ser humano, independientemente de la iniciativa y de lo que quieras comunicar. El reto es que esto no sea aburrido o harte a las personas. Lo ejemplifico con un sándwich: vamos a preparar uno, pero antes de mandar el mensaje de toda la receta, primero enviamos un mensaje de cómo agarrar un pan y untarle mayonesa, así como del resto de los pasos. Entonces, comunicas primero el entorno y después, el qué estás haciendo —o sea, primero el 'porqué' y luego el 'qué'–.

Como lo muestra este esquema, un mismo mensaje se comunica en cinco plataformas; la información prácticamente es la misma, pero con algunas diferencias en donde quieres darle una tonalidad particular en su respectivo entorno. Y dentro de estas llamadas, que son casi iguales, tienes que cuidar comunicar primero el 'porqué' y no el 'qué'. Recuerda que el 'qué' no genera nada en las personas, no transmite dos de tus objetivos principales: que recuerden el mensaje y que sientan pasión.

Cuando un líder tiene el contexto muy claro, sabe identificar qué 'sí' y qué 'no' se debe comunicar. Desde mi punto de vista, el 'no' empieza con todo lo que compromete a la compañía, ya sea de cumplimiento jurídico, de confidencialidad o, incluso, una serie de materialidades.

Ocurre algo distinto si se trata de 'malas noticias'; yo soy de la escuela de preparar y buscar todos los recursos necesarios antes de comunicarlas, pues un líder debe tener credibilidad y no ocultar las cosas –por muy malas que sean–. En ese sentido, pongo este ejemplo: la empresa no tiene dinero para pagar una quincena. Esa sí que es una mala noticia, es una bomba. Esto quiere decir que la situación de la compañía es seria y si eso lo comunicas a la plantilla así de la nada, resulta más grave.

Hay una historia de un gato que anda en una azotea. Entonces, al tío le encargan que le diga a la abuela, quien tiene 80 años, que su hermana falleció. El tío le dice: "Oye, fíjate que hay un gato en la azotea, y bueno, pues se cayó el gato y se murió... tu hermana". Al dar a conocer un mensaje o una noticia de esta forma, perderás credibilidad; es decir, no hay manera de que un líder se pare frente a sus colaboradores y actúe sorprendido.

Para llegar a una situación de la magnitud de no poder pagar una quincena, significa que no tuviste acceso a créditos o que tenías las líneas saturadas; no obstante, debiste buscar soluciones. En mi caso, prefiero deberle a proveedores que deberle a mi nómina.

Captar el corazón y generar *engagement*

Un líder nunca debe usar disfraces para encontrar la 'manera adecuada' de comunicar un mensaje, no importa qué tan grave o mala sea esa noticia. Definitivamente no, ya que si te alejas de tu personalidad, de realmente quién eres y de tu autenticidad, pierdes toda credibilidad. Imagina que finges ser un líder muy fuerte y duro, pero de repente un día te ven todo afligido y tratando de pasar el mensaje de 'pobrecito', pues nadie te lo va a creer. Por eso, pienso que tienes que ser lo más auténtico posible, articulando claramente el mensaje y tratando de ser efectivo al comunicarlo.

Debido a la relevancia que tiene la autenticidad para mí, utilizo una herramienta de comunicación que se llama Town Hall. Consiste en reunir en un solo lugar a 700 personas y, cada tres meses, le damos un comunicado a ese grupo, que se encargará de bajarlo automáticamente. Ahí presentamos mensajes muy estratégicos y ayuda, porque al final obtienes un coctel, uno que incluso te sirve para generar el famoso radio pasillo, tanto para que te pregunten como para que tú respondas. Es una sesión muy abierta de comunicación.

En estos Town Halls, mis equipos están dispuestos a ser parte del componente y a hacer presentaciones contundentes ante mucha gente. La verdad no es fácil para alguien que no está acostumbrado y que muchas veces implica salir de su zona de confort. ¿Qué hago yo para apoyarlos? Les pido que hagan una síntesis de tres a cinco *slides*, no más, y que no estén llenas de texto –considera que una de las habilidades clave de un líder es sintetizar–. Ahí se presenta una dificultad para algunos: desarrollar su habilidad de sintetizar, que va de la mano con la de simplificar. Ya después viene la parte verbal y no verbal de transmitir ese mensaje concreto. El Town Hall ayuda mucho a sobreexponer externamente a la gente, además, aprenden a comunicar de manera efectiva y también a ser frontales.

Me gusta encaminar a mis líderes hacia la credibilidad. La gran pregunta es: ¿cómo fortaleces su credibilidad? Liderando con el corazón, captando el corazón de la gente para una acción determinada. Y eso es el *engagement*. ¿Qué quiere decir? Que los equipos de trabajo, sin estar presentes los supervisores, se comportan de la misma forma, su enfoque no cambia. En realidad, no necesitan un supervisor continuo porque ya son autogestionables: ya saben qué hacer, entienden el porqué, tienen un propósito, entusiasmo, foco y objetivos. Tienen pasión.

El término *engagement* es difícil de traducir al español, ya que no me refiero a responsabilidad o compromiso. Es más profundo. Es una palabra que te capta desde el alma: estar *engaged* es estar en marcha, alerta y entregado a la acción y hasta con sentido de urgencia, pero desde el corazón, desde tu convicción por lo que estás haciendo. Es algo que va a impactar positivamente a tu cliente, a tu proveedor, al público en general. Es como una rueda que cuando comienza a girar no se detiene. Todos los miembros de la organización entienden el mensaje y les da gusto trabajar, hay un buen clima laboral, hay camaradería, hay equipos de trabajo, hay medios de comunicación. ¿Y si tienes un problema? Hay quien te ayude. Es una rueda (ver capítulo 15).

Crear un sistema para alcanzar el *engagement* en una empresa da como resultado que se vuelva sustentable a lo largo del tiempo, y así la estabilidad emocional de la organización se maximiza, pues es un sistema que te arropa, que te ayuda. Respecto a este tema, recomiendo un libro, *From Good to Great*, de Jim Collins, quien habla acerca de las organizaciones que tienen alto desempeño y su asociación entre el *engagement* y los resultados. Para ello, el autor estudió a ciertas empresas durante mucho tiempo hasta encontrar los factores relacionados con el *engagement*.

Aunque tienes un sistema, el *engagement* lo crean las personas, los líderes, la comunicación, el acercamiento, el tratar a la gente con dignidad, el que tengan un objetivo claro, el que cuando cumplan una meta los reconozcan, el que se sientan incluidos. Existe una comunicación abierta y fluida entre los equipos, sin importar los niveles jerárquicos.

El *engagement* genera buenos resultados también porque aumenta la creatividad y la innovación. Los equipos, las personas, se sienten con la libertad de equivocarse, sienten que son escuchadas, que hay un proceso ordenado para incluir las ideas, evaluarlas y después, implementarlas. Eso es muy importante en las organizaciones: tener un sistema, un documento de seguimiento y un proceso de innovación y de creatividad.

Para concluir este capítulo, quiero decir que comunicar con liderazgo y generar *engagement* es como ser un buscador de talentos en los deportes: ves a un jugador con talento y lo integras a este sistema de comunicación para captar su corazón, le brindas una mentoría de vida, y esa persona se enfocará y terminará dándole resultados maravillosos a tu empresa. Como Messi lo hizo con su club... ¿cuántos títulos ganó el Barcelona con él?

La rueda del *engagement*

El *engagement* es el resultado de diversas acciones encaminadas a conquistar el corazón de los colaboradores, mejorando el clima laboral y teniendo resultados sustentables a través del tiempo.

Enfoque 2.
Entienden
el porqué

Enfoque 3.
Tienen un propósito

Enfoque 4.
Tienen entusiasmo
y foco

Enfoque 1.
Saben
qué hacer

Pasión

Enfoque 5.
Tienen objetivos

Factor 7-21 y la permeabilidad en los mensajes

En general, los adultos requerimos escuchar un mensaje entre siete y 21 veces para retener el contenido; por lo que en los programas de comunicación es necesario divulgar los mensajes en diferentes medios para la misma audiencia de forma repetitiva, logrando así mejores resultados en la retención.

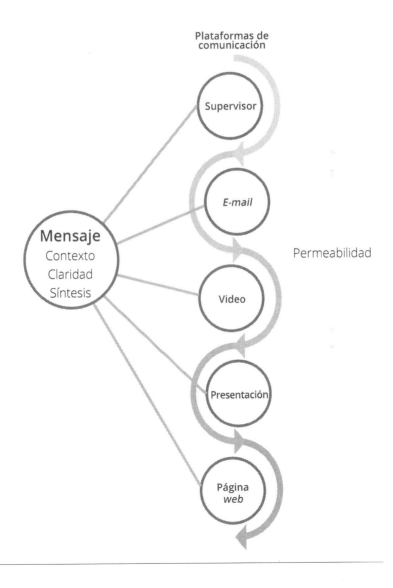

Capítulo 15

El *engagement pack*

Yo me encontré con el *engagement* al inicio de mi carrera profesional en Dow Chemical, donde colaboré con equipos de trabajo altamente *engage*, que obtenían excelentes resultados, pues trabajaban con gusto y en un buen clima laboral.

Si bien el término *engagement* es muy profundo y va más allá de la responsabilidad o del compromiso de las personas, tengo un ejemplo práctico para explicarlo mejor. Cuando la gente logra estar *engaged*, son como un carrito de fricción: avanzan, siguen, siguen y siguen sin la ayuda de nadie –jefes o supervisores–. Son autogestionables, proactivos y tienen autopropulsión. Eso se refleja en los resultados.

Las personas *engaged* saben qué hacer y entienden el porqué, tienen un propósito de vida, son enfocados y sus objetivos son claros, sobre todo, tienen pasión por lo que hacen. Liderar con el corazón capta a las personas, las envuelve y eso provoca que se enfoquen en acciones específicas. ¿Qué quiero decir? Como CEO, si implementas esta filosofía con tu equipo directivo, es algo que permeará en el resto de la organización y ayudará a que la gente evolucione porque estarán todos conectados.

Creo firmemente que el *engagement* es el factor diferenciador dentro de una empresa y es lo que la vuelve sustentable a lo largo del tiempo, debido a que la estabilidad emocional de la organización se maximiza gracias a un sistema que arropa y apoya a sus colaboradores. Por eso, una forma de medirlo es observando los resultados de los objetivos establecidos, hay una gran asociación entre *engagement* y resultados.

Desde mi propia experiencia, cuando conocí este concepto y lo puse en práctica en Dow Chemical, lo defino como el punto más alto al que aspira una persona en su trayectoria profesional, y no me refiero a un puesto en particular o a una retribución económica. Es cuando alcanzan un grado o un estado en el que demuestran una entrega emocional hacia los resultados positivos de la organización. Yo lo imagino como subirte a un vehículo, tomas la palanca y comienzas a acelerar y a cambiar las velocidades, viendo siempre hacia adelante. Alguien *engaged* se encuentra en marcha alta y constante por voluntad propia.

Los cinco sentidos de la persona *engaged*

Los líderes proporcionan las condiciones propicias para generar una cultura de alto *engagement*; sin embargo, son las mismas personas las que cultivan su propio *engagement* en función de las experiencias y de la cultura establecida en la organización.

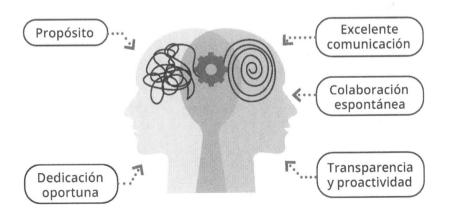

Lo más importante en el *engagement* son las personas: el colaborador, el director, etcétera. Todos están convencidos de lo que hacen y deben hacer, ellos mismos generan su autopropulsión mientras se comunican y trabajan en equipo. Proactividad pura y enfocada. Eso es muy distinto a solo ser proactivo; hay muchas personas así, aunque sin rumbo, y eso es como un chivo dentro de una cristalería. Yo veo, por ejemplo, que en una organización con alto nivel de *engagement* las personas desarrollaron sentidos especiales:

- Primero, viven con un altísimo sentido de propósito; o sea, lo viven tanto en lo personal como en lo profesional, principalmente, en este último. Entienden muy bien la misión de arriba, y se conectan.
- Segundo, tienen dedicación oportuna, anticipada y proactiva para la solución de problemas y las situaciones respecto a las relaciones interpersonales. Ahí es cuando sin duda dices: "*¡Wow!*".
- Tercero, colaboración espontánea de un grado altísimo. Pedir asistencia es una cosa, pero si se le agrega la palabra 'espontánea', eso te marca lo que es un gran sentido de *engagement*.
- Cuarto, excelente comunicación entre los pares, los jefes y los supervisores, es decir, con toda la organización y en todos sus niveles.
- Quinto, transparencia y proactividad. Esto se traduce en apertura para recibir y dar *feedback*, así como en entendimiento.

¿Cómo podemos visualizar el *engagement*? El clima organizacional es un punto de referencia importante; sin embargo, este no te brinda toda la información, es decir, el clima no necesariamente genera *engagement*. ¿A qué me refiero? Muy sencillo, yo puedo ir a Disneylandia, ahí todo es increíble y muy padre, todos me tratan muy bien y se tratan muy bien. Pero ahí no se tocan los temas duros, los que se deben poner encima de la mesa para completar el círculo, en Disneylandia no se resuelven los conflictos de la compañía.

En ese sentido, el clima organizacional te puede proporcionar un medio ambiente que propicie el *engagement*, aunque no lo crea. El factor de creación proviene de las personas, de los líderes y su comunicación, del acercamiento, de tratar a la gente con dignidad; el que tengan un objetivo claro y que cuando cumplan una meta los reconozcan. Inicia con generar un sentido de inclusión en los colaboradores.

Una organización *engaged* depende del tono del líder y del equipo de liderazgo, también de ponerle atención y cuidarla. En la empresa Mars —famosa por ser fabricante, entre otros productos, de los M&M's—, por filosofía interna, miden el clima y el *engagement* semanalmente, ya que para ellos es importante llevar registros con periodos de tiempo cortos entre uno y otro. Eso genera un *feedback* muy orgánico y fresco respecto al nivel del *engagement*.

Por experiencia, puedo decir que alcanzar el *engagement* en una compañía toma aproximadamente cinco años. A partir de ese periodo de tiempo comienzas a ver sus efectos: hay menos chismes, falsos fundamentos, críticas, pensamientos negativos y problemas. En su lugar, se presentan actitudes más positivas, como la proactividad. Hay mejores indicadores desde una perspectiva general y no necesariamente me refiero a los financieros, aunque claro está que te encuentras con mejores índices de satisfacción del cliente, mejores ventas y mejores resultados.

Engagement pack: entre el alma y el espíritu

Creo firmemente que cuando una persona alcanza este nivel es por convicciones propias, aquí entra la parte de la fe y la creencia. El factor de creer o no creer en una organización —y es por eso que regreso a la confianza— es el cimiento para comprender que estás desempeñando tus funciones buscando ir más allá. Deseas alcanzar cada uno de los rincones de tu empresa.

Sincronización del *engagement*

La confianza es uno de los factores que acelera el *engagement*, cuando el colaborador se siente libre de expresarse sin temor a represalias y busca espontáneamente la mejor solución para sus clientes y para la empresa.

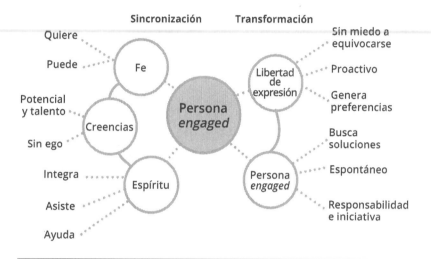

Por esta razón, insisto en que el *engagement* es un concepto de gran profundidad: tu creencia, tu fe y tu espíritu se encuentran alineados y en un mismo espacio. Se sincronizan. Entonces, a partir de esa sincronización, de ese cambio, inicia una nueva persona porque todo comienza por ti mismo. Es como volver a nacer y a crecer.

Cuando formamos parte de una compañía y se alinean la creencia, la fe y el espíritu, justo en ese momento iniciamos el camino hacia la creatividad, la innovación y, principalmente, hacia la increíble libertad de equivocarnos. En una empresa *engaged* no solo se escucha a los líderes, sino a todos. Se consideran sus ideas en un proceso ordenado para analizarlas, evaluarlas y después, implementarlas. Eso, como líder, es muy importante establecerlo en las organizaciones: tener un sistema, un documental de seguimiento y un proceso de innovación y de creatividad.

Capítulo 15. El *engagement pack*

En esta etapa, la compañía alcanza lo que, para mí, es una de las facetas relevantes del *engagement*: hay libertad de expresión. Por eso –repito– una compañía *engaged* te escucha. Esto ocurre desde la rutina diaria, ya sea de un piso, una fábrica, un almacén o una oficina. El supervisor, por ejemplo, tiene ya designado en su día, y por iniciativa propia, dedicar cinco minutos para saludar a cada miembro de su equipo, decirles: "Buenos días, ¿cómo te fue?, ¿alguien tiene algún problema que quiera compartir? Si todo está en orden, vámonos a trabajar". Es como una rutina de empatía generada gracias a la interacción humana.

Como líder, considero que el que tus colaboradores se sientan escuchados es un hecho que te brinda confianza y, cuando las personas perciben que hay respuesta, se completa el círculo. En este aspecto, tienes que respetar este ciclo y eliminar el exceso de burocracia, ya que esto va contra el *engagement*. La simplicidad y la toma de decisiones rápida es la norma.

Algo que me fascina del *engagement* son los resultados que se obtienen fuera de la compañía, es decir, con los proveedores y los clientes. Si como CEO consigues ese nivel de *engagement* en la empresa que diriges, muy probablemente tus clientes van a sentir eso al interactuar con los vendedores. De inmediato, se darán cuenta de que realmente se preocupan por ellos.

En una cultura *engagement*, puede venir alguien de tu equipo y decirte: "Oye, fíjate que este proveedor la está pasando mal. Es uno que tiene muchos años con nosotros, y pues sugiero que le demos un anticipo". Y se lo dan. En cambio, en una organización en la que no hay *engagement*, la respuesta sería: "Bueno, ni modo, que busquen un banco y pidan dinero. No es mi problema". Te tiene que importar profundamente lo que haces y el entorno a tu alrededor para solucionar problemas o generar nuevas ideas, o sea, todos los días no estás haciendo lo mismo, sino imprimiendo un alto grado de creatividad en las diferentes situaciones que se presentan.

Voy a contextualizar las acciones y la creatividad con un ejemplo muy sencillo. Piensa en dos negocios, ambos son tintorerías y tienen el mismo número de empleados (10). Una señora llega a la primera tintorería, va a recoger un vestido increíble para un baile; ahí, el equipo de trabajo dice: "Ay, esta doña maleducada ya viene. Le vamos a entregar su vestido, pero primero le damos una arrugadita a su ropa porque nos cae muy mal". Ella se da cuenta de que su vestido tiene detalles, percibe que no está bien planchado, y ahora tiene prisa, el baile se acerca porque es esa misma noche y no tiene otra opción que ir a la otra tintorería. Ahí, el equipo la recibe bien: "Ok, no se le puede tener a las 2 pm, por favor, venga a las 4 pm. Aunque si lo tenemos listo antes, le marcamos para avisarle. Solo una cosa más, fíjese que le voy a cobrar un poquito más porque es un trabajo urgente".

¿A qué me refiero con este ejemplo? La segunda tintorería está en *engagement*, sus empleados no se quedan ahí parados sin tratar de solucionar el problema, sin intentar ayudar a su cliente. Eso es muy importante si lo vemos desde el punto de vista de los negocios. Cuando un líder consigue esto en su organización, el cliente lo percibe y dice: "Las condiciones comerciales de esta empresa, aunque no son las mejores –ya sea que me cobra más caro o lo que sea–, tienen buena comunicación, me dan buen servicio, me resuelven y me gusta hacer negocios con ellos". Esto es lo más relevante si hablamos de ventas: generar un sentido de preferencia con los proveedores, con los clientes, con todos. Siempre digo en mis *lectures* con el área de ventas: "Yo no quiero ser el número uno ni el mejor. Nada más quiero ser el proveedor de preferencia de mis clientes. Que ellos nos prefieran".

Yo no utilizo los números para pedirle un *market share* determinado al equipo de ventas. Lo primero que busco es que el cliente nos prefiera. Si lo logras, ya diste un paso adelante. Entonces, la gran pregunta es: ¿qué tengo que hacer para que me prefiera un cliente, un proveedor o, incluso, los equipos internos en una organización? Internamente, tú tienes que ver a tu compañero de trabajo como un cliente o un proveedor, no importa que formen parte de la misma compañía. Lo debes tratar bien e ir más allá, entender sus procesos. Eso también ayuda mucho a mitigar los egos, las agendas personales, el "me cae mal fulano". Rompiendo estos egos internos y una vez alcanzado el *engagement*, eventualmente, se impactará a los clientes y a los proveedores.

Alimentando el *engagement*

Dentro de una empresa con *engagement*, mantenerlo alimentado y activo es una labor del día a día, y lo debemos trabajar todos los líderes que tengan gente a su cargo por medio de una comunicación efectiva y activa, brindando claridad de los objetivos en cascada. Por supuesto que, en ocasiones, se presentan conflictos entre un objetivo y otro, entre un área y otra; sin embargo, cuando se identifican, la actitud de cada una de las personas ayuda a dar claridad nuevamente, no a generar conflictos. Todos saben cuáles son las verdaderas prioridades y en dónde tiene que estar su enfoque.

Si eres un líder de una compañía, piensa: ¿cuál es el entorno de tu empresa?, ¿cómo puedes impactar no solamente en tu trabajo, sino en el de los otros a tu alrededor?, ¿estás integrado con los diferentes equipos con los que te correlacionas? Estas preguntas son importantes, debemos autoevaluarnos, cambiar de actitud, dejar de hacernos las víctimas, no buscar culpables. Si aspiras a ser un líder, tienes que alcanzar esta claridad porque una de tus responsabilidades diarias es la comunicación.

En muchas ocasiones, cuando me encuentro en una reunión o transmitiendo el concepto de *engagement* a mis equipos de trabajo, me preguntan si es posible que una organización en su totalidad –todas sus áreas– estén *engaged*. Ante esa pregunta, siempre les respondo que visualicen un árbol con muchas ramas. Lógicamente, no todas reciben la misma cantidad de luz del sol ni la misma humedad o savia, incluso algunas ramas no dan fruto ni flor. Por lo tanto, no todos dentro de una compañía alcanzan el *engagement* por el factor humano, ya que el efecto del liderazgo en la cascada es impactado por la habilidad del líder y, a partir de ahí, te encuentras focos específicos donde cuesta más trabajo conseguir esa permeabilidad. Esto se debe a que dentro de una empresa estamos hablando de un conjunto de equipos multidisciplinarios, entonces sí puede presentarse una célula 'de no *high engagement*', con una comunicación o un rendimiento medio o, incluso, bajo.

Podemos ir más allá todavía. Existen compañías muy apáticas que tienen buenos resultados, pero bajo esta estructura, ese éxito no es duradero, no da para sostenerse a largo plazo. Una organización que funciona sin *engagement* se le dificulta hacer cambios, no puede desarrollarse completamente, no se adapta a los nuevos retos ni al desarrollo. Al final, se puede quedar en el camino.

En este punto es cuando regreso a una de las características del *engagement*: la ausencia del miedo a equivocarte, a crear un ambiente de confianza para buscar la innovación. Por ello, las empresas *engaged* avanzan siempre hacia adelante, se responsabilizan y sus colaboradores no esperan a que alguien les dé un empujón, más bien, buscan avanzar por sí mismos. Son como un motor, siempre prendido.

Aunque te encuentres con equipos no *engaged*, todo depende del liderazgo para comunicar correctamente a toda la estructura de la compañía –en forma de cascada–. Por ejemplo, a partir de 100 empleados, la comunicación se vuelve algo complicada; ahora imagina una empresa de más de 5,000 empleados. Si bien el reto es mayor, todo depende del liderazgo para marcar la diferencia.

Cuando eres un líder en una estructura así de compleja, tienes que mantenerte alerta y estar atento a los resultados, que son tu indicador principal. Y de la mano, el clima laboral es otro indicador importante junto con la inclusión, que va en proporción con el grado de *engagement*. Cuando me preguntan acerca de este proceso de medición y observación de resultados e indicadores, ayuda mucho enmarcarlo en el periodo de cinco años que mencioné. Los KPI van evolucionando; incluso, notas que la organización y las personas utilizan más indicadores o KPI más claros, más directos para medir la actividad que realmente genera impacto. Lo maravilloso es que esto se presenta de abajo hacia arriba, en vez de arriba hacia abajo.

Te das cuenta de la iniciativa propia, de su espontaneidad. ¿Qué quiero decir con esto? Por ejemplo, establezco un indicador de eficiencia para un almacén, y con el tiempo te das cuenta de que el equipo de trabajo reacciona y dice: "Oye, pues ese KPI es como el *output* de tres KPI muy importantes", por lo que los implementan. Como líder, ves que tus equipos de trabajo comienzan a desarrollar indicadores más precisos. Notas una evolución, una riqueza y mejor calidad en los objetivos y los indicadores, lo que genera como resultado mediciones más precisas, justas y con un lenguaje que no está pensado para la dirección de la compañía, sino para los que están haciendo esa tarea y para el resto de la organización. De este modo, colectivamente, la sumatoria de todo eso va a derivar en conseguir el objetivo o los objetivos.

El potencial de la persona altamente *engaged*

Cuando hablo del *engagement*, algunas personas mencionan que se trata de la actitud de las personas. Pero no lo pienso así. Yo veo la actitud como un elemento muy particular del comportamiento y es uno de tantos elementos del *engagement*. Creo que el *engagement* se acopla más al potencial: en el quieres, puedes o sabes, no necesariamente te describe el comportamiento y los cómo.

La actitud es parte de los *soft skills*, el saber te habla más de conocimiento, no te habla de comportamiento; el querer y el poder te hablan de aspirar. Y eso es tener potencial. Me refiero a tener las capacidades y las competencias, habilidades que te abren espacios en diferentes áreas de una organización y en las relaciones interpersonales. Por ejemplo, tal vez cuento con un doctor en química destacado, el más fregón, y lo promuevo a la dirección comercial. Pero resulta que el doctor no tiene habilidades interpersonales, entonces, la buena relación con ciertos clientes importantes se pierde, ya que no genera conexión. Conclusión: podrá ser el mejor en cierto cargo, sin embargo, no tiene la destreza para desempeñar la dirección comercial, que requiere de otras habilidades *soft* que le hacen falta.

Algo que crea el *engagement* es el crecimiento profesional; cuando un líder permea así a las personas, está desarrollando talento. En mi caso, siempre busco identificar cuando esto ocurre; por esta razón, implemento la revisión de talento. Por ejemplo, estoy buscando talento para un cargo en particular y me presentan a dos personas que son muy semejantes en experiencia, resultados y carrera, aunque una de ellas tiene un mejor liderazgo, comunicación y capacidad de generar *engagement*; yo promuevo a dicha persona y le doy el cargo superior. A medida que vayas promoviendo a esos perfiles, a esas personas, la cultura de *engagement* dentro de la compañía se expande. En la diversidad también está el *engagement*.

Ahí también se encuentra el factor de la creatividad de una empresa, en el cómo desarrollo a las personas y los cargos. Es como el arbolito de Navidad: le voy colgando nuevas responsabilidades técnicas y tecnológicas. Otro tema íntimamente ligado al desarrollo de talento es uno delicado, y me refiero al de la compensación. ¿Cómo desarrollar un sistema de compensación que te permita hacerlo de tal forma que otra compañía no se lleve al talento? Es decir, que no haya una gran fuga.

Imagina un árbol con muchas ramas, donde un pajarito sube a una rama para ocupar el cargo de director del comité de innovación; asume más y nuevas responsabilidades, y responde bien ante el reto. Pero pasa el tiempo y el pajarito comienza a engordar. Eso ocurre porque no lo estás utilizando correctamente, y pasa más tiempo hasta que la rama no aguanta, se rompe y él vuela. Se va a otro lugar. Te lo ganaron. En cambio, si identificas su desarrollo y su potencial, lo mantienes en forma y estimulado, lo promueves; cuando llegue el momento de volar, será a otra rama del mismo árbol.

Capítulo 15. El *engagement pack*

En mi experiencia, he tenido claro el *engagement* desde el inicio y he vivido experiencias maravillosas gracias a esto. Me remonto a mis años en Dow Chemical, que es una empresa de investigación y desarrollo, su base y sus raíces son el descubrimiento, la innovación, el encontrar soluciones para diversos segmentos. Para darte una idea sobre a qué me refiero con investigación, ahí se invierten 10 centavos de cada peso en investigación y desarrollo. Eso es una inversión enorme. En organizaciones así, los equipos de investigación son inmensos, tienen muchas personas; por lo que, a medida que quieres ir promoviendo a personas, es un tema complejo y que requiere enfoque.

En los años en los que compramos siete empresas para Dow en Brasil –a partir de 1999–, buscaba a un líder para dirigir la nueva compañía, tenía mi atención entre tres candidatos. Mi favorito era un doctor experto en genética, un señorón con impacto público, autor de libros de genética, profesor universitario y director de una de las empresas que adquirimos. Pero a él no le gusta trabajar con la gente. Era un señor mayor con un perfil más discreto en ese sentido. Al final, seleccioné a una persona superjoven, tenía menos de 40 años en aquel entonces, no sabía más que el doctor aunque era y sigue siendo un excelente líder, comunicador e integrador. ¿Cuál es su profesión? Es administrador, conoce de finanzas, de recursos, algo que también necesitas para una posición de esta magnitud, ya que en las direcciones administras tanto presupuestos como personas.

Recuerdo otro caso, mucho más reciente, en el que realizamos una evaluación de talento. Llamó mi atención un líder en el área de tecnología, alguien que yo decía: "*Wow*, él será el próximo director de IT". No obstante, tras diversas charlas con él, al conocerlo más a fondo y enterarme sobre sus aspiraciones y de sus metas personales, percibí –y también me quedó muy claro– que esta persona lo que más deseaba era una oportunidad en un cargo en donde él pudiera tener libertad de acción para crear e innovar. No quiere ser líder, no busca la dirección de IT; incluso, le molesta tener responsabilidades administrativas. Para mí fue una sorpresa, me caí del caballo porque su *engagement* me encantó. Pero si algo he aprendido con el paso de los años es que no puedes forzar a una persona a hacer algo que no quiere, aunque su potencial y su talento te indiquen lo contrario. Es como tratar de meter un rectángulo dentro de un círculo.

Esto me lleva a cuando ya tienes conformado un equipo *engaged*, el cual atraviesa por periodos de creatividad e innovación, lo que produce cambios dentro de las compañías. Por ejemplo, en empresas de biotecnología se presentan cambios anuales y muy profundos, desde la estructura hasta los puestos directivos. Si bien son momentos de cambios acelerados, lo que aprendí es que cuando los haces con orden, es decir, con propósito, misión y visión, todo enfocado y con los objetivos superbien masticados y sintetizados, alcanzas los resultados que buscas.

En ese sentido, recuerdo que les pedía a mis líderes: "La comunicación tiene que ser a nivel huarache", para que a cualquier persona que lo lea le queden claros los objetivos y no necesite ninguna explicación. Lo solicité de esta manera porque en la biotecnología los documentos llegan a ser muy complejos, así que los diseñamos no para la cúpula directiva, sino para todas las áreas y todos los niveles de la organización. Es fundamental que las palabras con las que describes tu filosofía empresarial, tus objetivos y tu comunicación sean sencillas y lo más aterrizadas posible.

Es más importante enfocarte en esos detalles, en llenar el propósito que aspirar y alcanzar a ser líderes de nuestro ramo, porque si pensamos en las compañías *top* a nivel global, nadie habla de números ni de ser el número uno, siempre se enfocan en los propósitos. Firmas como P&G, Nike o BMW, ninguna hace eso, estas se enfocan en el anclaje del alto *engagement*, en "*living the purpose of an everyday bases*".

Todo esto es un proceso complejo que cuenta con multicomponentes para construirlo. Mi recomendación para que cualquier empresa pueda alcanzar el *engagement*, no importa el tamaño, es que primero debe haber un propósito claro porque eso es lo que genera la conexión con la parte emocional de las personas, con el *engagement*.

Como puedes ver, el *engagement* no es una meta ni un objetivo o un fin. Es la consecuencia de una serie de acciones, de estrategias implementadas por medio de una comunicación que capta el alma y el espíritu de tus colaboradores, liderando desde el corazón.

Muchas veces me viene a la cabeza la imagen de un líder sentado frente al escritorio de la oficina, el cual se encuentra lleno de reportes financieros. Veo pilas y pilas enormes de hojas, y toda su atención se concentra ahí. Siempre analizando los papeles, los números, las estadísticas, los resultados financieros. Hoja tras hoja. Reporte tras reporte. Pero, para mí, liderar desde el corazón va más allá de los resultados, estos llegan como una consecuencia lógica de esta gran ecuación. Primero es la gente, generar propósitos, captar su corazón, su fe, poner y mantener en marcha el motor.

Capítulo 16
Salud mental, emocional y espiritual

Decidí incorporar este capítulo al final del libro para lograr una mayor apertura por parte del lector y familiarizarse con herramientas de alto impacto usadas en las organizaciones que mejoran la gestión humana. El ser humano evoluciona a través del tiempo y cada día estamos más conscientes de la importancia de la salud mental, emocional y espiritual. En este capítulo comparto mis experiencias en esta área y los programas que apoyan el desarrollo del colaborador en estas tres áreas. Estoy muy consciente del impacto positivo que tiene la gestión humana en los resultados de las empresas. La gestión humana tiene un retorno y se ve en la longevidad y trascendencia de las empresas.

¿Qué es la salud mental? La salud mental incluye el bienestar emocional, psicológico y social de una persona. También determina cómo un ser humano maneja el estrés, se relaciona con otros y toma decisiones. Las enfermedades o trastornos mentales representan el porcentaje más alto de problemas de salud en Estados Unidos. La salud mental también influye en la salud física, ya que el organismo resiente todos estos cambios y el estrés prolongado y exacerbado provoca enfermedades al bajar nuestras defensas.

¿Qué es la salud emocional?: Es la habilidad de poder disfrutar la vida y, a la vez, de afrontar los problemas diarios que nos van surgiendo, ya sea tomando decisiones, lidiando y adaptándose a situaciones difíciles o dialogando acerca de nuestras necesidades y deseos. La mala salud emocional puede debilitar el sistema inmunológico del cuerpo. Esto hace que seas más propenso a tener resfriados y otras infecciones en los momentos emocionalmente difíciles. Además, cuando te sientes estresado, ansioso o molesto, no puedes cuidar de su salud tan bien como deberías.

¿Qué es la salud espiritual? Estado sentimental, comportamental y cognitivo positivo para las relaciones con uno mismo, con los otros y con una dimensión transcendente, dando al individuo una sensación de identidad, actitudes positivas, armonía interior y objetivo en la vida. Tener espíritu de agradecimiento por la providencia divina y, de acuerdo con la guía divina, es un poderoso remedio para aliviar la angustia y las preocupaciones de nuestro corazón.

La Organización Mundial de la Salud define la salud como: "El estado de completo bienestar físico, mental y social, y no solamente la ausencia de afecciones o enfermedades". Esto quiere decir que el sufrimiento no se reduce solo a las cuestiones del cuerpo físico, sino a todo el ser: espíritu, mente y cuerpo. Y cada área influenciará sobre la otra de manera positiva o negativa dependiendo del cuidado que se tenga. Muchas veces, las enfermedades u otros problemas de la vida traen un paquete de factores que afectan en todo sentido: el malestar, las sospechas, el diagnóstico, los síntomas crecientes, los tratamientos, el miedo, la vergüenza, el aislamiento, la dependencia, el cansancio, las falsas esperanzas. Al punto que, en muchos casos, se convierten en una abrumadora cadena de pérdidas que, a menudo, excede la capacidad de afrontamiento: cuando ya ha aceptado una pérdida, aparece otra que asimilar e integrar.

Por lo tanto, es esencial considerar a la persona desde todas las áreas de su salud, ya que la enfermedad no actuará solamente sobre lo físico, sino también a nivel espiritual y emocional. Cuando hablamos de la salud espiritual, nos referimos a la búsqueda de significado, propósito y sentido en la vida. No importa de qué religión seas o ni siquiera si profesas una religión; sea cual sea tu creencia, tienes necesidades espirituales que buscan respuestas ante preguntas como: ¿cuál es el propósito de mi vida?, ¿de dónde vengo?, ¿a dónde voy?, ¿qué pasa después de la muerte? Cuando estas preguntas tienen las respuestas adecuadas, puedes experimentar paz, plenitud, esperanza y consuelo para afrontar los momentos más difíciles, de tal modo que hasta puede mejorar tu sistema inmune. Alcanzar este estado de fortaleza espiritual será sumamente significativo en la recuperación de la salud o el bienestar integral.

Como podemos observar, todos los temas incluidos en estas tres definiciones tienen que ver con este libro y las múltiples variables que impactan a una organización para ser de alto desempeño sustentable y no tienen nada que ver con la religión.

La gran pregunta del líder es: ¿y todo esto qué tiene que ver con la organización y la productividad? La respuesta es que las personas con salud mental, emocional y espiritual son más productivas, más creativas y tienen un sentido de vida positivo que impacta positivamente los resultados de la empresa. La correlación es directamente proporcional a los resultados en el largo plazo.

La espiritualidad se refleja en la energía de las personas que integran la organización, y que puede ser positiva o negativa, dependiendo del estado emocional, de su fe y de su alma. De ahí la importancia de que existan los programas que apoyan la salud emocional y espiritual.

En el mundo de los negocios y la cultura empresarial, las personas ocupan cada vez más horas en su trabajo –ya sea de forma presencial o virtual– y en ocasiones dejamos de lado a su ser, a la familia y al entorno.

Algunos estudios refieren que hay ejecutivos que pasan hasta 3,500 horas al año trabajando, y ni siquiera se dan la oportunidad de poner en pausa sus labores cuando están en casa o de vacaciones. Esto provoca frustración, depresión, cansancio, agotamiento y estrés; en las empresas se genera baja productividad, pues terminan operando con personas cansadas, con problemas personales, emocionales, familiares, psicológicos y espirituales, y sin energía para resolverlos y afrontarlos.

Frente a este panorama, es esencial que las organizaciones cuenten con programas que apoyen la salud mental, emocional y espiritual. En algunas empresas, a este programa se le ha llamado 'mentoría de vida'. Es un programa institucional que tiene como objetivo el apoyar y acompañar a sus colaboradores. Pero no solo en ese proceso de liberación del estrés causado por las labores diarias, sino también como una guía a nivel personal para crecer y desarrollarse y enfrentar los problemas de la vida.

En México hay pocas compañías que tienen estos programas activos, una de ellas es el Grupo Industrial Saltillo y otra es Qualfon. En Estados Unidos hay muchas empresas que usan estos programas (Tyson Foods, Coca-Cola Consolidated, aeropuertos, hospitales, etcétera).

Utilizando estos programas, las personas podrán tener esta válvula de escape, mostrando su máximo potencial en la empresa y en su ser, ya que tendrán una vida sana en cuerpo, mente y alma, lo que se reflejará en el propósito y en los resultados de la compañía.

Hay que tener claro que cuando hablamos de un programa de mentoría de vida no nos referimos a la religión, y cuando hablamos de fe, no es acerca de alguna deidad, sino sobre el creer en un ser superior y creer en ti mismo. El programa consiste en tener profesionales dedicados al 100% en la organización apoyando a los colaboradores de forma personal y directa en temas relacionados a la salud emocional y espiritual. El perfil de los profesionales dedicados a esta función es muy específico y requieren un alto nivel de capacitación.

Las personas pueden creer en lo que ellas quieran. Hoy, hay una multiculturalidad y una multirreligiosidad que impiden que este tipo de programas existan, porque son respetuosas de las creencias de las personas, las apoyan y las acompañan en lo que ellas necesiten en el momento.

Origen de la mentoría de vida

Desde que empecé mi carrera, he tenido la suerte de estar en compañías con un sentido humano muy marcado por líderes y personas que realmente se ocupaban de la gente. Cuando entré a Dow Chemical, a inicios de la década de los 80, era prácticamente un estudiante recién graduado; sin embargo, los líderes de la organización de esa época eran muy incluyentes y carismáticos. Dow no tenía un programa dedicado, como el de Tyson y GIS.

Cuando dejas el aula y sales por la puerta de la universidad a tu primer trabajo, te enfrentas a la vida laboral con todos sus retos y desafíos. Fue muy reconfortante que en Dow hicieran este proceso menos difícil, y más, con una persona que estaba apenas empezando. Tras más de 25 años en la compañía, me di cuenta de que esa era su cultura y su misión: preparar a la gente y hacerla sentir que tiene un apoyo y un acompañamiento. Sin embargo, el enfoque estaba centrado en el desarrollo personal y no mental, emocional y espiritual.

Cuando llegué a Tyson Foods, en 2007, me percaté de la relevancia que le daban a la gente: la ponían en el centro de todo, y eso repercutía en la productividad tanto de las personas como de la empresa. Percibí que era una organización diferente, pues en sus *core values* incluían, sin tabús, sus creencias en Dios y se permitían expresar su fe religiosa. Además, en su misión y en su propósito estaba marcado ese acompañamiento espiritual y religioso a los empleados; y los contemplaban como elementos básicos, como un beneficio más. Además, tienen un programa de apoyo a la salud mental, emocional y espiritual (SMEE) que le llaman 'capellanía'. Este término no tiene nada que ver con la definición de capellanía en México. Este programa está muy estructurado y es una prioridad en la corporación desde el presidente del consejo, el CEO y todos los directivos.

Durante mi estancia en Tyson, aprendí el impacto positivo que tiene en la organización el enfoque de salud mental, emocional y espiritual. El impacto positivo en el clima laboral, en el *engagement* y en todo el entorno. Durante mi estancia, realicé diversos estudios sobre estos programas y su impacto en la organización, uno de ellos fue con el Dr. Luis Portales.

Cuando me integré a Grupo Industrial Saltillo (GIS), en 2014, desarrollamos un programa similar partiendo desde cero tras ver los logros y alcances generados por el programa que en Tyson llamaban *Chaplaincy*. Este nuevo modelo de mentoría de vida lo implementamos desde un punto de vista más emocional, psico-lógico y espiritual, y menos religioso.

Uno de los cambios en el enfoque es que no trabajamos solo para obtener ganancias o para ser rentables, sino que trabajamos con y para su gente desde el corazón –en su espíritu, alma, fe y propósitos–, para cumplir una misión de vida y trascender al servicio de nuestros *stakeholders*.

Pocas organizaciones y sus líderes se ocupan de este ángulo de gestión, al menos, en México; en Estados Unidos es algo más común, por ello, aún hay mucho por hacer. Cambiar la mentalidad y el enfoque para poner a la gente en el centro y liderar desde el corazón no ha sido ni será tarea fácil, pero ¡hay que intentarlo!

'Capellanía', un término milenario

El corporativo de Tyson Foods está ubicado en Arkansas, y cuenta con un programa de *Chaplaincy* muy estructurado de acompañamiento espiritual y de ayuda. En español, el térmi-no se traduce como 'capellanía', sin embargo no es la misma definición y connotación de lo que significa en México. No obstante, cuando comenzamos a implementar el programa en México, eran pocos los ejecutivos que reconocieron su alcance y su importancia.

La capellanía es una profesión milenaria cuyos registros datan de los imperios de Babilonia, Persa, Grecia y Roma. Se dice que emperadores, militares y miembros de la aristocracia contaban con personas, es decir, mentores de vida que se encargaban de aten-derlos a nivel emocional y espiritual.

En Estados Unidos, desde inicios del siglo XX, los capellanes empezaron a asistir a las fuerzas militares, hospitales, instituciones públicas y privadas, universidades, cárceles, asilos, aeropuertos, en los barrios bajos, centros psiquiátricos, en la propia calle, no importaba el lugar que fuera. En ese país, la mayor parte de los grandes aeropuertos tienen esta asistencia para integrantes de las torres de control que viven en un alto nivel de estrés.

Si al principio el término 'capellán' estaba ligado a personas religiosas, poco a poco esto fue menos común. Es decir, para ser un capellán ya no era necesario ser ministro de una religión, solamente debían ser personas con una formación psicológica, sociológica o, simplemente, que quisieran ayudar a mentes y espíritus, para darles paz y tranquilidad, tratar de orientarlos o aliviar necesidades personales y espirituales.

En la Segunda Guerra Mundial, todas las tropas tenían capellanes que apoyaban a los soldados en su día a día. De esta manera, empezaron a surgir historias como la del buque USAT Dorchester, del 3 de febrero de 1943, que más que evangelizar, buscaba compartir la experiencia del apoyo de los capellanes a bordo. Resulta que ese buque fue alcanzado por un torpedo cerca del cuarto de máquinas, y entre los pasajeros iban cuatro capellanes. Al momento, los capellanes calmaron y atendieron a los soldados heridos, y ayudaron a abordar las lanchas de salvamento de forma más tranquila. El carguero, que llevaba más de 900 personas a la base militar de Estados Unidos en Groenlandia, se hundió en menos de 20 minutos y los soldados quedaron a salvo.

Los cuatro capellanes les dieron valor y fueron el único impulso para que muchos sobrevivieran; no solo rezaron y calmaron a la tripulación, sino que también dieron sus salvavidas. Al final, el barco se hundió a lo lejos frente a cientos de sobrevivientes que vieron a esos cuatro capellanes desaparecer.

Al regresar las tropas a Estados Unidos, muchos de los oficiales del ejército que eran capellanes se dedicaron a atender a personas en torres de control de aeropuertos, hospitales y lugares de mucho estrés y dolor.

La historia es esa, puede creerse o no, lo cierto es que en Estados Unidos los programas de *chaplains* son una realidad en varias organizaciones, como Tyson Foods, McDonald's, Coca-Cola Consolidated, Citigroup, entre otras.

Un capellán en el siglo XXI

En Estados Unidos, uno de los capellanes del siglo XXI –de la era tecnológica, en la que todo tiene la terminación 4.0– es David W. Miller, miembro de la facultad de la Universidad de Princeton y director de la Iniciativa de Fe y Trabajo.

Sus teorías sobre poner la fe y la espiritualidad en las empresas como parte fundamental de sus programas lo han llevado a ser conferencista en Davos y en la cumbre de CEO de Yale, consejero y académico en diversas ONG. *The Wall Street Journal* destacó su trabajo en Citigroup, pues supo desmembrar cuestiones éticas de la banca que nunca nadie había hecho.

La labor de Miller es generar eso que todos queremos para nuestras empresas y negocios: ese impacto social rentable y sostenible en el tiempo que transforma la cultura empresarial; esa energía que no solo se queda en el papel, en el salón de clases o en el seminario, sino que migra y se esparce por las rendijas de los aires acondicionados de las compañías y se transforma en espiritualidad.

Esa fe que tenga sentido en cada uno de los cubículos y oficinas, y que permita ser escuchada y entendida por todos los colaboradores de una empresa; esa espiritualidad con la que todos entremos todos los días a nuestros centros de trabajo y nos comuniquemos y conectemos de manera natural para hacer de la organización un mejor lugar para trabajar.

Porque no se trata del abrigo que dejamos en el coche o colgado en el perchero de casa en un día soleado, la espiritualidad la traemos siempre con nosotros; es nuestra esencia y es intrínseca a cada uno de nosotros, ya que forma parte de nuestros valores, creencias, vivencias y costumbres.

Miller señala que para conseguir cultivar la salud espiritual es necesario seguir la propia brújula moral, tanto en la vida personal como en la laboral, lo que generará un impacto positivo en las personas y en las empresas.

Muchos directivos que lo oyen mencionar por primera vez, en ocasiones, en el mejor de los casos, dudan o desconfían de sus teorías; en el peor, descalifican o se burlan, pues se dicen agnósticos o ateos. Sin embargo, no se dan cuenta de que eso también es una creencia, una fe; por lo que una vez que lo escuchan, su opinión cambia.

David W. Miller considera que "la generación actual, la que hoy mueve el mundo de los negocios, está extremadamente interesada en tener un impacto positivo en el mundo"; eso solo se alcanza —asegura— siguiendo su estrella, conectando y balanceando el mundo moral, ético y humano con el financiero. Y el tema no le es ajeno porque antes de obtener su doctorado en ética pertenecía, precisamente, al sector de las finanzas y los negocios internacionales.

Su libro *Dios en el trabajo: la historia y la promesa del movimiento de fe en el trabajo* explica cómo la fe y el trabajo pueden operar de forma conjunta en un entorno corporativo y plural; que no requiere de religiones ni de sacerdotes, sino de compañeros, de iguales dispuestos a expresar y exponer su espiritualidad, sin división ni discriminación, sino solo con bases éticas.

Frank Harrison, CEO de Coca-Cola Consolidated, el mayor embotellador de Coca-Cola de Estados Unidos, desarrolló un programa que se llama T-Factor (el factor de transformación) y dice lo siguiente:

"Como creyentes, puede ser difícil equilibrar nuestra devoción a Dios y nuestro papel como líderes corporativos. T-Factor nació del deseo que tenía el liderazgo de Coca-Cola Consolidated de compartir su enfoque para construir una cultura corporativa que honre a Dios y esté impulsada por un propósito. El objetivo también era asociarse con otras empresas cuyos líderes desean construir una cultura corporativa impulsada por un propósito. Estas asociaciones permitirían un movimiento colectivo de empresas con un entendimiento mutuo y un compromiso para construir el reino de Dios, mediante la administración de los recursos que él les ha confiado.

Este factor brinda experiencia de liderazgo que activa a los líderes corporativos para construir culturas impulsadas por un propósito y desarrollar personas que lo busquen, se conecten con su propósito y se sirvan y cuiden unos de otros. Creemos que Dios tiene el poder de transformar a las personas, las organizaciones y el mundo si los líderes son lo suficientemente audaces para crear un ambiente de trabajo favorable a la fe, basado en el servicio e impulsado por un propósito. Comience a construir un legado duradero transformando la cultura de su lugar de trabajo y brindando grandes beneficios para sus empleados y su organización".

Mucho por creer y por hacer

En México, en poco ha ayudado la legislación, así como la baja o nula iniciativa de directivos y líderes, quienes no se permiten la entrada de nada que 'huela' a espiritualidad o fe a sus organizaciones. El problema es que no se ha entendido que no es eso, sino la posibilidad de ofrecer un mejor balance de vida (personal, profesional, espiritual, social) a sus colaboradores, lo que en consecuencia, generará un aumento exponencial en la calidad y los resultados de la compañía. El tema es proporcionar un ambiente empresarial con libertad de expresión de fe.

Es muy difícil conversar esto con un CEO del tema 'SMEE' porque no lo entendemos, no creemos en el impacto positivo en las organizaciones, no estamos dispuestos a implementar un programa de mentoría de vida o no sabemos cómo. De hecho, una vez al mes me reúno con un grupo de CEO y compartimos experiencias de vida y comentamos lo difícil que es implementar estos programas en México.

Así ocurrió en Tyson México cuando recién ingresé, en 2007. Pese a ser una compañía estadounidense y con el programa de *Chaplaincy* en marcha desde hace años en su sede, en nuestro país había mucho por hacer al respecto. Primero, tuve que entenderlo y aprenderlo; es decir, tuve que, literalmente, 'huarachizarlo' (simplificarlo y hablar el idioma de la gente de forma fácil de entender).

Asistí a varias reuniones con el director mundial del programa en Arkansas, Alan Tyson –que no era miembro de la familia–, y con Donnie Smith –quien era el CEO de la compañía–. Cuando regresé de Arkansas a Torreón, Coahuila, me di cuenta de que en México no tenía mucha resonancia, que estaba totalmente desvinculado y desarticulado. Y no era para menos; Tyson tenía operaciones en Coahuila, Nuevo León, CDMX y en otros estados, por lo tanto, había que unificar criterios, aparte de que era un programa religioso y cristiano para un país donde en el trabajo no se habla de religión.

Llevaba como un año más o menos en Tyson, cuando decidimos reestructurar el programa y aumentar el número de capellanes de ocho a 30, todos en la nómina de la empresa. El programa tenía ya ocho años de haber iniciado en México.

Siendo yo un directivo ya formado, Tyson me ayudó a reinventarme como líder desde una perspectiva basada en la espiritualidad y en el sentido humano. Si las empresas pudieran darse cuenta de todo lo que están perdiendo con empleados infelices y con baja productividad, estarían dispuestas a invertir en programas como la mentoría de vida, ya que mejorarían su clima organizacional, calidad y resultados, mantendrían el talento y bajarían los accidentes y el ausentismo, ya que la gente estaría más concentrada en su trabajo, no en sus problemas. Lo más importante: pondrían a los empleados en el centro.

Hicimos un relanzamiento para que el personal supiera que existía el programa. Además, elaboramos literatura debido a que no había un manual y publicamos internamente una gran cantidad de folletos en diversas partes de la compañía; dimos pláticas y la gente empezó a interesarse en esta iniciativa.

Ampliamos la red de capellanes o consultores con un perfil psicológico-espiritual, quienes ofrecían a los empleados tranquilidad y una mayor perspectiva emocional. Antes de que yo tomara el control, había unos ocho, después, fueron 15 y a los 24 meses, ya eran 30.

Toda esta labor me hizo consciente acerca de la importancia que una compañía puede llegar a tener no solo por su producto o servicio, o por su mercado o su expansión, sino por el legado que le deja al mundo a través del bien que le da a su gente y a sus familias.

También comprendí que es preocupante el individualismo que vive el mundo empresarial, por encima de sus colaboradores, de su alma y de su ser. Por eso, supe que el programa debía expandirse y permanecer.

El individuo se enfrenta a diario a diferentes problemas –financieros, laborales, con su cónyuge, padres, hijos, de drogadicción u otras adicciones– y, muchas veces, no tiene con quién desahogarse. En caso de no atenderse, eso se vuelve no solo un conflicto personal, sino también laboral.

De ahí que el programa iba más allá que una simple consejería y tenía una connotación espiritual y psicológica, porque los problemas que generalmente atiende están fincados en el ser como individuo y como trabajador.

En palabras llanas, porque tenemos y debemos hacer que nuestros colaboradores salgan del hoyo –como decimos en México–, ya que, primero que todo, somos seres humanos, después, son compañeros o amigos o integrantes de la empresa. Esto era, a grandes rasgos, la estructura del programa.

Cuando uno está inmerso en los problemas no los ve y cada vez se va hundiendo más y más. En varias ocasiones, el programa salvó personas del suicidio; si bien ese era ya un lado extremo, sí lo vivimos.

Todos los temas que trataban los capellanes eran confidenciales, solo podíamos cuantificarlos, pero no se hacían públicos; empezamos a elaborar un *benchmark* y en el primer mes solo tuvimos 5% de participación, era muy poco. Pero a los 24 meses logramos 70% y hasta se abrieron turnos nocturnos para citas de atención. La atención se brindaba en el lugar de trabajo, en hospitales atendiendo a un familiar o al mismo colaborador, en las cárceles, etcétera.

En una ocasión, durante un congreso de productividad, gestión y liderazgo al que asistí en el Tec de Monterrey Campus Monterrey, una persona – Luis Portales– presentó un trabajo precisamente que medía el impacto de acciones como las que realizábamos en Tyson en ese momento. Al finalizar su participación, me acerqué, me presenté y le dije: "Oye, qué interesante tu tesis. Me gustaría ver si puedes hacer un trabajo con nosotros en Tyson. No para probarme que esto funciona, sino para ver cómo potencializarlo aún más. Yo sé que todo lo que expusiste sí funciona porque lo he vivido".

A partir de ahí, empezamos a trabajar y, a los pocos meses, Portales presentó el estudio. Hizo más de 700 entrevistas. Analizó las variables que más ayudaban al programa y cómo repercutía en los trabajadores en su productividad; cómo era su avance a nivel personal, respecto a su felicidad, respeto y dignidad humana, ética y templanza; la frecuencia con la que los colaboradores hacían una consulta; el tema que más abordaban, etcétera. El trabajo lo publicó en la revista *Elsevier*, bajo el título "El poder de las palabras de los capellanes. El impacto en los colaboradores de la gestión de la espiritualidad laboral".

Eso nos ayudó mucho a darnos una idea más real y hasta tener una metodología sobre el clima laboral que conseguíamos gracias al programa, qué tan benéfico estaba siendo y qué variables se habían conseguido. La verdad, nos sorprendimos.

Con el tiempo, la gente fue teniendo más y más confianza en el programa por medio del acompañamiento presencial. Para ello, pusimos énfasis en que los capellanes espirituales tuvieran una sala privada donde atendieran a los colaboradores o les dábamos la opción de que, si querían, podían ser visitados en su casa en horarios fuera de la jornada de trabajo. Es decir, las reuniones no se hacían en cualquier parte.

Al sentirse acompañados, los colaboradores percibían que la empresa estaba con ellos; los capellanes asistían a sus velorios, visitaban a sus enfermos, eran su apoyo. La productividad y la fe (autoestima) de las personas empezó a aumentar, pues trabajaban más contentas y con más empatía.

Al ser un programa dentro de la estructura organizacional de la empresa, los capellanes-consultores debían cumplir ciertos lineamientos y objetivos debido a que estaban en la nómina. El director del programa establecía una agenda con metas, la cual reportaba tanto al director de Recursos Humanos como al CEO, sin personalizar para no violar la confidencialidad.

Tiempo de incorporarme a GIS

Al entrar a Grupo Industrial Saltillo (GIS) en 2014, la semilla en mí ya estaba plantada y tenía en mente desarrollar un programa de salud mental, emocional y espiritual. Nada me impediría comenzar un proyecto centrado en el bien de las personas, basado en su espiritualidad. Lo aprendido en Tyson y una gran experiencia habían encendido los motores de algo que no se apagaría fácilmente. La razón y el corazón me decían que era por ahí, así que tomé ese camino.

Me fijé una meta: que en 12 meses tendría que echar a andar el programa. ¿Cómo se llamaría? No tenía idea. Busqué. Al cabo de dos acontecimientos/accidentes de trabajo que marcaron a la gente de GIS y a mí, decidí acelerar el paso para crear el programa, al que le llamamos Mentoría de Vida.

Yo sí creo que hay fuerzas internas y externas que te impulsan, te ayudan y te encaminan a hacer las cosas; a veces, te las facilitan y otras no. Aunque te dicen "hazlas" porque sabes que darán resultados.

En ese tiempo, empezaron a suceder acontecimientos muy tristes en GIS. Casi al mismo tiempo de que comenzamos a escribir el programa, una noche me llamaron para comunicarme el fallecimiento de un trabajador en una de las plantas.

Pasaron los días y la gente estaba desconcentrada, no podían trabajar, no dormían; por lo que implementamos las primeras prácticas del programa. El líder del programa estuvo toda una mañana atendiendo a todos los colaboradores y dándoles acompañamiento emocional, como si fuera una mentoría. El personal me comentaba: "¿Por qué no lo trajo antes?, ¿por qué no lo deja más tiempo? Ya puedo dormir, ya puedo apagar la luz, ya me puedo concentrar en mi trabajo, puedo responderle a mis hijos, puedo dejar de llorar".

Esa fue una primera señal de que debíamos desarrollar un programa de mentoría de vida en GIS. Lo bueno es que ya habíamos empezado y teníamos muy clara la necesidad de implementarlo. Pasaron los días y después tuvimos otro incidente. Habían secuestrado a uno de los vendedores de la compañía. El mentor de vida atendió a la esposa y a los hijos. Aceleramos el paso para implementar el programa de mentoría de vida y establecimos las reglas del juego. Nos tardamos un año en completar el manual, y de ahí, el plan de acción. Buscamos a las personas con el perfil para ser mentores de vida.

Buscamos perfiles con experiencia en atención emocional y espiritual; psicólogos, trabajadores sociales, exseminaristas, exmonjas, gente que ya hubiese laborado con grupos, que le gustara y conociera el desarrollo humano, y sobre todo, lo más importante, que tuviera espíritu de servicio a los demás. Eso era clave en este tipo de trabajo y es una de las cosas que evaluábamos en las contrataciones de los mentores. Tenía que ser gente con esa inquietud de ayuda a los demás –enfatizo– porque, al final de cuentas, esto es una vocación de servicio que nosotros hemos profesionalizado en estos sistemas empresariales.

Las personas serían contratadas en la nómina de GIS, se le invertía mucho tiempo en capacitación para ejercer el rol. Acompañar en la pérdida de un ser querido, en un problema de divorcio, en una enfermedad terminal, en guiar a un hijo para superar un problema de drogas, eso no se paga con dinero, hay que tener vocación para hacerlo. Hay cosas que no tienen un sueldo material, sino emocional. Para ellos, es más representativo ver que la gente está bien, mejorando, saliendo adelante de sus problemas.

Tenemos muchos testimonios de agradecimiento a la empresa increíbles y de ayuda derivados del servicio de mentoría de vida en GIS. Las personas que participan en el programa agradecen a los líderes y a la empresa. Decidí incluir este último capítulo por ser una forma diferente de liderar y una de las grandes herramientas que me inspiraron a escribir este libro: *Liderando desde el corazón*. Pienso que la palabra mágica aquí es el amor, la conexión con el otro porque hacer esto trae salud, bienestar, productividad y genera rentabilidad, que, al final, es lo que quiere tanto una organización como las personas.

Al principio, tuvimos que trabajar mucho con los colaboradores no para convencerlos, sino para mostrarles en qué consistía el programa. Al igual que en Tyson, hacíamos pláticas, elaboramos literatura, organizamos conferencias y, de esta manera, tomábamos el pulso de la gente. Muchos creían que era un programa de gobierno o que era temporal; en otros casos, se asustaban y pensaban que los estábamos espiando, que si iban a las consultas era para vigilarlos y si nos contaban de su vida, iban a estar vulnerables, es decir, creían que era una especie de *Big Brother*.

Fue lidiar con muchas cosas, pero, poco a poco, creamos un ambiente propicio con ayuda de los mentores, a quienes también capacitamos. Independientemente de que eran personas que sabían de estos temas, los instruimos. El reto era hablar en el lenguaje utilizado por las personas a las que se estaban dirigiendo. Al respecto, algo que es cierto es que hay niveles dentro de la organización. Está la planilla de directores, gerentes, jefaturas, gente de planta; mientras que las necesidades van cambiando por entornos. Aunque los problemas son los mismos, las formas de abordarlos sí son diferentes, por lo que se requiere un perfil distinto de mentor de vida para directivos y para personal operativo.

Los mentores recibían capacitación de forma recurrente, pues no queríamos ni queremos nunca equivocarnos con la gente. Ellos estaban confiando sus problemas a los mentores; con las personas no hay prueba y error, las acompañas y debes hacerlo bien. Es una responsabilidad que adquiere alguien cuando un colaborador entra por la puerta y dice que quiere suicidarse y es recibido por un inexperto; hay herramientas profesionales para cada caso. Siempre el mentor debe recomendar consultar a un especialista cuando los temas son de gravedad.

Es importante aclarar que el mentor hace un trabajo de acompañamiento, da un consejo, escucha, hace reflexionar a la persona sobre su actuar o su problema, a través de preguntas o de compartirle experiencias de vida que le puedan servir para pensar. El colaborador es el que sale del hoyo por sus propios medios, el mentor es solo una ayuda de escucha, acompañamiento y reflexión.

Por lo tanto, el mentor debe darle esa confianza para expresarse libremente, para que no se sienta restringido de hablar sobre el tema que él quiera; es un acompañamiento –repito– por el lado emocional y espiritual, porque a veces hay un cansancio mental que impide ver otras opciones.

El mentor no te va a decir qué debes hacer ni qué camino tomar, sino que te acompaña para que tú te des cuenta de las cosas. Sin embargo, también existe un canal para que si después de varias sesiones el mentor ve que la persona no logra encaminarse hacia una solución o encontrar su solución o tiene un problema más grave, pueda canalizarlo para que busque un especialista.

No se llevan denuncias de acoso, es decir, no se abren expedientes, pero sí se les da la recomendación de que usen la línea de ética y lo hagan en lo personal. .

Al principio, el objetivo en GIS fue tener el mayor número de contactos posible y poder ser una influencia positiva en el día a día de las personas. Así que empezamos con dinámicas diarias.

Muchos de los mentores estaban en la puerta de las plantas o de las oficinas dando los buenos días y recibiendo a la gente; o se hacían presentes a la hora de los *breaks*, en el *lunch* o en momentos públicos, vistiendo sus uniformes. La idea era empezar a generar confianza entre los trabajadores, explicándoles cómo hacer una cita para una consulta si es que les interesaba o si algún día la requerían. El impacto que tenía el programa era muy grande, alcanzando más de 100,000 consultas por año en una población de más de 5,000 colaboradores.

Era como hacer el primer contacto. Nada era obligatorio y nunca lo fue. Con la gente en general siempre fue más fácil, aunque a veces había cierta resistencia. Pero a nivel directivo sí fue difícil.

"Yo creo que si hubiera sido de abajo para arriba, no hubiera tenido el mismo efecto. El apoyo de José Manuel fue fundamental. A mí me tocó explicarles algunos temas, pero él estratégicamente, como CEO, también proponía las mejores estrategias para llegarles a los directores y a los gerentes", comentó el líder del programa de mentoría de vida.

Regularmente, les proponía reuniones con mis directivos tipo *lounge*, a mediodía, para juntarnos unos 50 minutos, y que el líder del programa nos diera una plática, como por ejemplo: "La importancia de la espiritualidad en la empresa", y me sentaba con los 10 directores, tal vez a los que veía más difíciles.

De este modo, empezamos a romper resistencias; el problema es que en los altos niveles de las empresas nos falta más humildad, mucha libertad de expresión y mucho corazón; creemos que somos invencibles, aunque todos como seres humanos enfrentamos los mismos problemas, sin importar nuestro rango en la organización.

También nos ayudó mucho la historia de GIS; analizar cómo se fundó, pues en don Isidro López Zertuche encontramos mucho humanismo y esto nos permitió forjar un vínculo. El presidente del consejo siempre apoyó el programa. Logramos conectar los valores del fundador y los de la compañía, fundamentados en el programa;

este estaría impregnado de su cultura y de su esencia, y embonaría perfectamente en la historia de la empresa.

Esta es la experiencia en GIS, conseguimos fusionarlo en esa historia de servicio, apoyo y trascendencia hacia el colaborador. Entonces, sí es importante introducirse en la cultura: ¿cómo se fundó?, ¿quién fue el fundador?, ¿cuáles eran sus valores y sus propósitos? Y de ahí encontrar los objetivos, esto es lo que se tiene que hacer. Para que la organización vea en el programa de Mentoría de Vida su base de colaboración para permanecer en favor de la gente, basada y recordada en la figura misma del fundador.

Hoy, Mentoría de Vida es un programa que busca trascender; que no solo depende de una sola persona, continúa de forma institucional sin los fundadores, ya que es un beneficio inherente que se vuelve fundamental para todos los trabajadores. Este programa se creó antes que la NOM-034 naciera y con él se cumple de forma sobrada con estos requisitos legales.

Cuando los fundadores de empresas, CEO y líderes comprendamos que más allá de las compensaciones económicas, los colaboradores necesitan a veces un acompañamiento espiritual y un beneficio interno, entenderemos el significado de liderar desde el corazón. A veces no lo escuchamos, y de forma sutil y silenciosa está la palabra '¡ayúdame!'.

En México, pocas empresas se han permitido escuchar este tipo de filosofías, poner a la gente en el centro y operar programas de apoyo espiritual y emocional; solo conozco dos: GIS y Qualcom.

En estos años de experiencia he vivido varios procesos de gestión humana. Para mí, como profesional he entendido la importancia de poner a la gente en el centro, de liderar con el corazón y de implementar programas fundamentados en la espiritualidad y el alma de las personas.

Ha sido fundamental ver cómo esto empuja la gestión humana y cómo genera consistencia y congruencia de que lo que dicen las empresas se haga realidad. Es muy fácil escribir tu misión, tu visión y tu propósito, aunque una cosa es lo que plasmas en el papel para cumplir con un requisito organizacional y otra muy diferente lo que viven tus trabajadores en el día a día.

Ahí me di cuenta de que si de verdad te importan las personas, no basta con decírselos, sino que hay que actuar en consecuencia. El hecho de desarrollar un programa de mentoría demuestra que realmente te interesa la gente, porque esto es lo que crea el verdadero *engagement* en las empresas.

Cómo está ligada la salud mental, emocional y espiritual con los resultados de la empresa

Programas de desarrollo:
- Mental
- Emocional
- Espiritual

Persona

Organización

Impacto
- Calidad
- *Engagement*
- Servicios
- Actitud
- Autogestión
- Trabajar feliz
- Clima laboral
- Enfoque

Resultados
- Ventas
- Costos
- EBITDA
- Flujo

Porque Mentoría de Vida no es terapia, no es psicología, no es enjuiciar a alguien, no es espionaje empresarial, no es cuestión de religión, no es asistencia social; es acompañamiento emocional y de consejería, es que te interese tu gente, para que sean mejores seres humanos consigo mismos, con los demás y con la organización donde trabajan.

Y podrán agregarse más, y estará bien; siempre está bien todo lo que sume, pero que realmente se hagan, que se cumplan. De nada sirve que existan si no tienen eco en las personas, porque si se llevan a cabo, es porque el líder está cumpliendo su función: está liderando desde el corazón.

Porque el trabajo del líder se manifiesta en la felicidad, en la tranquilidad y en la eficiencia de su gente. El líder que le cumple a sus colaboradores tiene una empresa activa y productiva; el líder que trabaja mano a mano y desde el corazón tiene a gente comprometida y una compañía con buenos números que pone el propósito, antes que todo. El líder que se dice líder siempre se manifiesta en su equipo de colaboradores.

En este capítulo encontrarás herramientas para desarrollar un programa de salud mental, emocional y espiritual, así como algunos de los tableros con resultados que permiten monitorear el clima moral y espiritual de una organización. Ponlas en práctica y ojalá consigas los objetivos que te propongas.

—◆—

José Manuel Arana ha desempeñado cargos de CEO y Dirección General en EE.UU., Europa, Brasil y México en los sectores de agronegocios, biotecnología, alimentos, industrial, automotriz y salud. En su carrera ha logrado cambios importantes, como mejorar la cultura, los resultados económicos, la satisfacción de clientes y aumentar el *engagement* de los colaboradores en las compañías que ha liderado, poniendo al ser humano en el centro de la estrategia.

Algunas de sus fortalezas son la sensibilidad a la importancia que tiene la cultura en las empresas y los equipos de trabajo en el proceso de transformación. Posee la capacidad para adaptarse a nuevos entornos e industrias, desarrollar estrategias focalizadas en las palancas clave y el liderazgo humano que libera la energía en la organización, asegurando la ejecución de la estrategia en un mejor clima laboral.

Es un hombre de negocios apasionado y práctico con enfoque humano orientado a resultados. Entre las compañías en las que ha colaborado están Dow Chemical, Tyson, Grupo Industrial Saltillo (GIS) y Nadro. Reconoce que no es perfecto y está en un camino de desarrollo continuo para ser mejor persona.

Es egresado del Tec de Monterrey como Ingeniero Agrónomo Zootecnista. Graduado de programas ejecutivos de alta dirección en Universidad de Thunderbird, Universidad de Indiana, IPADE (AD2), IESE, Wharton, CEIBS (China) y Harvard.

Liderando desde el corazón
se terminó de producir en mayo de 2023 a cargo de Tack
Boutique SA de CV, con oficinas en Colima 161, Col. Roma
Norte, Alcaldía Cuauhtémoc, CP. 06700, Ciudad de México,
México, y se imprimió en Litográfica Ingramex SA de CV
con oficinas en Centeno 162-1, Col. Granjas Esmeralda,
CP. 09810, Ciudad de México, México.
www.tack.mx

Made in the USA
Columbia, SC
01 September 2023

22365628R10154